NIMITZ

"大海战"胜利者

尼米兹

◎高润浩 编译

中国铁道出版社有限公司
CHINA RAILWAY PUBLISHING HOUSE CO., LTD.

图书在版编目（CIP）数据

尼米兹/高润浩编译.—北京：中国铁道出版社
有限公司，2019.10
（二战名人录）
ISBN 978-7-113-25848-1

Ⅰ.①尼...　Ⅱ.①高...　Ⅲ.①尼米兹（Nimitz,
Chester William 1885–1966）–生平事迹　Ⅳ.①K837.125.2

中国版本图书馆CIP数据核字（2019）第111306号

书　　名：尼米兹	
编　　译：高润浩	
责任编辑：奚 源	电　　话：（010）83545974
封面设计：刘 莎	
责任校对：王 杰	
责任印制：赵星辰	

出版发行：中国铁道出版社有限公司（100054，北京市西城区右安门西街8号）
印　　刷：三河市航远印刷有限公司
版　　次：2019年10月第1版　2019年10月第1次印刷
开　　本：787 mm × 1 000 mm　1/16　印张：22.5　字数：368千字
书　　号：ISBN 978-7-113-25848-1
定　　价：59.80元

Chester W. Nimitz →

1885

2月24日，出生于得克萨斯州弗雷德里克斯堡。

1901

9月7日，考入安纳波利斯海军学校。

1905

1月，海军军官学校毕业，在"俄亥俄"号战列舰实习。

1908

任"迪凯特"号驱逐舰舰长。

1909

到潜艇部队任职。

1913

4月，与凯瑟琳·布·弗里曼结婚。
5月，赴德国学习工程技术。
7月，任"莫米"号油轮轮机长。

Chester W. Nimitz

1917

调任大西洋舰队潜艇部队司令罗比森随从副官，升为海军少校。

1918

参加第一次世界大战。

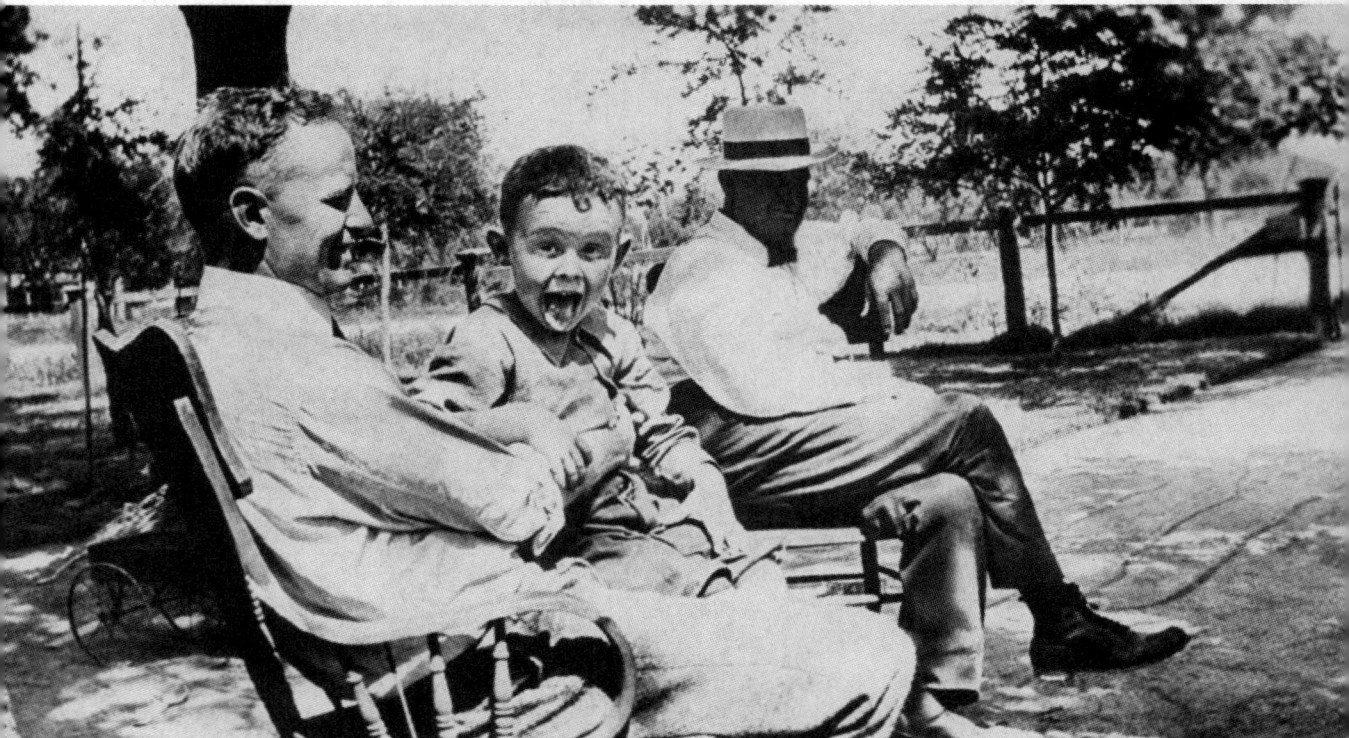

1920

奉命建造珍珠港基地，升为海军中校。

1922

进入海军军事学院深造，获上校军衔。

1926

任加利福尼亚大学伯克利分校海军军官后备训练团教官。

1929

任圣地亚哥基地第 20 潜艇分队司令。

1931

6月，任"参宿七星"号驱逐舰舰长。

1933

任"奥古斯塔"号重巡洋舰舰长。

1935

任海军航海局副局长。

1938

6月，任圣地亚哥第2巡洋舰支队司令。
8月，任第1战列舰支队司令。

1939

1月，任第7特混舰队司令。
4月，任海军部航海局局长。

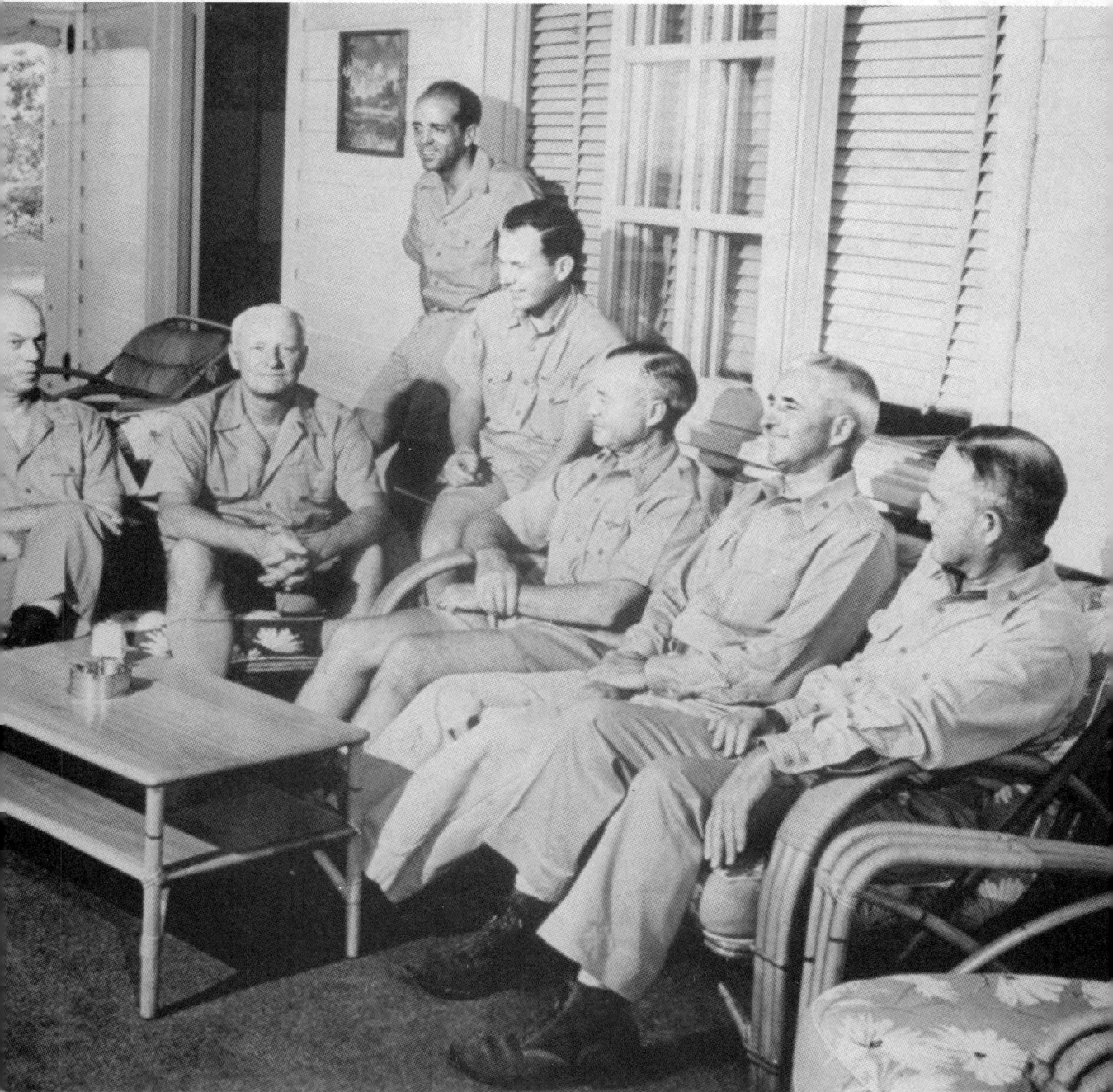

1941

12 月 15 日，任太平洋舰队总司令。

1944

12 月 19 日，升为海军五星上将。

Chester W. Nimitz

1945

9 月 2 日，代表美国出席日本投降签字仪式。
10 月 5 日，美政府命名该日为"尼米兹日"。
12 月 15 日，任海军作战部部长。

1947

12 月，退出军职。

1949

4 月，任联合国克什米尔问题督察员。

1953
1961

任加利福尼亚大学董事。

1966

2 月 24 日，病逝于旧金山。

尼米兹参与指挥的战役战事图 →

1944 年 10 月 23 日—10 月 26 日
在菲律宾的莱特湾海域，美日两军舰队战事示意图。

10 月 24 日 6:00 美军航母的位置
没有标明日期的时间指的都是 10 月 24 日的时间

0   300 公里

（TF= 美军机动部队）

航母舰队
（小泽）   01:00

25 日 00:00

25 日 06:00

英根诺角

11:40
第 4 航空队
（松田）

20:00

25 日 08:22

TF 第 38 机动部队
为了追击小泽部队向
北急速航行

第 2 舰队
（志摩）

吕宋岛

TF38 第 3 集群

克拉克
机场

23:45

20:00

9:35
航母"普林斯顿"号受损伤
16:30 沉没

"普林斯顿"号

TF38 第 2 集群

马尼拉

菲 律 宾

10 月 23 日 12:00

民都洛岛   锡布延海

圣贝纳迪诺海峡

25 日 06:00

TF38
第 4 集群

10:26-15:30
美军空袭造成战列舰"武藏"号
在 19:35 沉没
巡洋舰"妙高"号受伤后撤退

马斯巴特

萨马岛

班乃岛

莱特岛

25 日
04:00

第 7 舰队（金凯德）

10 月 23 日 12:00
第 1 分舰队
（栗田）

10:00

内格罗斯岛

苏里高海峡

10 月 23 日 6:32
"米潜"号、"爱宕"号和"摩耶"
号被击沉，"高雄"号受伤后撤退

巴拉望岛

20:00

23:30

TF38 第 1 集群
往尤里西方向

棉兰老岛

09:18   10:00

10 月 23 日 12:00
第 2 分舰队
（西村）

苏 禄 海

第 1 舰队
（栗田）

英属
婆罗乃

婆罗洲

目录
contents

尼米兹并不介意哈里斯将军的态度，他知道这是一个非同寻常的任命。通常，即使在紧急情况下，也绝少让一个22岁的海军少尉去指挥驱逐舰。与他同时期的海军军官，如斯普鲁恩斯、哈尔西和金，都是在26岁到36岁之间，才开始担任驱逐舰舰长的……

尼米兹需要时间，让他独自一人思考和体会他所承担任务的重要性。压倒一切的责任感像蒂维山的花岗岩那样沉重地压在他身上。原先制定的南太平洋作战的全盘计划都已被粉碎而基本废弃，这是由于日本海军采取了先发制人的一着……

尼米兹告诉记者们，到现在为止，太平洋海军除了坏消息外别无任何消息。他说，如果让日本人从美国报纸上如实了解了他们的全部战果，那无异于纵虎为患。如果有适合刊登的消息，他将很快向报界提供。最后，尼米兹用夏威夷话告诉记者们：要忍耐……

开战以来，日军的武力扩张第一次遭到遏制。进攻莫尔兹比港的作战计划只得向后推迟。更为重要的是，被击伤的"翔鹤"号航空母舰需要修理，损伤惨重的"瑞鹤"号航空母舰需要重建，大大削弱了日方在即将到来的中途岛海战中的实力。珊瑚海海战标志着太平洋战场的战局已发生逆转……

虽然在战场上尼米兹与山本五十六是你死我活的对手，但尼米兹对山本五十六超人的胆识和勇气还是有颇多赞赏的，这是一种情结。尼米兹喜欢山本五十六这样强大的对手，这可以唤起他真正决斗的勇气。他面对挑战从不畏怯，总是充满必胜的信心……

尼米兹冒雨视察了飞行指挥部、"流血岭"和陆战队防区的一些据点。他还专程探视了那里的临时医院，同那些身负重伤或身染严重疟疾的士兵们进行了亲切的谈话。尼米兹与士兵们待在一起，马上感受到了一种截然不同的气氛，这里充满了令人振奋的乐观情绪……

第六章

尼米兹对妇女和战争有一种个人特有的看法。他从来不喜欢妇女到战区,曾多次拒绝国内派妇女来,无论是女演员或是家属。如果有人要求派妇女来珍珠港工作,他不加任何解释即行拒绝。他还会说,如果形势对妇女安全,他会通知她们的。但这次要来的是罗斯福总统夫人……

飞机降落在环礁湖中,尼米兹刚一上岸,就被一群记者围住。他们提出的一个问题是:"你对这个海岛有什么想法?"尼米兹回答说:"除了那次得克萨斯人的野餐会以外,这是我看到过的最严重的浩劫……"

尼米兹将他的舰队分成两套指挥班子:当庞大的太平洋舰队归斯普鲁恩斯指挥时,称为第五舰队;而当哈尔西统率时,则称为第3舰队。这样,一套班子进行整训,另一套班子实施作战,两套班子交替进行,两个战役之间的间隔时间也就缩短了……　　第九章

尼米兹飞到莱特岛，同麦克阿瑟商讨即将开始的吕宋进攻战问题。麦克阿瑟刚刚宣告了莱特岛日军有组织的抵抗已经结束，心情十分愉快。不过，当他看见尼米兹已戴上五星上将的军衔而自己还未戴上，又有些恼怒，命令副官务必在第二天一早让他戴上自己的五星军衔……

阿什沃思扼要地介绍了原子弹的技术性问题，但是他发现尼米兹似乎对此不感兴趣。一颗炸弹就能毁灭一座城市，全部或几乎全部杀死其居民，尼米兹对此有一种莫名的恐惧。他在座椅上转过身来，注视着窗外的大海……

他们从来没有一所属于自己的住宅，因而真心诚意地想要购置一座。由于按规定五星上将永不退休，尼米兹乐意变通一下，脱下蓝海军服，换上一条短裤和轻便运动服。他想退居从事园艺、团聚、抚弄儿孙，把时间消磨在平民生活的琐事上……

∧ 时任美军太平洋舰队总司令的尼米兹。

CHESTER W. NIMITZ

第一章

海洋的蓝色血液

尼米兹并不介意哈里斯将军的态度,他知道这是一个非同寻常的任命。通常,即使在紧急情况下,也绝少让一个22岁的海军少尉去指挥驱逐舰。与他同时期的海军军官,如斯普鲁恩斯、哈尔西和金,都是在26岁到36岁之间,才开始担任驱逐舰舰长的……

>> 祖父的轮船

切斯特·伯纳德·尼米兹和安娜在 1884 年结了婚。当时，切斯特二十九岁，安娜只有二十岁。五个月后，切斯特病发，离安娜而去，却给妻子留下了爱情的结晶。

安娜在怀孕的最后阶段，搬回她父母的家里，住在矮石灰石房子底层后面的一间小卧室里。1885 年 2 月 24 日，安娜就在这里生下了一个未来的海军上将——切斯特·威廉·尼米兹，他有着和父亲一样漂亮的浅黄色头发。安娜对这个孩子格外疼爱，她喜欢把这个宝贵爱情的结晶称为"圣瓦伦丁节的孩子"。

爷爷查尔斯·尼米兹对孙子的出生感到格外高兴，老人也非常喜欢安娜，对她的孩子这么小就没有了父亲，十分同情。他把安娜母子接到他的轮船旅馆来住。因为他的老伴去世了，旅馆交给他的二儿子查尔斯·小亨利经营，他没什么事可做，所以很高兴安娜母子一起来住。

爷爷对这个孙子很是疼爱，虽然尼米兹的童年无法享受父爱的温暖，但生性乐观、风趣和蔼的爷爷，给他的童年带来了无穷的乐趣和有益的教导。

爷爷是个典型的得克萨斯人，既有得克萨斯人的豪爽，也有得克萨斯人喜欢吹牛皮的特点。有时碰到喜欢挑毛病的客人来品尝旅馆有名的烟熏香肠，他就会主动把客人带到特别保留的座位上，和他一起吃饭，边吃边讲他专门为客人准备的故事。他说，在去年夏天当地的一次射击训练中，一个身份不明的人被打死了。人们在检查死者遗物时，了解到他的妻子住在纽约。查尔斯给她发了一份电报，征求她对尸体的处理意见。那个妇女回电说，她自己要亲自前来认尸。查尔斯说，当时是 8 月，他无法用冷冻方法保存尸体，只能把尸体和香肠一起放在烟熏房里。从纽约来的火车很慢，电报又不通，死者的妻子在路上走了好久才到达弗雷德里克斯堡。等她来到后，她丈夫的尸体已经被熏黑了。她看后提出抗议，说这不可能是她的丈夫，她的丈夫是白人。查尔斯·尼米兹向她说，要是她不承认这是她丈夫，她将无法拿到保险金。这样一来，她才把尸体认领回去。

通常，查尔斯的故事还没讲完，胆小的客人就被这恐怖的荒诞故事吓坏了，面色苍白地匆忙离去。

查尔斯身上有一种充满西部野性的气息，他也喜欢与孩子们开玩笑。

当小孩子打架受轻伤跑来时，他会用一枚硬币放在孩子的痛处，然后说："你把这个镍币放在痛处，等不痛了就拿开，到糖果店去。"孩子拿了镍币，往往立即破涕为笑地跑走了。

查尔斯还会为正在换牙的小孩子们拔牙，这并不是什么麻烦事，这些乳牙摇晃摇晃总会掉的。他常常是一边讲他那有趣的航海故事，一边把一根线套在孩子摇摇欲坠的牙齿上。等故事讲到出神入化的时候，孩子张大了嘴，他突然用力一拉线，孩子还未感觉到，牙齿就掉下来了。

查尔斯常常讲起自己从前在海上的经历，不了解情况的人常常会误以为他当过商船船长和商船队长，对此他从不进行解释。他编造了许多有关海上经历的稀奇古怪的故事，使那些儿孙晚辈听了还想听，孩子们要他多讲几个，他向他们表示，他再不出海航行了。"我讨厌海，"他说，"一旦你厌恶了海，你就不能去海上旅行。大海要惩罚你，会把你吞掉的。"后来，查尔斯·尼米兹忘却了他编造的这段海的故事，也不顾孙子辈担心爷爷被海吞掉，又坐船到纽约去了。回来后，他对为他担心的儿孙们说："我乞求上帝饶恕，答应把我的一个孙子献给海洋，去当海军上将。"

查尔斯没有受过多少正规教育，但丰富的生活阅历以及他自己的不断探索，使他对人生拥有许多深刻的见解，并把他对人生的理解灌输给切斯特·尼米兹。爷爷注意从小就培养尼米兹的性格，有些事让尼米兹一生都无法忘怀，受益匪浅。在太平洋战争那些阴郁的日子里，已经成为将军的尼米兹还多次回想起来。

小圆帽事件就是尼米兹记忆深刻的一件事。那是切斯特·尼米兹刚上小学的时候，爷爷让他光着脚，只穿一件衬衫和挂吊带的短裤，还让他戴上一顶圆形礼帽，这一身装束实在不相称，看起来像马戏团的小丑，滑稽可笑。他一进学校，便遭到了一些高年级学生的哄笑和围观。淘气的孩子把他的帽子摘走了，几个人扔着玩。不知是因为害羞还是生气，尼米兹脸涨得通红，他大声喊着："还我的帽子！还我的帽子！"他拼力争夺，试图讨回自己的帽子，结果双方打了起来。尼米兹人小力单，被打得鼻青脸肿，但最终他还是把帽子夺回来了。回家以后，他得意地对爷爷说："我戴着它去上学，又把它戴回来了。"

对这件事，小尼米兹一直感到纳闷：为什么爷爷让他戴上这顶古怪的小圆帽去上学呢？他曾怀疑这是爷爷跟他开的玩笑。然而，当他荣任太平洋战区司令官以后，重新回想小圆帽这件事，却得到了新的启示："这件事实际上是个起点，使我开始认识到时刻保卫自己的重要性。"也许这是爷爷在有意识地培养自己。

尼米兹10岁那年发生的另一件事，更使他确信那是爷爷在有意识地提醒他：用实力捍卫自己才是一种有效的自卫方法。在学校里，小尼米兹曾经不断遭到一个男孩的挑衅，那个男孩经常故意撞他，想把他撞倒。尼米兹起初采取回避态度，但这个男孩更加变本加厉地对他进行挑衅。尼米兹将这件事告诉了爷爷，爷爷问清了事情的原委和那个男孩的姓名之后，告诉尼米兹："他并不比你高大，要想改变处境只有自己与他拼一拼，跟他打一架。不单要打，而且一定要打赢。这样，他就不会再欺侮你了。"

尼米兹有点胆怯，他问："我什么时候去呢？"

爷爷回答："任何时候都可以。"

尼米兹决心用武力来对付武力的挑战。他随即就走出家门，看到那个男孩正站在路口和别的孩子们说话。他沿着小巷勇敢地冲向那个男孩，那孩子冷不防遭袭击，完全被尼米兹突如其来的气势震慑住了。尼米兹像一头发了疯的狮子用拳头狠狠地教训那个顽皮的家伙，那个孩子吓坏了，被打得连连求饶，表示愿意握手言和，再不敢欺负尼米兹了。他这才住了手，以胜利者的姿态接受了对手的屈服。

尼米兹有个表哥叫卡尔，比尼米兹大两岁，总嫌尼米兹年龄小而不愿与他一起玩。尼米兹感到很失落，就向爷爷去诉苦。爷爷语重心长地告诉他："要习惯这一点，他总是要比你大两岁，对此你无法改变，所以必须习惯。"

尼米兹只好悻悻离去。爷爷看到尼米兹对他的解释并不满意，就把他叫回来："等一等，孩子，我再给你说说。"

爷爷牵着他的手，耐心地告诉他："你必须学会区分两种事情：一种是永远不会改变的，另一种会随着时间的推移而发生变化。你与卡尔的年龄之差是无法改变的，但是到了一定时候这种差别会变得无足轻重。只有承认这一点，才会使将来变得更为有利。"尼米兹听得似懂非懂，后来他才体会到爷爷这些话的深意。

多年以后，这位日后的海军五星上将站在凉风习习的战舰甲板上，这样描述他的爷爷："我不熟悉我的父亲，因为他在我出生时已经去世，但我有一个极好的白胡子爷爷，他就是在得克萨斯州弗雷德里克斯堡定居的查尔斯·亨利·尼米兹。他建了一座外形酷似轮船的旅馆。在我完成家务和作业的间隙，常常睁大眼睛听他讲述青年时代在德国商船上的故事。他对我说，大海像生活一样，是个严格的考官。要想在海上或生活中有所成就，最好的办法是努力学习，然后尽力去做，不要忧伤，特别是不要为还无法掌握的事物忧伤。"

在教育尼米兹的问题上，爷爷和母亲的想法并不一致。母亲希望尼米兹成为像爸爸一样文质彬彬的人，而爷爷则希望他多些阳刚之气，像个男子汉。但有一点，母亲和爷爷的意见是一致的，那就是培养他在艰难困苦中成就大业的坚强意志。

爷爷和母亲的不同指引，恰好使尼米兹得以全面发展。爷爷教给尼米兹乐观的生活态度、勇敢的斗争精神，并培养他实现长远生活目标的性格；而母亲则以女性特有的气质，使他懂得细致工作、对人宽容，坦然面对艰难的处境。

当爷爷给客人们讲得克萨斯的那些难以置信的故事时，小尼米兹常躲在旅馆餐厅的柜台后面听。母亲会叫他回去做事——尼米兹很小就可以帮母亲揉面做面包，但他听故事听得入迷时往往会屡叫不应。在爷爷和游客的笑声中，安娜把儿子拉为厨房，生气地责骂他。尼米兹无力挣脱母亲的手臂，虽然极不情愿地跟母亲来到厨房，但他还是不忘调节母亲愤怒的情绪。他用闪烁的目光望着母亲，然后说："妈妈，你鼻子上有面粉。"母亲无法再板起面孔，当她用毛巾捂着脸掩盖表情时，愠怒的眼睛变得温和了。她往往是佯装严厉地把尼米兹推到面板前，然后以母亲特有的亲昵方式告诫儿子："快点干，别废话。"这些小事表明，这位未来的将军开始形成了他对待生活将采用的方式，他已经懂得如何保持一种忍耐精神、对付逆境的一种幽默感以及准确摸透他人心理的能力。

尼米兹的父亲去世后，安娜·尼米兹独自撑起一个家庭的重任。她把对前夫的爱全部倾注到儿子身上。尽管安娜从未承认过，但毫无疑问尼米兹是她心目中最喜欢的孩子。母亲深爱这个情人节后出生的孩子，除了尼米兹少年老成、深明大义的品质之外，还因为他是她的长子，也可能因为她曾经爱过他的父亲，而在一起生活的时间又如此短促。无论如何，这是母亲和儿子都能体会到的某种感情。尼米兹出生时，母亲称他为"我的圣瓦伦丁孩子"。这也是她去世前的最后一句话。1925年，尼米兹在太平洋演习现场接到母亲病危的消息，他立刻乘飞机、轮船及时赶到母亲的病榻前。母亲看到心爱的儿子归来，脸上露出欣慰的笑容。在诀别人世的最后一刻，她低声说："我知道我的圣瓦伦丁孩子会来看我的。"

尼米兹渐渐长大，他更加注重体谅和帮助母亲，尽管母亲从未要求他这样做，尽管母亲总是乐天安命地承担各种生活重任。

安娜于1890年圣诞节第二次结婚，丈夫是在马萨诸塞获得大学学位归来的尼米兹的亲叔叔威廉·尼米兹。尼米兹不用改姓就有了一位新父亲。当时尼米兹只有6岁，安娜29岁，仍然是镇上风韵犹存的美女。可惜的是安娜的第二次婚姻又很不幸。

威廉·尼米兹是尼米兹家族中唯一受过大学教育的孩子，也是当时弗雷德里克斯堡最有学问的人，他曾在马萨诸塞州的大学学习工程技术。但是毕业后回到弗雷德里克斯堡，他在大学里学的东西在小镇上全然派不上用场，只能把时间打发在市区，到处看看正在动工的简单建筑，要不就与旅馆里的客人闲聊天。查尔斯后悔花这么大笔钱送儿子上大学。他经常说："上帝啊，我从商店买衣服给这孩子穿，送他去学习，想让他学会怎样才能生活得更好，可是这样做反倒毁掉了一个好水手的前途。"

怀才不遇的威廉整日无所事事，查尔斯老人希望儿子与安娜的婚姻能使他重新振作起对生活的信心。然而，结果并不像他期望的那样，儿

子的际遇似乎并无多大改变。最后，还是威廉的姐姐帮助他跳出了失业队伍。

姐姐让他到得克萨斯州克维尔市的圣查尔斯旅店去当经理，这家旅店是她婚后拥有的家产。这样一来，威廉便带领安娜和小尼米兹从相距40公里的弗雷德里克斯堡，搬到靠近瓜达卢佩河的克维尔市。

圣查尔斯旅店是一所凌乱的两层白色木板建筑，只比一个装修了门面的供膳寄宿处大一点儿。客人多是农牧场主、来往的商贩和来得克萨斯山区休养地疗养肺结核的病号。

威廉依然难改过去吊儿郎当的习性，他经常坐在门口与客人聊天或是到处闲逛，唯一派上专业用场的事情是义务帮助设计克维尔市商业区的人行道。安娜除了做饭、监督和指使一两个佣人清扫、整理房间以外，实际上担负了管理旅店的大部分工作。"这是上帝的旨意。"安娜常用这句话来宽解自己疲惫的心情，并且尽量在孩子面前表现出积极乐观的精神。

安娜与威廉生了两个孩子，1895年生了女儿多拉，两年后又生了儿子奥托。多拉和尼米兹年龄相差10岁，兄妹之间却异常亲密。多年以后，正是多拉对尼米兹的正确评价，才使他没有离开海军。当尼米兹离家上学时，奥托才3岁，所以他们不常见面。后来奥托也考上了海军军官学院。

刚搬到克维尔时，尼米兹感到并不像他所希望的那样幸福，他学会了随遇而安。这显然是受了妈妈的"这是上帝旨意"的人生哲学的影响，他尽量不把圣查尔斯与轮船旅馆相比，但无意中总是会比一比的，因为他在夏天和圣诞节前后都回弗雷德里克斯堡去旅行，在那里他对一切都感到满意。

安娜鼓励儿子尽可能地到野外去玩，多锻炼身体。

在克维尔和弗雷德里克斯堡附近地区都是旷野，不仅小猎物很多，而且清澈的河流还是个钓鱼的好地方，这里还有许多鹿和火鸡。

尼米兹在克维尔的新家是无法与爷爷的轮船旅馆相比的。准确地说，尼米兹与当地来自牧场主家庭的小同伴相比是个穷小子，但他似乎并不抱怨，也绝没有自卑感或不安全感。家境的贫寒使他较早地体会到生存的艰辛，他意识到必须用辛勤的劳作来帮助母亲独自支撑的家庭。从8岁开始，他便在舅舅经营的肉店里做送肉的工作，每星期挣1美元，除此之外，还能够得到一些当地人不怎么吃的牛肝和做汤的骨头。尼米兹将钱和物品全部交给家里。

尼米兹15岁就到他姑姑经营的旅馆干活。主要是劈柴、照看火炉和壁炉，人手不够的时候，也去站柜台，有时需要干到晚上10点打烊。他的姑姑除供给他伙食和住处外，还每月支付15美元工资。尼米兹用这些钱买衣服、交学费，必要时还能贴补家用。最令他高兴的是，他可以用剩下的零钱为多拉和奥托买些小礼品。不过，干活占用了他很多宝贵的学习时间，为了保持优异成绩，他必须起早贪黑完成作业。同龄孩子所享受的那份悠闲自得的生活，尼米兹从不羡慕，他需要的是在值得竞争的领域里始终名列前茅。

尼米兹像爷爷一样，喜欢和旅馆里的许多客人交往。这个孩子还发现倾听外地旅客谈话可以了解到很多东西，他曾经特别喜欢从圣安东尼奥来的两个推销员萨姆·米勒和卡尔·皮卡德，他俩一看就是做买卖的。他们带了许多货样，分放在平底大车上的大箱子里由两匹马拖着。他们还有自己的赶车人，这些人也负责装卸箱子。在前座的后面有块像帐篷似的地方用来防风雨，晚上可以睡在里面。

尼米兹开始更多地考虑未来。这个时候，尼米兹已经从事过多种职业。在与推销员的交往过程中，他开始在心中描画自己未来发展的前景，但这个前景在少年尼米兹心中并不是十分清晰的。他不想开肉食店，也不想经营旅馆，像推销员那样做买卖也不能使他真正动心。他继承了爷爷的秉性，心底涌流着无法平息的冲动和渴望——他想到遥远的广阔世界中去闯荡，但他不知道这个世界究竟在哪儿，也不知道从何处起步。

一有机会，尼米兹就去找爷爷，一起商议他的未来。看来他们总是把事情归到带有疑问的哲理上。尼米兹寻根究底要找到答案，而答案却不容易得到，问题存在于一连串的未知事物中。他和爷爷谈到运气和命运时，困惑地问爷爷："为什么有些人很走运，而另一些人则不是那么幸运。"爷爷经常说："我一直认为，人得自己去找机会，怎么找到我说不准。这可能是通过别人的过失，也可能是由于制定了一个适合自己的计划。我认为部分原因应当是计划问题，当你航海时，你必须懂得怎样仔细地制定计划。"令人感到亲热的爷爷似乎白胡子一根根都竖了起来，他继续说："你会去航海的，现在你没有这个想法，但你一定会去的……"

这时尼米兹已经上中学三年级，他变得比以往更加心神不定，他的成绩很好。当他学习的面更广时，对未来的向往使他总是显得心神不宁。显然，狭小的山城已经无法容留这个年轻人那颗勃勃向上的雄心。

圣诞节后，在克维尔城外工作的一队勘测队员住在这家旅馆。尼米兹跟他们交谈后，不安分的情绪更强烈了。他们告诉他，勘探队可以雇用背测杆和链条的学徒，直到学会怎样使用仪器为止。这是实现旅行和继续受教育的一条途径。尼米兹越考虑这个前景时，就越感到它吸引人。

如果不是两位年轻中尉出现，也许尼米兹在中学毕业后，就加入勘测队去走南闯北了。1900年夏天，驻扎圣安东尼奥城外萨姆豪斯顿堡的第3野战炮兵团越过瓜达卢佩河，来到克维尔外边的小山上进行射击训练。刚从西点军校毕业的威廉·赫·克鲁克香克中尉和威廉·特·韦斯特维尔特中尉是这个团的成员，途中两人在圣查尔斯旅店住宿。

这两个年龄与自己相仿的军官引起尼米兹的注意，他很快就和两名中尉交上了朋友。对于军官，尼米兹并不陌生，他幼儿时代在祖父的旅馆曾多次与军官们玩耍。交谈中尼米兹了解到，他们是在和克维尔一样的边远地区的小城镇长大的，他们没花父母一分钱就接受了大学教育。目前他们还能公费旅行，周游世界。他们那裁剪时髦的军服、神气的高筒军靴、闪亮的武装带、潇洒英武的军人风度，尤其是卓尔不群的谈吐，这一切强烈地刺激和吸引着在蒂维山脚长大的年轻小伙尼米兹，在他心中留下了深刻的印象，改变了最初的选择。军队和制服是起点，他打算尽一切努力达到目的。

两名年轻的中尉军官在与尼米兹交谈中，小心谨慎地鼓励他考入西点军校。韦斯特维尔特告诉他："进入西点军校要通过各种考试，并不是一件容易事。而且进去是一回事，能够留下又是一回事。他们要尽早判定你是不是个人才。如果进去了，你有时会感到极大失望。一旦成功，虽付出代价，也还是令人高兴的。"

尼米兹并不感到失望。他习惯于勤奋工作，不怕竞争。他在得克萨斯山城经历过许多次斗争，还乐意去纽约的练兵场继续奋斗。他满怀希望找到圣安东尼奥的国会议员詹姆斯·斯

∨ 20世纪初的美国军队。

★美国海军军官学校

美国海军军官学校，创办于1845年，因其设在马里兰州的安纳波利斯，故又称"安纳波利斯海军学校"。属美国海军部领导，招生条件为17到22岁未婚青年，要求身体健康，具有高中毕业学历。具有同等学历的海军士兵也可报考。学制4年，有34门大学基本课程和23门选修课及军事训练。学员毕业后，授予理科学士学位和海军少尉军衔，并按合同规定，至少服现役5年和预备役1年。美国海军著名将领杜威、尼米兹等都从该校毕业。

莱顿，向他提出报考西点军校的请求。斯莱顿说，他为军事院校推荐学员的名额已满。他还暗示：即使在将来，尼米兹也难获机会，因为在他的选区有好几个军营，军人子弟将优先考虑。斯莱顿的回答，好像给尼米兹当头泼了一盆冷水，险些熄灭了他对军队的向往。

就在尼米兹感到心灰意冷之时，国会议员重新向他开启了一扇门，"如果我推荐你进美国海军军官学校★，你愿意吗？"

尼米兹满脑子向往成为陆军军官，从未考虑过要成为一名海军，但他还是决定抓住这个受教育的机会。他干脆地回答："愿意。"

国会议员斯莱顿告诉他："考试并不容易，但我想你会通过的，我从你的眼神中看得出来。"

"我一定要考上，无论付出多少代价。"尼米兹这样回答，眼神是那样坚决有力。

如果尼米兹能非常幸运地取得准考资格，那就表明他不能上最后一年中学，学不了平面几何和其他许多重要课程。这些课程他必须在课外学习。他认为这是他可能遇到的最困难的问题。

当切斯特·尼米兹准备参加美国海军军官学校入学考试的消息传开后，得克萨斯的德裔居民从来没有像现在这样明显地表现出一种了不起的情绪。他们没有人听说过这所学院，但它反正是一所了不起的学院。

帮助尼米兹几乎成为全体居民的一项集体事业，山乡的人民决心让他们的这位子弟出人头地。在他开始学习的1月，到参加州考试的4月的那段时间里，他的生活经受了考验。

为了做好准备，他每天凌晨 3 点起床，学习两个小时。5 点多钟开始做旅店勤杂工的日常事务——点灯、生火炉和叫醒需要早起的客人，早饭后跑步到学校。他知道，有结实的身体跟掌握书本中的知识一样重要，他的中尉朋友曾经着重提出过这一点。

长时间在克维尔任教师的苏珊·穆尔教他数学、地理、英语和历史。蒂维中学的校长约翰·格·托兰也找时间辅导他学数学。

连他的继父威廉也发现自己一直没用上的技术知识有了用武之地。当查尔斯·尼米兹听到这个消息时，大声说："我很高兴，在这个孩子身上花的钱，总算没有白花。"

尼米兹依靠人们给他的帮助，加上自己的努力，终于在 1901 年 4 月通过了本州初试。对山乡的人来说，这是个喜庆节日，在这个地区这是第一次有人通过军校考试。

在去圣安东尼奥前，尼米兹在轮船旅馆做了最后一次逗留，7 月份就同国会议员去安纳波利斯。当查尔斯爷爷与他的孙子告别时，情绪非常激动，好像他看到自己的梦想将要实现。这种得意的情绪掩盖了家里其他人对尼米兹行将别离一段时间而产生的忧愁。

对这个 15 岁的德裔孩子来说，出门远行是一件新鲜事。这是他第一次去附近的圣安东尼奥，并且第一次坐上了火车。安娜·尼米兹装了一包足够在整个旅途中吃的食物，所以他吃得很饱，对外面世界的许多事物都感到很新奇，显得十分兴奋。只要天还亮，尼米兹就往窗子外面看。当夜幕降临后，他才上床休息，倾听铁轨咔哒咔哒的响声。国会议员想休息，就去睡了，但尼米兹激动得睡不着，只是闭上眼睛想着前面将会遇到的事情。

圣路易斯的联合车站使尼米兹感到迷惑，眼睛瞪得大大的，他从没见到过如此高大宏伟的建筑。国会议员斯莱顿看到他一脸惊讶的表情，问他："孩子，你对它有什么想法？"

尼米兹摇摇头，后来才说："它比蒂维山还大呀！"

当他们到华盛顿时，尼米兹的眼睛瞪得更大，他自言自语地说："这是美国的首都，我从来没想到会看到它。"

尼米兹看到过马里兰州的地图，上面有奎文河和切萨皮克湾，而真正看到这片地方时更是激动不已。他不知道它的范围有多大，但知道这片广阔无际的水域仅是大海的一小部分。他希望将来成为大海的主人。

国会议员办事神速。尼米兹很快进入预科学校做进一步准备。集中学习一个月后，他参加了竞争激烈的国家考试，并且很容易地通过了。

>> 人生的开幕

1901 年，年仅 16 岁的切斯特·尼米兹踏进海军军官学校校门时，他没有意识到自己赶上了难得的好机遇，登上了美国海军飞速行驶的战船，因为曾被忽视达 20 多年之久的美国海军正处在一个灿烂的复兴时期。从此以后，他将把自己的事业和荣誉与海军紧密地联系在一起。

美国海军军官学校建于1845年。这个学校在19世纪末以前一直处于死气沉沉的状态。切斯特·尼米兹进入海军军官学校开始他海军学员生涯的时候，正是美国海军学校处于空前发展的时期。和尼米兹同时入学的学员总共有131名，都在一个班，这是该校1845年创建以来人数最多的一个班。国会决定海军学校增加学员，一是为了弥补在美西战争中暴露出来的海军军官的不足；二是为西奥多·罗斯福扩充海军培训军官。同时还决定，全面更新海军军官学校的教学设施，准备以花岗石和灰砖建造一座富丽堂皇的法国复兴式教学大楼，还要建一幢世界上最大的宫殿式学员宿舍——班克罗夫特大楼★，以取代内战前建造的日渐破损的砖楼。

当时，豪华学员宿舍刚刚开始动工，学校一下子招了这么多新学员，宿舍不够使用。尼米兹和班上的一些同学不得不挤在临时性的木屋里，条件十分艰苦。但这对来自艰苦山乡的尼米兹，根本算不上什么困难，所以他比一些来自城市的同学能更快地适应这种环境。大他的勤奋好学在班里是出了名的。为了补上中学尚未完成的课程，尼米兹保持了他的老习惯：每天早晨4点半起床，一直学习到吹起床号。同屋的艾伯特·丘奇来自爱荷华州，和尼米兹一样学习刻苦，两个人的成绩在班上一直名列前茅。

尼米兹与丘奇互敬互爱，相处得十分融洽，经常一起谈论他们成长的不同环境，回家时做了些什么。丘奇谈到他所喜欢的狩猎，尼米兹则说了许多爷爷带他去钓鱼的事。这位爱荷华的年轻人说："我们家不怎么钓鱼，我们觉得买鱼比抓鱼要容易得多。"尼米兹大笑说："我们买不起鱼，即使我们家买得起，我无论如何也得去钓鱼，对我来说钓鱼是一件很有趣的事。"

由于尼米兹和同屋的丘奇学习成绩优异，班上一些学员出于嫉妒心理，要求教员把他俩分开，让他们与学习差的学员同住。对此尼米兹并不乐意，但他还是接受了这一安排。渐渐地，他不再认为这是一种刁难行为，而去尽心尽力地帮

★班克罗夫特大楼

班克罗夫特大楼始建于1899年，采用文艺复兴时期的风格。此建筑物建在塞弗恩河流入切萨皮克湾处，位于美国海军军官学校院内。该宿舍在陆军的塞弗恩堡原址上初建时仅有60亩土地，后占地达1,920亩，增加的面积大部分来自填河造地。是当时美国最大的宫殿式学员宿舍。每个房间住2至3名学员。此建筑物后经历年不断扩建，已成为美国西海岸最著名的建筑群之一。1963年，联邦政府把班克罗夫特大楼指定为国家历史文物。

助落后学员，使他们通过了及格线。

海军学校的管理有其特有的军营式的严厉，有时甚至不近人情。虽然学校规定不允许体罚，但是高年级的学生可以任意支使新学员，给他们起外号，还要求他们进行近于体罚的长跑。高年级学生声称，对新生的体罚是为了淘汰那些在极大压力下缺乏自制力的人。高年级学生常常用粗鲁的言语或者想一些鬼点子，戏弄和欺负老实人。他们告诉一年级新生说："这是我们区分成人和孩子的做法。"但这些都没有使这个从得克萨斯来的 16 岁孩子感到为难，也许这是因为尼米兹的爷爷已经给他打下了基础。切斯特·尼米兹被同学取名叫"纳丘"或"纳蒂"。他对这一切泰然处之，非常听话地服从高年级学员的指挥，这反而使高年级学员自感没趣了。

海军学校的教学方法注重启迪学员的主动精神，教员几乎每天都要用没有讲过的指定教材来考学员。当班长向教员报告到课人数后，教员很可能就说："先生们，拿出习题纸，看黑板。"习题纸上的习题大都是从指定教材中选出来的，要学员解答或在黑板上说明。之后，教员在教室里走来走去，给学员纠正错误、评分和讲评。

海军学校的启发式教学法很对尼米兹的口味，而班上的同学不全是这么幸运。有些习惯于灌输式教学法的学生，常常抱怨教员没讲什么东西。

来自弗吉尼亚州的学员乔治·V·斯图尔特对尼米兹说："纳蒂，只要他们给我多做些讲解，我可能会考得更好些。"拥护学校强制学员自学的尼米兹说："他们当然不这么做，我们是到这儿来为自己学习，为自己奋斗的。"

尼米兹在学习上富有主动精神，自学能力很强，在准备海军军官学校的入学考试时，曾经专心致志地学习了好几个月。现在他已经不需要别人讲解，就能够自学教科书了，他几乎是在按自己的计划领会教学内容。有一次，他被叫到黑板上演算习题，他没有按书本的方法去做，而是按自己设想的方式求出了正确答案，老师感到十分惊奇。

尼米兹不仅学业优秀，还能抽出时间大量阅读课外读物，丰富自己的知识。但是，他很快意识到，有些最有价值的经验不是从书本中能学到的，这使他更注重发挥主观能动性，为明确的奋斗目标而学习，有针对性地删繁就简、领会实质。

尼米兹曾被选入学校划船队，当上了指挥全船划桨速度的主要划桨手，但表现并不出色。他参加各种运动都是为了娱乐，特别是网球。他一向重视体育锻炼，在不参加竞技性运动比赛的情况下，坚持散步、跑步或游泳等。

尼米兹在海军军官学校的第一个夏天的航海生活，是乘"切萨皮克"号顺切萨皮克湾而下，穿过弗吉尼亚角进入大西洋，然后同学员水手组一起回到缅因州的哈伯湾，受到来这里避暑的富裕主人的款待。尼米兹开始接触到他离开得克萨斯州所要探索的伟大世界的成就和奥秘。

后来，尼米兹曾乘美西战争中的老战列舰"马萨诸塞"号和"印第安纳"号以及一艘驱

∧ 正在建造中的美国战舰。

逐舰出海航行。在驱逐舰上，他的耳朵出现脓肿。因为舰上没有医生，舰长把他叫到机房里，用一个可能没有消毒的喷油器将硼酸注射到他发炎的耳朵里。尼米兹的耳朵有点聋，可能是这次脓肿的结果。他学会观察别人说话时的口形变化，以弥补听力上的困难。

每年夏天，尼米兹所在的这个班都要离校实习，从事军事科目训练。有一些教官喜欢故弄玄虚，尼米兹对这种做法十分不满。他认为一个教官的威信来自于明晰、简洁、正确的指令，而不是想方设法让学员盲目地依从。

在一次航行中，一个教官为学员做示范，但他发出的命令，把配合训练的水兵弄得晕头转向。还有一回，教官试图难为学员，他把学员的队列完全打乱、颠倒，然后要求学员发 6 次口令把队列恢复到原来的位置。有几个学员试了试，都没有成功。教员十分自得，摆出一副傲慢的样子准备给出他的答案。尼米兹站了出来，他准备摆脱教官的思路，运用极为简单而又巧妙的方式解决问题。

他自信地说："我只需要两次口令就够了。"

教官不相信，轻蔑地说道："那么你就证明这一点吧！"

学员们已经立正站好，尼米兹发出第一个口令："解散！"他们照此做了。然后，尼米兹发出第二个口令："面向我整队集合！"学员们迅速排列成原来的队列。

尼米兹学习刻苦，但他绝不是那种"两耳不闻窗外事，一心只读圣贤书"的书呆子。他继承了爷爷开朗活泼的个性，乐善好施，广交朋友，他认识的学员比他的大部分班友都要多。他经常讲一些得克萨斯州的故事为大伙消遣，有时他的故事还插进了一些惊人的妙语。对他来说，没有什么比同大伙在一起聊天更让他高兴了。

在校园橄榄球联赛的季节，尼米兹认识了比他高一年级的比尔·哈尔西。值得一提的是，比尔·哈尔西尽管比尼米兹年高一级，但在整个太平洋战争中一直位居尼米兹之下。哈尔西绰号"公牛"，是尼米兹手下的得力干将。两人从学生时代培养起来的情谊，在共同从事的事业中一直得以保持。

一天傍晚，哈尔西练完球找到尼米兹，请他为自己遇到的麻烦出谋划策。哈尔西说，我们穿工作服练球被海泽上尉发现了，海泽给违反规定的 4 个人记了黑点子。我已经被记 3 次啦！再有一次，就要在星期天被圈起来练球了。如果我不打算在星期天练球，就得在星期六把 3 个黑点去掉。

海泽上尉是一个三十出头的单身汉。他只有一个心眼儿，就是为发展海军出力。由于两次任期没有提升他的级别，使他很恼火。办事严谨、毫不通融是海泽上尉的一贯作风，他凡事喜欢循规蹈矩。对于这样的军官，尼米兹一般是不去触犯的，但好朋友遇到问题，尼米兹又不能坐视不管。他想了想，也许是从小时候看到的爷爷的恶作剧中获得了启发，他很快想出了一个捉弄人的方案，哈尔西听了直乐。

海泽上尉在星期三不管学员的操练，因为他要在这天下午去市镇购物，回来时常抱着大包小包从军人人行道回单身军官宿舍。学校的东门是乘坐公用车辆下车的地方。这里有一条人行道通到学员和未婚军官的宿舍，浓密的树木像篱笆那样遮掩着这些房屋，前面有1.5米高的铁栅栏。通向各座房屋的人行道在每座房前20至30米处，从宿舍楼出来的人在人行道是看不见的。

这天，海泽上尉抱着东西从镇上回来，向宿舍走去。走到人行道第一段路时，一个学员快步而出挺身向他敬礼。海泽吃了一惊，但很快想起来，小心地放下东西回礼，然后再拿起买来的东西。到了第二段路上又发生同样的情况，走过第三段和第四段时也是这样。这时开始下雨，海泽停了下来。当他走到第五段路上时，他只好大声吼了一句："稍息！"

下一个星期三海泽回来时没有带东西，所以他走在路上没有人阻拦他。再过一星期当他两只手又捧了一大堆东西回来时，学员们又对他敬礼。此后，学员们每当他回来不管有没有带东西，都站在各个路口等着。最后海泽上尉急了，扬言要开除他们，这才制止了这场闹剧。这样，学员穿工作服练足球的事也就不了了之了。

尼米兹对比尔·哈尔西说："海泽上尉手上抱满了东西，本来可以不还礼的，但我预料到他不会违反条例。"比尔·哈尔西大笑不止："我说过，你的高招会解决我的问题的。"

1904年9月，尼米兹所在的班休假返校时，班克罗夫特大楼的第一个侧楼已经竣工。他们作为高班生，住进了新楼。那时尼米兹已是戴三条杠的第8连连长。为了督促服装店赶制毕业服，他们班被允许在课余时间"自由出入"安纳波利斯大门。尼米兹曾回忆说："我们充分利用了这个特权。"

周六下午，尼米兹和同班的一些同学为了活跃生活，决定组织一次屋顶晚会。尼米兹负责去买啤酒。他身着袖上缀着三条杠、领上挂着三颗星的军服，昂首阔步地走出军营大门。

在距离学校不远的一家服装店的后屋里，尼米兹把一打冰啤酒装进箱子里。这家服装店为了照顾一些"特殊"顾客，经常为他们代购啤酒。尼米兹在服装店里遇到了一位头发乌黑、身着便服的绅士。店主怕麻烦，未将穿军服的尼米兹介绍给他。尼米兹拎着啤酒，快步溜出了服装店。

星期六晚上在屋顶举行的啤酒晚会十分成功。

星期一，当尼米兹领着同学去上航海课时，他惊奇地发现星期六下午在服装店遇到的那位绅士正穿着军服，坐在教员的座位上。他是利瓦伊·卡尔文·贝托利特海军少校，海军学校 1887 年的毕业生，最近才调到母校任教。

尼米兹心里七上八下，生怕两天前的一幕被贝托利特回忆出来。尼米兹猜想，如果课后教官找他谈话，那么他的海军生涯可能要因之提前结束了。

但那件事并没有引起什么后果，不知是有意还是无意，贝托利特似乎并没有特别在意这位在服装店偷买啤酒的学员，或许是认为此事无关紧要，决定网开一面。总之，贝托利特没有追究此事。

但这件事却引起了日后成为高级将领的尼米兹的深思，他后来说："这次越轨行为给我上了一课，它使我充分重视自己的过失。同时也使我懂得，对待初犯错误的人，应采取宽大为怀的态度，期待他们自己的觉醒。这是一种尊重，也是一种信任。"多年以后，尼米兹不忘此事，一直希望能在部队中再见到贝托利特，并当面感谢他。可惜他们再也没有碰到面。贝托利特于 1912 年辞别人世。

由于海军扩大，军官人数不足，切斯特·尼米兹和同班同学提前六个月于 1905 年 1 月毕业，这时尼米兹还不到 20 岁，他是海军军官学校毕业生中最年轻的一名学员。根据规定，他们毕业的级别应为"委派军官"而不是"任命军官"。他们要在海军中服役两年后，才可能被正式委任为海军少尉。在此期间，他们服役的档案由海军军官学校保存，并定期由学术委员会评审。

1905 年 1 月 30 日是个辉煌的日子，尼米兹和他的同学们通过毕业考试，结束了枯燥严格的军校生活，即将正式踏入美国海军的行列。他们身着蓝色的海军军官制服，神采奕奕，雄心勃勃，怀着一片遨游四方的浪漫心境，憧憬着迷人的未来。

尼米兹以他出众的才能，富有感染力的人格魅力在 1905 届学员班中脱颖而出。一个学员在 1905 年海军军官学校年鉴中撰文赞扬尼米兹，说他"具有荷兰人勇往直前、从容不迫的性格"。作者还情不自禁地引用英国著名诗人华兹华斯的诗句，来形容尼米兹是"一个对昨天感到愉快，对明天充满信心的人"。

在 114 名获得毕业证书的学员中，尼米兹的各科总成绩名列第七。他获得最高分数的学科有数学、军械、领航和巡航实习。全班名列第四的是罗亚尔·伊·英格索尔，他在尼米兹被任命为太平洋舰队总司令的第二天也被任命为大西洋舰队总司令。弗尔法克斯·利里名列第五名，他在第二次世界大战期间，先后在"萨拉托加"号编队、联合防区作战部

∧ 1905年，身着海军军服的尼米兹与爷爷查尔斯合影。

队、西南太平洋海区盟军海军部队和东海岸边防军等单位担任指挥工作。在 1905 年毕业的学员中，共有 16 人先后升为海军少将以上的军衔，真可谓人才济济、将星璀璨。

尼米兹在毕业考试后，回到得克萨斯州老家做短期休假。这是他与国会议员斯莱顿于1901 年 7 月离开后的第一次回家。春寒料峭，山路崎岖，风华正茂的切斯特·尼米兹一身戎装，回到久别的故乡。

这是一个令人兴奋的时刻，尼米兹无法抑制内心的激动。

久别的游子又回到了熟悉的轮船旅馆，见到了他慈爱的爷爷和亲爱的妈妈。查尔斯爷爷的须发都已斑白，身体也日渐衰弱，他连走动都越来越困难了。当他看到他曾经许给大海的孙子回来时，脸上抑制不住洋洋得意的神情，好像他让孙子当一名海军上将的愿望正在实现。他的身体似乎从中获得了力量，使他的生命又延续了几年。尼米兹穿着海军装与爷爷一起照了几张相，有一张保存至今。

尼米兹见到了日夜思念的母亲。饱经风霜的安娜女士依然乐观开朗，她对于儿子没有太多温情的话语，她的爱抚与关怀都化作了默默的行动。身着戎装的尼米兹与家人合影留念，还抽空遍访了童年的亲朋故友，重登了蒂维山，乘坐皮筏重游了瓜达卢佩河。

短短的假期很快过去了。尼米兹从亲人和朋友那里，从熟悉的故乡景色中汲取了新的勇气和力量。他从圣安东尼奥乘火车去西海岸，然后与同班学友布鲁斯·卡纳加一道，去旧金山"俄亥俄"号战列舰报到。他们在一起工作一段时间后就分开了，后来几度重聚，两人保持了终生的友谊。

对于把海军事业视为终生归宿的尼米兹而言，他的锦绣前景才刚刚拉开第一幕。他清楚地意识到，他的生命中已注入了海洋蓝色的血液，他已初步实现了爷爷的殷切期望。

>> 走向海洋

"俄亥俄"号是 1898 年国会根据扩充海军计划批准建造的 4 艘战列舰之一，刚刚结束验收试航。它的排水量是 1.2 万吨，装有 4 门 300 毫米和 16 门 150 毫米的火炮，最大航速17 节。

尼米兹在战列舰上的实习表现是突出的，舰长洛根上校在向海军军官学校学术委员会做的第一季度报告中写道："学员尼米兹在'俄亥俄'号上的表现很好。"第二季度末，尼米兹在舰长关照下，担任过船艇官和舰面助理军官。洛根的评语是："学员尼米兹是一个优秀的军官，我很高兴地把他推荐给学术委员会，请给予最优先的考虑。"

尼米兹在做学员时，一直把日本作为潜在的敌手来研究，并把太平洋当作模拟战场。海军舰队演习也常以日本为对手，因为当时的日本已拥有世界上首屈一指的海军力量。尼米兹

< 在日俄海战中大出风头的日本联合舰队司令东乡平八郎。

没有想到，模拟的敌人在30多年后竟成了真刀实剑的对手。

尼米兹在"俄亥俄"号实习期间，曾随舰进行过一次难忘的远东之行。"俄亥俄"号作为美国亚洲舰队的旗舰驶抵远东海域的时候，日俄战争爆发了。1905年5月，日俄海军舰队在对马海峡掀起了狂涛巨澜。

在激烈的炮战中，俄旗舰"苏沃洛夫公爵"号受重创，俄舰队司令和参谋长身负重伤。日舰乘势猛攻失去指挥的俄舰队，激战之后，日舰击沉、击伤俄舰多艘，并迫使俄舰队在绝望中挂起白旗投降了。历时两天的对马海战，日军以仅损失鱼雷艇3艘、伤亡700多人的代价获得这场海战的胜利，使俄国舰队全军覆灭，损失战舰24艘，人员逾万，司令被俘。对马海战决定了俄国在整个日俄战争中的败局。

日军之所以能够取得这次海战的胜利，除指挥得当、计划周密之外，舰艇的装甲、航速以及火炮的威力、射速都明显优于对方，充分显示了现代科技在军事上应用的威力及其对战争所起的作用。对马海战奠定了日本在日俄战争中的胜利基础，日本陆军趁势占领中国的旅顺港，俄国沙皇被迫接受西奥多·罗斯福总统的斡旋，承认失败。为了纪念对马海战的胜利，日本政府把5月27日定为日本海军节，日本联合舰队司令官东乡平八郎也因此威名远扬。

为了庆祝胜利，日本天皇在御花园举行了一个露天晚会，招待立了战功的陆海军指挥官，东乡自然成为那晚的主宾。日方出于礼貌，也邀请驻泊在东京湾的"俄亥俄"战列舰的美国军官参加。舰上的高级官员对赴宴不感兴趣，于是委派包括切斯特·尼米兹在内的6名代表出席。

∧ 日俄海战中，东乡平八郎（前）指挥日军舰队作战。

对尼米兹来说，那是个值得记忆的夜晚。皇宫花园里高朋满座，笑语声喧，大约摆了二三百张桌子，每张桌上都摆着几瓶从旅顺港缴获的俄国香槟酒。由于交通不便，尼米兹他们6位代表来迟了，只好坐在靠近出口的位置上。这位置对他们来说是恰如其分的，他们在战将云集的宴会上显得年轻而毫无经验，他们原本就是缺乏阅历的旁观者。

宴会在阵阵欢呼声中达到了高潮，香槟酒泡沫四溅，香气怡人。宴会临近尾声时，东乡等人准备离席退场，美国人看到了东乡将军正向他们这边走来。从"俄亥俄"号来的这群初出茅庐的年轻水兵乘着酒兴，决定邀请这位大名鼎鼎的日本将军与他们一起喝酒。这突发的奇想来自于得克萨斯的尼米兹，他也理所当然地被推举为拦截者。

这确实是个大胆的念头，将军或许会对他们的冒失行动感到不快，当然更不会接受邀请。出乎预料的是，兴致很高的东乡愉快地接受了尼米兹的邀请。他与大家一一握手，喝了一口香槟酒，然后用流利的英语与他们交谈。

这真是历史性的一刻，两位著名的海军上将相遇，一位正是如日中天，另一个却是朝阳初升。尼米兹对那个晚上一直记忆深刻，对东乡平八郎的显赫业绩和平易近人的作风始终充满敬意和怀念。

7月中旬，"俄亥俄"号启程返回本国港口，但一批经过挑选，才能突出的人则被留了下来。尼米兹和同学卡纳加都被留下，转到"巴尔的摩"号巡洋舰上。这是一艘有着光荣历史的巡洋舰，曾隶属杜威舰队参加过马尼拉湾海战。1907年1月31日，切斯特·尼米兹和布鲁斯·卡纳加被正式委任为海军少尉。不久，尼米兹在马尼拉湾出任"帕奈"号炮艇艇长，卡纳加则指挥另一艘炮艇"巴拉圭"号。只要条件允许，他们就设法一起航行。他们的任务是巡逻，实际上也是向被征服的菲律宾人和苏禄群岛上的莫罗人"炫耀武力"。航行几乎没有遇到什么麻烦，和平时期的巡航是激动人心的，他们享受着天天驶向陌生地方的乐趣。

除炮艇外，尼米兹还负责管辖一个驻有22名海军陆战队员的小型军港波洛克。这是棉兰老岛的一个狭窄港口，尼米兹有一些时间在这个小岛上工作。波洛克的生活很艰苦，没有电台，没法寄信，没有新鲜食物，但尼米兹却觉得那些日子过得挺有意思。他们经常去打猎。有一个水兵曾说："有朝一日在这个海嘴子里将再也看不到一只野鸭了。"

尼米兹在波洛克的田园生活很快被打破了。日俄战争结束后，日本退伍军人成群结队地涌到加利福尼亚寻找出路。他们在那里廉价出卖劳动力，冲击了西海岸的劳务市场。旧金山采取隔离日本小学生的办法进行报复,他们以"劣等民族"凌辱日本人。在罗斯福总统干预下，这种做法才得以停止，但另一方面，罗斯福与日本达成了一项限制移民的协议。

随着日美矛盾的加剧，战争恐惧情绪像计算机病毒一样在美国的亚洲舰队传播。熟悉海战史的人们不会忘记，在日俄战争中，仅有6艘战列舰的日本海军，在东乡的率领下，以"分而歼之"的方式，将拥有16艘现代化战列舰的俄国远东舰队逐个击败，接着又摧毁了从大西洋调来的俄国波罗的海舰队。如果日本想对美国采取军事行动，时间必然选择在大西洋舰队调往太平洋之前，而首当其冲的进攻目标显然是美军控制的菲律宾军事基地。

为了对付日本的好战分子，1907年7月9日，罗斯福总统发布命令，把美国战列舰从大西洋调到太平洋的旧金山。尼米兹和"帕奈"号应招从波洛克调到甲米地海军基地。情况如此紧张，以至于尼米兹在炮艇驶近马尼拉湾之前，曾计划派登陆小组作为前导，去侦察一下美军是否还占领着那块地方。

炮艇停泊后，尼米兹身着白色制服，挂着佩剑，上岸去向基地司令官尤赖亚·罗斯·哈里斯海军少将报到。哈里斯让他回"帕奈"号待命。

哈里斯是一位铁面无私、不苟言笑的人。他突然把在"帕奈"号上待命的尼米兹找来，通知他去指挥一艘退出现役的"迪凯特"号驱逐舰。他要在48小时内把这艘舰只弄到60海里以外的奥隆阿波干船坞去，修缮待命。

尼米兹并不介意哈里斯的态度，他知道这是一个非同寻常的任命。通常，即使在紧急情况下，也绝少让一个22岁的海军少尉去指挥驱逐舰。与他同时期的海军军官，如斯普鲁恩斯、哈尔西和金，都是在26岁到36岁之间开始担任驱逐舰舰长的。

"迪凯特"号状况很糟，一些重要设施丢失了，剩下的几乎只是一个空壳，舰上没有粮食，没有淡水，没有燃料。其他的军官和士兵也是在尼米兹到达之后，才陆陆续续来报到。要想在短短48小时内把"迪凯特"修好，还要开到干船坞去，这项任务对于一个初出茅庐的少尉军官来说，确实是一件相当困难的工作。尼米兹后来回忆当时的情景，说他对"迪凯特"号的第一个印象是把它看成一艘残破的老驱逐舰了。事实上，这是一艘较新的舰只，它是1898年经国会批准，与"俄亥俄"号同期建造的高质量舰只。美国海军第一批使用的16艘驱逐舰是4个烟囱、载重420吨、航速28节的蒸汽舰船。"迪凯特"号和它的姊妹舰曾参加了第一次世界大战，1920年被拆除。

尼米兹尽管缺乏经验，但他是一个善于迎接挑战的人，从来都把解决难题当作发挥自己才干的良机。他下决心要有所作为，不辜负上司对他的信任。经过全面检查，他对于修复该舰有了充分把握。他已经决心迎接这个挑战了，和他的船员日夜不停地工作，终于使舰上的一个锅炉冒烟了。

"迪凯特"可以开动了，尼米兹想把军舰从浮标那里往后倒出来，但在他下令用四分之一档速倒开时，军舰却向前行驶。当他下令全速向后时，军舰往前猛蹿。原来传令钟装倒了。传令钟修好后，下一步就是赶快把"迪凯特"号开到奥隆阿波去。虽然60多海里的距离并不算太远，但他们缺少海图，并且遇到了一场大雨，因此途中发生了一些曲折。不管怎样，尼米兹的舰员最后按时把"迪凯特"号开到了奥隆阿波。两星期后，军舰开出了干船坞，做好了对日作战的准备。

尼米兹终于可以松口气了。当他搭乘运送水手的汽艇返回海岸时，脸上洋溢着乐观、自信的神情，他没有辜负上司的期望。

美国舰队的武力威慑发挥了作用，当太平洋舰队厉兵秣马，大西洋舰队浩浩荡荡开回旧金山时，日本政府开始表示他们的和平愿望。体重达300磅、肚皮隆起的国防部长威廉·霍华德·塔夫脱★作为和平使者访问日本后，到了菲律宾。1907年秋天，塔夫脱到达马尼拉，主持了菲律宾国民大会开幕式，并在会上讲了话。然后，偕夫人在菲律宾的几个城市作短期旅行。

尼米兹少尉奉命护送塔夫脱部长一行从奥隆阿波返回马尼拉，有机会参与他们这次旅行的有关事宜。为了使这位肥胖使者在"迪凯特"号的甲板上过得舒适，尼米兹找了两把柳条椅让木匠捆绑在一起，并把靠里的两个扶手锯掉，制作了一张特殊的躺椅。尼米兹还为他讲述了一些"难以置信的得克萨斯的故事"。据说，这些精彩的故事将塔夫脱部长迷住了，以至于他在1909年荣任总统之后，特意到得克萨斯购置了一幢二层别墅。

尼米兹擅长交际的才能发挥得越发淋漓尽致了，他不仅善于一视同仁地对待下层军官，而且也显示出与任何政治派别的在职官员打交道的本领，因为他是一个党派倾向不太明显却善于协调关系的人。

1908年7月7日，尼米兹海军少尉驾驶"迪凯特"号返回马尼拉湾时有点疏忽大意。当他驶进马尼拉湾南面的八打雁港口时，没有计算船的方位，只是粗略估计了一下位置，也没有停下来看看潮水是涨还是落。突然间，测深员大叫了一声："长官，船不动了！"

"迪凯特"搁浅在马尼拉湾南面八打雁港口的泥滩上。事情发生得太突然，尼米兹起初觉得有些莫名其妙，了解情况后，他想把舰退回去，结果各种努力均未成功。在那个漆黑的夏天夜晚，乌云遮住了满天繁星，也遮住了尼米兹的希望。站在搁浅在泥滩的船上，看着无边的夜色，尼米兹感到孤立无援。这时，他的耳边响起了爷爷神灵般的声音："对你还无法预料的事情不要忧虑。"尼米兹很快镇定下来，他在甲板上架好帆布，处惊不乱地睡了一觉。

第二天黎明，一艘碰巧路过的汽艇把"迪凯特"号拖出了浅滩。事情似乎就这样迎刃而解了，一切都可以掩饰得如同没有发生一样。然而，逃避责任是与尼米兹的性格格格不入的，所以他立即将这一事件做了如实的汇报。

大部分官员本来都想不追究这件事，但海军的制度规定，一有报告就要调查，必要时还要对肇事者给予处分。因此，尼米兹被传讯到"丹佛"号巡洋舰上出庭受审。法庭鉴于尼米兹能够主动交待问题，且是初犯，而且还有八打雁港口海图不详等客观原因，决定对他从轻处罚，由美国驻菲律宾海军司令以"疏于职守"之错给予当众警告处分。

军事法庭给尼米兹带来了一些麻烦，但对他的前程几乎没有造成什么影响。相反，由于这一意外事件，他可以回家探亲了，因为他被解除了"迪凯特"号的指挥职务，于是在宣判后两星期就踏上了返乡之途。

1908年12月初，尼米兹见到了久别的爷爷。查尔斯老人的健康状况越来越差，医生说他患的是使他行走不便的关节炎，尼米兹回来时他已经无法正常行走，并且在去世之前，他一直是与这种疾病做斗争。查尔斯在床头上方接了一根绳子，以便用它把自己拉起来。他起来后，可以拖着脚在房间周围走走，有时他还走出旅馆门厅。看着爷爷被病痛折磨的样子，年轻的尼米兹心里很不好受，他尽可能地在轮船旅馆多待了一些日子。这是爷孙俩最后一次见面，孙子的来访给衰老的爷爷注入了新的生命活力。当尼米兹重返大海一年之后，爷爷听到了孙子没有因"迪凯特"号搁浅事件受到影响，而且从海军少尉一跃升为海军上尉的消息时，病痛的脸上露出了欣慰的神情。他高兴地说："愿我的孩子一帆风顺。"事情正是这样，他从一个15岁的中学生成长为22岁的海军少尉，基本上是顺利的，虽然发生过一些意外，但尼米兹的前程没有受到什么严重的影响。

1911 年 4 月 26 日，尼米兹的爷爷在平静中死去，终年 85 年。他经历了曲折丰富的一生，他的质朴而又深刻的思想深深影响着一个抱负远大的青年。他心中执著的期待——贡献给大海一位"山里来的海军上将"的目标正在一步步实现。

当时尼米兹在潜艇执行任务，未能回去参加葬礼。

1909 年 1 月 25 日，尼米兹被调到潜艇第 1 支队任职。他做学员的时候，曾在海军第一艘服役潜艇"霍兰"号上学习，深知在潜艇上工作的辛苦，又没有额外补贴，他知道这绝非一个好差事。当时潜艇作为攻击性武器的特殊作用还远远没有显示出来，按尼米兹自己的话讲："在那些日子里，潜艇是一种非驴非马的东西。"而战列舰是舰队里最具吸引力的军舰，被认为是青云直上的阶梯。尼米兹毫不掩饰自己的失望之情，他要求到任务繁多的战列舰上工作，但未获批准。

尼米兹的可贵之处在于，当他意识到有些事情自己无法解决时，就在力所能及的范围内全力发挥。这正是尼米兹得以脱颖而出的重要原因，而许多人都没有意识到这一点，他们往往因为受到不公平的待遇，或者怨天尤人，或者心灰意冷。尼米兹克服了消极情绪，全身心投入到新的工作中去。由此他又获得了一个重要经验：大部分工作，无论多么乏味，只要专心致志，刻苦钻研，就一定能够获得很大的成功。

他出色地指挥过"潜水者"号、"甲鱼"号、"独角鲸"号潜艇之后，开始进行革新实验。他提出拆除排泄毒气和易于爆炸的汽油发动机，而代之以新型柴油发动机。他的努力获得了成功，从而被公认为潜艇柴油发动机权威。

>> 漂泊海上

1911 年 11 月，尼米兹乘"独角鲸"号潜艇在海上值勤，此时他已是"独角鲸"号潜艇★艇长兼第 3 潜水艇分队司令。返回后他接到命令去马萨诸塞州的昆西，负责监督安装福尔河造船公司的"跳鱼"号潜水艇柴油机，他的下一个工作就是出任该潜艇的指挥官。

★ "独角鲸"号潜艇

"独角鲸"号潜艇由美国制造。该艇标准排水量为：（水面）2,730 吨，（水下）3,960 吨。动力装置采用柴油机—电动机。航速：水面航行时为 17 海里，水下潜航速度为 8.5 海里。续航力（在水面以 10 海里航速航行）时为 18,000 海里。舰载武器装备：艇首装有 4 具鱼雷发射管，艇尾装有 2 具鱼雷发射管，鱼雷储备量为 8 条。该艇装配 2 门 152 毫米火炮。艇上载有若干枚鱼雷。二战时期，"独角鲸"号潜艇曾在太平洋、印度洋海域活动。战争结束后退役。

∧ 1913年4月，尼米兹新婚后与妻子凯瑟琳在一起。

"跳鱼"号潜艇的安装任务按期完成,正式投入试航阶段。尼米兹随潜艇一起驶往南方的切萨皮克湾。在汉普顿锚地,"跳鱼"号的一个水兵不慎落水,被卷入激浪之中。这位士兵的水性很差,情况相当危急。尼米兹上尉毫不犹豫地跳入水中,试图搭救这名士兵。3月的海水,水深浪急,寒冷刺骨。尼米兹既要救人又要应付阵阵袭来的巨浪,很快便感到精疲力竭,他非但未能将落水士兵推上海岸,自己也被卷入大海。恰在此时,"北达科他"战列舰上的观测手发现了他们,派出一只快艇把他们营救上来。

　　一个海军上尉冒着生命危险去救一名士兵,这一壮举赢得了众人的称赞,也在切斯特·尼米兹的早期工作中留下了爱护部属的美誉。有关部门为奖励尼米兹的英雄行为,特向他颁发一枚银质救生奖章。尼米兹十分珍视这枚奖章,因为它不是由于杀人,而是由于救人获得的。他明确表示他不喜欢拿起武器作战,但是一个海军军人的职责是保卫自己的祖国,所以有时必须采取强有力的自卫行动。

　　1912年春天,尼米兹应邀到海军军事学院讲授潜水艇课。这对一个27岁的海军上尉来说,确实是一种特殊的荣誉。他认真备课,最后来到罗得岛屿的新港。6月20日,在位于新港的海军军事学院内,他作了题为"潜水艇的防御和进攻技术"的条例讲座。同年12月,讲稿的非保密部分在《海军学会文件汇编》上发表,赢得了军事学术界的广泛注目和赞誉,成为有关潜艇理论研究的新锐之作。

　　不久以后,尼米兹上尉被授予大西洋潜艇分队司令的职务,率领着"跳鱼"号和"鲟鱼"号向南开进,分队在古巴海域度过了一个冬天。

　　1913年春天,尼米兹带着新婚的妻子凯瑟琳来到华盛顿,迎接他们的是另一次蜜月旅行的开始。尼米兹接到了前往德国学习柴油机构造的命令。他在潜艇上装配柴油发动机的建议已得到了普遍承认,海军还决定在几艘大舰艇上试装柴油机,但美国当时缺乏建造和安装大型柴油机的技术。纽约船厂派出制图员艾伯特·克洛本伯格和工程师欧内斯特·得尔波斯赴德国学习,海军也派享有柴油机专家盛名的现役军官尼米兹上尉一同前往。

　　尼米兹先到了伦敦潜艇工厂,在那里,他匆匆查问了有关小型柴油机的发展近况。1913年5月末,尼米兹和凯瑟琳乘"凯瑟琳·奥古斯塔"号客轮前往德国汉堡。德国政府安排他在汉堡沃斯造船公司学习。尼米兹夫妇住在汉堡市中心区一幢有漂亮阳台和美丽花园的楼房里。尼米兹的时间通常安排得很紧,他每天早晨7点半左右离开住所去沃斯船厂上班,晚上7点钟才能回家。

　　1913年6月上旬,德国开始庆祝德皇威廉二世即位25周年,整个国家沉浸在一种欢庆的氛围之中,庆祝活动将在威廉二世登基纪念日——15日达到高潮。作为节日庆祝的一部分,汉堡市安排了一项特别的内容,沃斯造船厂建造了一艘巡洋舰,将在14日举行试航下水典礼。这艘军舰暂定名为"K"号巡洋舰,实际上是一艘战列巡洋舰,规模大小和装备情况完全同战列舰一样。届时,全德国军政要人和海军首脑都将到汉堡来参加这个典礼。

> 德国十七军团司令麦肯森将军。

在沃斯船厂的 1 万名工人和管理人员中，只有尼米兹他们 3 个美国人。根据美国海军通过德国政府的安排，他们的任务是研究柴油发动机，特别是研究船厂自己设计的柴油机工作图纸。德国军官是骄傲自大的，他们通常不大理会来自异国的学习人员，但船厂的行政人员还是为尼米兹一行提供了方便，尤其在知道了尼米兹是海军现役军官之后，对他更为尊重了。

军舰下水典礼的日子到了，尼米兹同他的伙伴未受到邀请，但允许他们站在客人后面观看。尼米兹过去从未见过仪容如此华丽的军队——色彩鲜艳的佩带、金色穗带的制服、各式各样的荣誉标志和尖顶帽盔。主持这次典礼的是第十七军团司令奥古斯特·冯·麦肯森将军，他大步登上巨型巡洋舰舰首的平台，高声颂扬"伟大的英勇善战的骑兵将军"乔治·冯·得尔夫林格尔男爵的英雄业绩，因为这艘巡洋舰将以他的名字命名。他号召全体官兵要学习这位元帅的决心和毅力，然后转身面向巡洋舰，以得尔夫林格尔的名字庄严地为舰命名，将一瓶葡萄酒撞击舰首，向一队海军官兵宣告："我把人们双手创造的骄傲产物交给你们分队。"这时，仪仗队举枪致敬，乐队高奏德国国歌《德意志高于一切》，在场的上千名军官马上立正举手敬礼。

这是一个激动人心的时刻。奏完国歌后，工人们敲开了支撑巡洋舰的木头。随着隆隆巨响，"得尔夫林格尔"号巡洋舰向前挪动了三五米，便停在航道之上不再动弹了。整个场面令人窘迫不安，军官们放下了敬礼的手。沃斯船厂一位官员红着脸宣布："因为海水落潮，当天军舰下水仪式被迫取消。"

尼米兹、得尔波斯和克洛本伯格在贵宾退席之前，一溜烟走出了船厂。当时，战争风云笼罩大地，德国人神经过敏，没有人知道，他们会对三名目睹他们失败的外国人做出什么事。

7月1日，船厂工人终于使"得尔夫林格尔"号下了水，但尼米兹没有在场。因为沃斯船厂负责人的处境十分狼狈，规定除了必要人员外，其他人都不许观看该舰下水。

尼米兹不放过每一个参观学习的机会，回纽伦堡之前，他在奥格斯堡停留了一段时间。在那里，他参观了鲁道夫柴油机公司。这家公司早在16年前就成功地生产了第一部商用发动机。一个夏天的辛勤工作接近尾声，他还对布鲁日和基尔柴油机厂进行了技术调查。在布鲁日的交易会上，他花了3天时间仔细研究了放在拍卖台上的一台大型新式柴油机，并做了详细笔记。

回国后，尼米兹被分配在纽约海军船厂的机械部门工作，他的任务是监督在"莫米"号新油轮上建造和安装两台2,600马力的柴油发动机。油船的船体是在西海岸造好后拖到纽约来的。

夏末，凯瑟琳怀孕了。1914年2月22日，凯瑟琳·万斯在布鲁克林出生，离父亲的生日仅差两天。

小切斯特·尼米兹也出生于布鲁克林，生日是1915年2月7日，一生出来就像他爸爸。他渐渐长大后得了个绰号叫"小祸害"。因为他多灾多难，从建筑物上跌下来摔破头，在裸露的电线上把脚跟严重烧伤，等等，什么样的倒霉事情他都遇到过。有人和他开玩笑，说他与事故有缘，这时小切斯特就会提起爸爸的历史，因为许多倒霉事差不多同样常发生在尼米兹身上。尼米兹在学生时代就患轻度耳聋，终身不愈；在布鲁克林时，他被木头击倒，留下了背痛的后遗症；在讲述新型柴油机性能时，险些丢掉整个左手。小切斯特理直气壮地说："我认为，这是从父亲那里继承来的。"

当时，美国市场对柴油发动机的需求量极大。而尼米兹被公认为是海军的柴油机专家，引起了柴油机制造商的注意。1915年的一天，有几个人来到尼米兹的办公室，自我介绍说他是圣路易斯城一家柴油机公司的代表。他们是公司专门派来雇用尼米兹的，他们明确表示，可以给尼米兹2.5万美元的年薪，并建议签订5年合同，而且不用交所得税！当时尼米兹在军中的月薪仅仅240美元。如果他从经济利益考虑，答案应该是明显的。

尼米兹知道海军也非常需要他，他从容不迫地回答说："不，谢谢你，我不想离开海军。"那些人还不死心，提出了更为优厚的条件，他说："无论如何，钱对我们来说不是问题，你要价好了。"

尼米兹停顿片刻，坚决地回答道："不，我不想离开海军。"于是从圣路易斯来的人只好悻悻地走了。

在发动机安装工作就要完成时，尼米兹经常接待来自海军和民间的参观人员，向他们讲述新型柴油机的工作进展。有一次为了接待全国工程师大会的一个参观团，他决定穿上白色制服，为了避免在演示时手沾上润滑油，他戴了一双白手套。

参观团来了，尼米兹上尉边讲解边开动机器演示，参观者听得聚精会神。一位参观者打断他的话问道："怎么能知道排气装置是否干净呢？"

尼米兹边回答边指着说："你看这个地方……"

正说着，他演示的一只手不小心伸到了旋转的齿轮上，两个齿轮绞住了他的手套，接着卷进去一个指头。好在他手上戴着一只毕业戒指，戒指卡住了转动的齿轮，他才得以将手抽出来。人们马上把尼米兹送到医院。一个年轻的水兵拾起他丢在地上的血手套，从里面掉出一节轧断的手指。

在海军医院里，医生把尼米兹被轧断的无名指洗净，缝合了伤口。尼米兹说："谢谢你，现在可以回去了吗？参观的人还在等着我呢！"

"先等一等，"医生回答说，"不要着急。"

看着尼米兹一副着急的样子，医生又说："我告诉你，你先进屋待一个小时，再视情况而定。"

一小时以后，尼米兹因疼痛休克在病床上。

尼米兹因伤住院期间，以及在"莫米"号油船的工作快要结束的时候，他都有可能也有机会离开海军，但他还是执意留下了。

1916年10月份，"莫米"号油轮的发动机安装完毕，经过试航，性能优越。同年12月28日，"莫米"号投入现役，由亨利·迪杰少校担任船长，尼米兹军衔尚低，还不够指挥这样一艘军舰的级别，但被任命为副船长兼总工程师。他一身二任，可以调解舱面水兵和轮机兵之间经常发生的矛盾，因为前者总要把甲板冲洗得干干净净，而后者总是在擦干净的甲板上留下油污的脚印。

经过广泛的试验和试航，"莫米"号发动机性能优良。圣诞节期间，油轮泊在港内，节日之后，"莫米"号载着45名船员驶向古巴。他们的第一个任务是在古巴南海岸深凹的瓜卡纳亚博湾设置航标，这一地区是美国大西洋舰队演习时的临时锚地。"莫米"号留在海湾，为驱逐舰、战列舰等各种型号的舰只补充油料和淡水。

这期间，德国背信弃义开始了肆无忌惮的潜艇战，在事先没有警告的情况下，击沉了几艘美国商船。1917年4月6日，美国做出反应，宣布对德国作战。

美国对德宣战之后，"莫米"号奉命开往格陵兰以南300海里的北大西洋，为开赴爱尔兰的美国驱逐舰加油。那里冰山重重，浮冰漂流，寒风凛冽，风平浪静的日子很少。"莫米"号就是在这样的条件下为美国海军船只进行海上加油的。事实证明，在海上为大舰队在航行中进行后勤补给的经验十分宝贵。第二次世界大战中，美国在太平洋正是运用这种方法作为补给手段，彻底摧毁了日本海军。

"莫米"号停泊在瓜卡纳亚博湾，为前来的小舰补充油料；在海上，"莫米"号则停靠在战列舰旁边为它们加油。在"莫米"号进行大修期间，尼米兹等军官研究了驱逐舰上的舱面设计图纸，了解了输油阀、导缆器、系缆柱和拖曳用的坚固铁柱的位置。他们为此设计了专门的拖具，拟订了航行中加油的计划，并把计划发给每一艘需要加油的驱逐舰。

尼米兹的人生不久将发生一次重大转折，那是在他被调离"莫米"号之后。当时他已被提升为海军少校，从油船部队调到大西洋舰队的潜艇部队。1917年8月10日，尼米兹开始担任大西洋舰队潜艇部队司令塞缪尔·罗比森海军上校的技术副官。罗比森不仅是卓越的领导者，而且后来成了尼米兹的良师益友和有影响的保护人，两人结下了终身友谊。正是在罗比森的指导下，尼米兹调整了他的事业方向，从工程技术专业逐步向高级指挥岗位迈进。从此以后，他更加关心人而不是机器，更加关心组织建设而不是设备保养，他的事业开始进入了新的发展阶段。

罗比森上校的主要任务是领导尚未成年的美国海军潜艇部队做好准备，跨过大西洋去同协约国军队并肩战斗。1917年底，他在尼米兹的协助下，在康涅狄格州的纽伦敦建立了潜艇基地。1918年2月，罗比森上校升任临时海军少将，带着他的参谋长尼米兹少校一同前往欧洲调查访问。

尼米兹同罗比森一道参观了英国的一些海军基地和船厂，他们对爱尔兰海著名的弗内斯潜艇基地尤为注意。在这次出访中，罗比森和尼米兹最远到了地中海沿岸，参观了法国的反潜设施。他们的很多时间是在斯卡帕弗洛度过。当时，在苏格兰北部的奥克尼群岛，停泊着英国的大舰队，还有在休·罗德曼海军少将指挥下的美国海军第6战斗中队的"无畏"级战舰"纽约"号、"怀俄明"号、"佛罗里达"号和"特拉华"号。

罗比森和尼米兹同罗德曼、贝蒂将军和英国大舰队的其他军官进行了友好会晤，但他们真正的任务是与美英两国的潜艇操作人员进行座谈，了解他们躲避深水炸弹和水面攻击的战术与方法。尼米兹认真地做了笔记。他们参观了英国的各类潜艇，包括笨重的K级艇和为跟随大舰队巡航而设计的蒸汽轮机潜艇。

罗比森和尼米兹的欧洲之行搜集了大量资料，并拟定了适用于美国潜艇部队的建议。但美国潜艇还未发挥什么作用，第一次世界大战就结束了，他们组织的小组随之解散。在尼米兹离开参谋长职务之前，罗比森提请海军部为他颁发一份"成绩优异"的奖状。

1918年秋到1919年初，尼米兹在海军作战部担任潜艇设计委员会高级成员的特殊任务。接着出任为时一年的"南卡罗莱纳"号战列舰副舰长，两次往返欧洲接运参战美军回国，之后又去海上工作一年。尼米兹在海军作战部的工作尤其受到上司的赏识。这些经历对于一个

< 一战中的潜艇。

∨ 一战中的美国军官在欧洲。

青年军官的发展而言显得十分必要。

1919年9月13日，凯瑟琳又生了一个女儿，孩子随她祖母取名叫安娜。小安娜生性活泼好动，一点也不像温顺沉默的祖母，因此家人给她起了个绰号，叫她南希，此后南希就成了她的名字。南希的出世既给尼米兹带来快乐，也让他对居无定所的家庭感到愧疚。

1920年6月，尼米兹被海军部派往珍珠港，去迎接他一生中又一次艰难的挑战。他奉命用第一次世界大战剩余的物资在那里建造一个潜艇基地。对于一个年仅35岁的海军少校而言，担子实在不轻。

尼米兹凭借一张珍珠港地图和4名海军军士长的协助开始了工作。他的才华和性格魅力很快赢得了军士长们的信任和爱戴，他们干得十分卖劲，尽忠尽职。

基地包括一个金工车间和一个完整的铸工车间，物资将由东海岸的四个船厂提供。尽管上边有命令，尼米兹仍受到各地司令官和指挥官的刁难。他们声称，他们的剩余物资无论现在还是将来都有用场，并且一有机会就向这位小小的少校发命令、摆架子。对尼米兹来说，物资供应是一个相当棘手的难题。

尼米兹完全是靠强有力的交际本领打开了部分局面。尼米兹手下的军士长们则通过当地的一些中下级军官，搞到了非常急需的物资，有时是通过卡车在夜间拉走的。待当地司令官发现时，生米已经煮成熟饭，这些物资早已安装在珍珠港了。

多年以后，尼米兹还戏称珍珠港海军潜艇基地是用"偷来的物资"建成的。无疑，在当地看管部队鼻子底下"偷盗"建造物资，至少应算是违法乱纪的行为。

潜艇基地建设在规定时间内胜利完成，尼米兹由此获得了新的赞誉。同年年底，尼米兹晋升为海军中校，担任夏威夷这个海军基地的司令官，还兼任了第14潜艇支队的司令。当他坐在新建的办公大楼里时，根本无法想到20年后他还会回到这里，担任太平洋舰队总司令。

1922年春末，尼米兹中校接到新的任命，调往海军军事学院任教和进修。这件事令他无比兴奋，这一直是他向往的事。尼米兹明白，这是他迈向高级职务的重要一步。

第二章

走进风暴前的日子

1885-1966 尼米兹

尼米兹需要时间，让他独自一人思考和体会他所承担任务的重要性。压倒一切的责任感像蒂维山的花岗岩那样沉重地压在他身上。原先制定的南太平洋作战的全盘计划都已被粉碎而基本废弃，这是由于日本海军采取了先发制人的一着……

>> 环形编队

对于海军中校尼米兹而言,海军军事学院是他心目中的圣殿。但对于这个心中的圣殿,他并非只有敬畏,事实上,尼米兹一直是海军军事理论的探索者、研究者和实施者。早在1912年,27岁的尼米兹就以海军上尉的身份应邀到海军军事学院讲授潜艇课程。10年过去了,已是海军中校的尼米兹又可以重返军事学院,汲取丰富的知识养分,在新的高度回溯和分析海军战略战术的发展演化,在蓝色的海图上展开想象的翅膀,排兵布阵,探讨应付未来战争的良方妙策。

对于尼米兹而言,这真是一次既十分惬意又相当难得的机会。

尼米兹的家庭也像一只游动的浮船,随着他际遇的不断变化而东迁西移。尼米兹夫妇带着3个孩子和一只小哈巴狗波利,一路艰辛,从檀香山搬到新港。几经周折,终于有了一套三层的楼房和一个宽敞的院落。这座房子是为夏季避暑建的,到了冬天,他们只是简单地改装了一下。整个房子只有三间卧室可以取暖,因为锅炉太小,其他房间根本供不上暖气。在寒冬来临以后,由于受罢工影响,燃煤供应严重不足,并且全是质量松软的煤末儿。每当添煤时,炉灶就喷出一阵黑灰飘落在房子、家具和人身上,尼米兹一家在咳嗽声和劣质煤的烟尘中度过了一个奇寒无比的冬天。尼米兹夫人和孩子们每每回忆起在"那所鬼房子"里度过的寒冬,都会感到不寒而栗。

然而,尼米兹却对在新港的那段时光念念不忘。他把大部分时间和精力都花在学习研究上。白天,他听课、参加军事演习,或者把自己关在书房里写论文;晚上,则广泛涉猎有关战略战术的著作、战争史、海军史和名人传记。他一直认为,在新港的11个月比其他任何经历都重要,为他后来在战时担负指挥工作奠定了基础。因此,尼米兹称这段经历为"一生中非常重要的任职之一"。

大约40年以后,他给海军军事学院院长查尔斯·洛·梅尔森海军中将的一封信中,描绘了当时的学习情况。他写道:

我们一直以日本为演习的假想敌,所上的课程内容非常全面,因而在二战开始以后,对于在太平洋海域发生的事件并没有始料不及之感,也不是毫无准备。当时要求每个学生都制定横跨太平洋作战的后勤供应方案,我们确实对此问题给予了足够的重视。我在战时及平时取得的战略和战术上的成就,应归功于海军军事学院。

显然，尼米兹在军事学院所接受的目标明确、切合实际的教育很重要，使他在专业领域能够高屋建瓴、重点突出，大大提高和开拓了一个高级指挥官必备的预见能力及广阔视野。他对太平洋的地理、战略和后勤供应问题的思考，为战争爆发后迅速实施各种有效的应对方案提供了极为有益的基础。

值得指出的是，当尼米兹进入海军军事学院时，美国海军正处于长期休战状态下的停滞甚至削弱时期。1921年11月12日，华盛顿限制海军军备会议开幕。美国国务卿休斯提出一项削减海军军备的建议：停止建造主力舰，并把现有战列舰报废；英、美、日、意、法诸国的海军吨位，依次限制在5：5：3：1.7：1.7的比例之内。同时，对刚刚在海军中出现的航空母舰、巡洋舰、驱逐舰和潜艇，也要求遵守类似的限制比例。

休斯的大胆动议，使各国外交官和美国很多海军将领为之震惊。这次会议，一般人都看作是美国外交上的胜利，而许多海军军官则认为这是美国海军的灾难。有些人站在美国海军兴衰的角度指出，此举影响了美国海军的现代化进程，一些新设计的舰种被迫下马了。

国会拨给海军的经费难以维持海上舰队的正常运作。海军军官们把时间都花在办公室里了，即使出海，也受到燃料的严格限制。提倡节约走到了极端的程度。一位历史学家举例说，舰上有一个青年军官竟建议夜航时不开夜航灯，连碰撞的危险都可以置之不顾。事实上，这种"节约"是毫无价值的。一位高级军官对此极为痛心，他说："在那种情况下，铅笔头磨得比刀剑还要锋利，许多人忘记了战争正在临近。"

一些海军官员为此另谋他就。尼米兹则全然不为所动，他摒除各种消极因素的干扰，潜心研究海战史中的战斗编队问题，他饶有兴趣地撰写有关日德兰海战的论文。

日德兰海战是第一次世界大战期间规模最大的一次海战，是英德为争夺海上霸权而进行激烈角逐的一个重要部分。这次海战发生于1916年，英德双方舰队各出动了百艘

∧ 英国皇家海军舰队司令杰利科。
∧ 日德兰海战中的英军战列舰。

以上的舰只，这在以往海战史中是绝无仅有的。

日德兰海战中英国皇家海军约翰·杰利科将军的舰队的复杂编队，及所带来的指挥上的特殊问题，尤其引起了尼米兹和众多学者的高度重视。杰利科将军舰队的航行编队中，24艘战列舰分为6路纵队，有的纵队为了防备敌人潜艇，部分由驱逐舰护卫。在战列舰队形的前面是巡洋舰和驱逐舰的纵队，长达20海里。仅仅是调动这个阵式的舰只，就需要复杂的指挥和一整套信号规定。而要把战列舰展开成一路纵队投入战斗，则需要准确掌握好时间和方位。一位军官讲述日德兰海战中展开队形的情况时说："像那样调动舰只，水兵们过去连做梦都没有想到过。"

但是，像这样庞大的配有几个支援梯队的长方形队形，由于四面延伸，要变成纵队队形相当麻烦，这也是日德兰海战英舰损失巨大的一个原因。美国海军军事学院经过众多学者的反复研究，终于为难以处理的编队问题找到了合理的方案。需要特别指出的是，该方案的主要设计者是尼米兹在海军军事学院和海军军官学院的同班同学罗斯科·C·麦克福尔海军中校，而尼米兹则是该方案的主要倡导者和推行者。麦克福尔的方案即是名噪一时的"环形编队方案"，即把担任护卫任务的巡洋舰和驱逐舰围绕战列舰摆成向心的若干环形队形。这种摆法的好处是便于集中防空火力，并能在一个信号指挥下统一行动，从而可以有效地改变整个队形的前进方向。实践证明，这种编队的舰只易于展开成纵队，且相对节省时间。尼米兹对此评价道："环形队形非常机动，给我们的印象很深。"

尼米兹确认了这种编队的有效性，并积极进行推广说服工作，甚至说服自己的上司。当时一些高级指挥官不喜欢让他们的战列舰在队形包围之中孤零零地行进。

所幸的是，尼米兹得到了极为赏识他的罗比森将军的支持。罗比森认为，这种队形容易变化，机动性强，易于掌握。为了避免潜艇袭击，整个舰队可以迅速驶向相反的航向或向一侧机动。只要与基准舰保持一定的方位和距离，整个舰队就可以一起行动。在展开成一字战斗队形时，一艘指定的战列舰带头离开环形编队，巡洋舰和驱逐舰就能向编队的两端机动。罗比森命令尼米兹和其他部属多次进行环形编队实验，得到了大量的收获。

环形编队的主要缺点是难以保存编队位置。除了在基准舰正前方、后方或横向的舰只外，保持编队队形是一项艰巨而又花费时间的任务，不仅需要经常变换航向，而且还要经常变换航速。当时还没有雷达，在夜间无法保持环形编队的阵位。

尼米兹没有气馁，他开始思考将航空母舰和舰队编在一起的问题。他用"兰利"号航空母舰在环形编队中做试验，结果令人很满意。尼米兹日后谈到："我认为那时的战术演习，为在第二次世界大战中使用航空母舰的航空兵大队，以及以后派生出来的各种特混舰队的航行队形奠定了基础。"

日德兰海战，让一些有识之士再次认识到准确侦察的重要性。海战中，敌对双方的舰只在高速行驶中迎头相撞。为了避免这一现象发生，同时躲过鱼雷的袭击，并保持同敌交火的能力，最急需解决的问题是比较准确的侦察和及时的报告能力，以及比轻巡洋舰望远镜看得更远的设备。为此，英国皇家舰队得出的结论是：发展能运载飞机的航空母舰。此观点在美国海军高层人士中引起了广泛震动和激烈争论。一些军官认为飞机只能执行侦察和测报弹着点的任务，而具有远见的军官则预感到，航空母舰将在海上作战中执行更为广泛的任务。美国海军把一艘运煤船改成小型航空母舰"兰利"号，并于1922年正式服役。

尼米兹1922年在海军军事学院进修时的院长威廉·西姆斯海军少将，就是从战列舰调出来而又主张发展航空母舰的重要官员之一。西姆斯到了新港之后，在战列舰问题上看法正确，敢于发表自己的意见，激怒了许多持错误观点的同僚。他认为，航空母舰舰载飞机的攻击半径远远超过战列舰的炮火射程。在海战中，两艘相隔数十里彼此看不到对方的军舰，只能用航空母舰上的飞机进行攻击和反攻击，而战列舰的防空和防水下袭击的问题却很复杂，而且难以解决。因此他断定：战列舰已经过时，战列舰的传统任务将被航空母舰所取代。未来战争中，配备有航空母舰的舰队将以自己的飞机轰炸和飞机投放鱼雷的方式将敌舰一扫而光。

海军军事学院的军官并非都同意西姆斯的看法，有的人坚持传统观念，认为战列舰是海战皇后，是具有强大威力的无畏战舰，不能被任何新奇和外表脆弱的舰只如航空母舰所代替。尼米兹的看法当时没有留下记录，但从他后来的行动判断，他的思想是开明的，决心进一步研究这一问题。

尼米兹继续进行环形编队试验，并多次呼吁将"兰利"号航空母舰划归战列舰舰队，以充分发挥其作用。他认为，为了防止潜艇和飞机的袭击，水面舰艇和航空母舰需要密切配合，才能最大限度地发挥相互保护的作用。尼米兹的建议书经罗比森签发后送到海军部，但航空局拒绝了这一要求，理由是飞机起飞和着陆的技术问题尚未彻底解决。这确实是当时存在的难题。在1924年，飞行员和航空母舰仍靠信鸽进行通讯联络。但尼米兹始终不屈不挠地坚持自己的观点，加之罗比森将军对此施加了压力，"兰利"号终在1924年11月划归战列舰舰队。1930年，福雷斯特·P·谢尔曼少校主张以航空母舰为中心，编成环形的特混舰队队形。但那时的航空母舰始终没有配备固定的巡洋舰和驱逐舰掩护部队。直到1941年12月日本空袭珍珠港之后，航空母舰才正式成为美国太平洋舰队的主要舰只，而新型的快速战列舰则降格为航空母舰的护卫舰。二战期间，几乎所有参战国的海军都采用了美国式的环形编队。这种编队，至今仍为北大西洋公约组织★的海军所沿用。

从美国的海军发展史来看，尼米兹倡导和推广的这项战术上的革新，如同17世纪英国奥利弗·克伦威尔的将军们在英国帆船队中推行纵队编队一样，具有划时代的意义。

1925年春夏期间，美国联合舰队进行了保卫夏威夷群岛的演习。同年10月，罗比森被任命为海军最高作战指挥官——美国舰队总司令。他继续留任尼米兹为他的副官、助理参谋长和战术官。一年以后，两人同时被调往陆地工作。

尼米兹的儿子小切斯特认为，他父亲担任罗比森将军的副手是此后得以步步高升的最重要因素之一；尼米兹则认为，他的下一个任命才更具有决定意义，那就是尼米兹重返西海岸，去伯克利的加利福尼亚大学组织海军后备军官训练团。他是6名被指定的军官之一。

为了充实国防力量，美国海军部提议，在一些大学中组织学生成立"海军后备军官训练团"，由军方资助学生上学，在学校进行训练，寒暑假去部队实习，毕业后任命为现役后备军官。该提案于1925年3月经国会批准，于1926年7月起在哈佛大学、西北大学、华盛顿大学、耶鲁大学、乔治亚工学院和加利福尼亚大学建立了相应的训练机构。

1926年秋天，当尼米兹初来乍到在加利福尼亚大学筹建训练团的时候，曾担心能否招够

∧ 日德兰海战中的德军军舰。

★北大西洋公约组织

1949年4月4日，美国、加拿大、英国、法国、比利时、荷兰、卢森堡、丹麦、挪威、冰岛、葡萄牙和意大利等12国在美国华盛顿签订了《北大西洋公约》，北大西洋公约组织（简称北约）正式宣告成立。《北大西洋公约》共14条，其宗旨是缔约国实行"集体防御"，任何缔约国同他国发生战争时，成员国必须给予帮助，包括使用武力。北约最初的成员国包括美国、加拿大、英国等12国。1991年，华约组织解散，北大西洋公约组织成为世界上唯一大型国际军事集团。

学生。因为训练团的学员没有额外补助，却要在完成规定课程之外，增加军事训练和海军专业课，夏季还要参加航海训练。

招生广告贴出以后，尼米兹身着笔挺的白色海军军服，常常心神不安地在校园里打转儿，借以物色和动员学生。但报名结果出乎他的预料，比规定人数还多20名，最后只好忍痛删去一些人。

对加利福尼亚大学而言，成立海军后备军官训练团是一项新的尝试。尼米兹对此做了大量耐心细致的说服和宣传工作，使这项计划一开始就受到学生们的广泛欢迎，同时也吸引了一部分教职员工。尼米兹向教授中的同行学习，反过来也能使他们增加知识。他的诙谐性格和见多识广的阅历，不仅赢得学校教员的好感，更受到学生们的爱戴。

航空系主任鲍德温·伍茨每次因事外出时，总是请尼米兹代课。他说："你能给我的学生讲许多他们应当知道的东西。"

尼米兹对待学生平易近人，像师长又像朋友。他与他们一起打手球、网球。周末时，总是邀请一些学生去他家吃饭。而学生们也不忘记他们的老师，训练团的年轻人成立了海军军官俱乐部，每逢举办舞会，他们都要邀请尼米兹夫妇参加。

尼米兹在加利福尼亚大学还有另一项业绩，即给学校晋级委员会和教员选拔调查委员会制定了一套新的工作表现及成就的评估标准。这份标准更加实用、客观，而不是过分看重有无出版著述。

尼米兹总是善于发现别人注意不到的问题，并提出解决办法。经过一段时间观察，他发现地方学校松散的教学管理并不适合未来海军军官的发展。由于过分提倡学术自由，学生们几乎完全通过自学的方式获取知识，只需应付一月一次或一学期一次的考试就行了。而尼米兹则认为，未来的后备役军官需要更多的知识，应比普通大学的学生更用功一些。因此，需要适当地督促和约束，但讲授形式应该灵活，注意调动他们的主动参与精神。

每节课开始，他总要测验一下学生预习的情况。讲授之前，先让学员抽纸签，纸签上写着当天课程中的难题，让学员把答案写在考卷上。然后，用20分钟解答问题，讲课30分钟。讲课时允许学生自由提问，课后将考卷迅速评出分来。

尼米兹在学院工作，最令全家高兴的是终于可以有一个全家人结伴出游的假期了。1927年夏天，尼米兹全家驱车沿太平洋海岸一直到了华盛顿州。1928年，他们去塞拉斯高地露营，在埃科湖住了一星期，在塔霍湖也住了一星期。尼米兹用通常采用的办事效率来安排这几次旅行，令孩子们十分开心。多年以后，女儿南希回忆说："那些愉快的旅行对我们孩子来说十分带劲，但很难想象这些旅行对爸爸妈妈究竟有多大乐趣。"

尼米兹出色地完成了海军后备军官训练团的创建工作。当他将伯克利海军后备军官训练团移交给好友布鲁斯·卡纳格的时候，训练团的学员已发展到150名，由6名现役军官和6名军士长负责训练。

这项短期内无法体现成就的教育工作是艰辛的，但也是难忘和有益的。尼米兹对教育工作及加利福尼亚大学产生了浓厚的兴趣，他与那里的一些教师和学员长期保持联系。必要的时候，他还会助他们一臂之力。他希望儿子能像他一样考入海军军官学校；而对两个女儿，他希望她们将来能到加利福尼亚大学学习。

>> 准备作战

1929年底，尼米兹上校在圣地亚哥担任了第20潜艇支队司令。1931年6月17日，就在尼米兹的小女儿玛丽出生的那一天，他又被任命为圣地亚哥驱逐舰基地司令。尼米兹不断地从一个岗位转到另一岗位，从一艘舰艇到另一艘舰艇，由一个基地去另一基地，所到之处总是能够做出惊人的业绩。每逢奔赴新的岗位时，他对于过去的岁月总是充满依依不舍之情。随着工作的变动和职位的提升，尼米兹的事业蒸蒸日上。

1933年夏，尼米兹迎来了他海军生涯无数次调动中的又一次重要任命——奉命去指挥"奥古斯特"号重型巡洋舰★，并随舰前往上海组成亚洲舰队，"奥古斯塔"号为旗舰。

他对蔚蓝的海洋与威武的战舰怀有特殊的感情，对在大洋里指挥舰艇历来兴趣浓厚。能够重返青年时代曾经工作过的西太平洋水域，尼米兹感到十分兴奋。

"奥古斯特"号是一艘具有历史意义的舰船，它的三任舰长在调离之后都有着辉煌显赫的声名。第一任舰长詹姆斯·欧·理查森后来任美国舰队司令，第二任舰长罗亚尔·英格索尔后来任大西洋舰队总司令，而即将到任的舰长尼米兹将是未来的太平洋舰队总司令。

★"奥古斯特"号重型巡洋舰
该舰于1931年建造。舰长183米，宽20.1米，吃水深5米，标准排水量9,050吨，主机动力为10.7万匹马力，最大航速每小时32.5海里。舰载武器装备有203毫米主炮9门、127毫米副炮4门及大量中小口径火炮。二战时期，该舰曾是阿金夏湾罗斯福与丘吉尔会晤签订《大西洋宪章》时罗斯福的座舰。1944年6月，"奥古斯特"号曾参加诺曼底登陆战役。它是当时美国海军重型巡洋舰之一。

当尼米兹刚刚接管"奥古斯特"号时，舰上人员不整，巡洋舰本身也刚刚经过两个月的检修。舰上清洁状况很差，更换管道的地方，油漆上沾满了手指印。新来舰上的官兵对此大为不满，尼米兹决心下力气使之焕然一新。

"奥古斯特"号在尼米兹上校的指挥下，很快从一艘面目脏乱的军舰变为一艘熠熠生辉的一流旗舰。许多人将此功绩归于尼米兹本人。但尼米兹内心很明白，一个舰长的突出表现并不在于事必躬亲，而是要善于充分调动下属的积极性和责任感。

尼米兹精心挑选骨干，组成强有力的舰员班子，毫不留情地把不称职的军官和士兵调走。同时，他还通过在华盛顿的朋友为他物色合适人才。他知道，如果没有齐心合力、精明强干的官兵支持，他纵有三头六臂，也难以将宏愿化为现实。于是，尼米兹把人才培养的工作放在首位。为了使舰艇和舰员们能够出类拔萃，他把青年军官水平的提高放在首位。当时，"奥古斯特"号上有6名分别于1931年和1932年从海军军官学校毕业的少尉，尼米兹对他们重点扶持，决心尽快把他们培养成称职的舰只管理人员和具有各种业务能力的军官。

尼米兹培训军官的一个基本原则是人尽其才，委以重任。他分配给每个人的任务常常要比他们自己认为能够担负的职责更多一些。为了充分锻炼新手，他把上一级军官们行使的职权交给他们，再让上一级军官执行更高职权，直到最高一层。如此权力下放的好处，在于他能够集中精力思考有关指挥、行政管理等重大问题。尼米兹始终不变的信条是，从不做下级可以完成的事。

有一次，他到驾驶舱检查情况，发现一名中尉军官在指挥舵手如何掌舵。如果换了别的上司，或许会夸奖这名中尉的热情，但尼米兹见了，面带愠色地对左右的人说："我最讨厌的是一个中级军官只会掌舵，在驾驶舱指挥掌舵，那应该是少尉的工作。"

尼米兹管理教育下属注重身体力行，言传身教。每逢军官出错时，他并不显出恼怒，而可能会说：如果是我，我会如何做，或者亲自做示范，让他们心领神会。尼米兹对下级军官掌握技术的程度了如指掌，他会突然把某个少尉或中尉叫到指挥塔，然后说：某某先生，把船开出去。

有一次，一位名叫奥戴尔·迪·沃特斯的海军少尉开船进港时，一时心慌，忘记减速。结果不得不把船退了回去。尼米兹一言不发看完整个过程。等船停稳后，他才说："沃斯特，你知道你错在什么地方吗？"

"知道，长官。"沃斯特红着脸回答，"我进港太快了。"

"很好。"尼米兹点点头，然后便不再追究此事了。

对于自己指挥上的失误，尼米兹也毫不避讳，而且指出来让大家共同吸取教训。

有一回，"奥古斯特"号驶向停泊的"佩科斯"号油轮准备加油。这时，狂风大作，巨浪排空。出于保险起见，尼米兹冲进驾驶舱亲自驾船。临近"佩科斯"号时，一切顺利。水手长已将锚绳掷向油轮。正在这时，大风突然转向，向舰首方向袭来。"奥古斯特"号高大粗壮的舰首开始向"佩科斯"号驾驶舱的吊架撞去。尼米兹试图让下属将绳索放开，把舰倒退出去。但是已不可能，因为绳索还挂在"佩科斯"号上。

"你看怎么办？"尼米兹上校问一个少尉。

"让我紧紧拉住3号绳。"少尉回答。

"就这么办。"尼米兹马上同意。

风向又一次改变，被绳索拉紧的"奥古斯塔"号不再摇晃了，它已安全地靠在"佩科斯"号油轮旁边。

尼米兹扭头再问那个少尉："汤普森，我错在哪里？"

"长官，你过分自信，错误地估计了劲风对漂浮在水上船只的影响。"

"那么，当时应该怎么办呢？"

"保险的做法是像刚才那样，放下右舷锚，并把它放开。"

"很好。"尼米兹用手指着少尉说。"汤普森，永远不要忘记这个教训！"

勇于承认自己的错误，这不仅无损于尼米兹的个人形象，反而让大家觉得他更亲切，对他更加佩服了。

"奥古斯特"号在尼米兹的带领下，各项技术比赛和体育比赛均名列前茅。为了在短期内完成两年的射击训练计划，尼米兹主张昼夜训练，他是当时美国少数几位坚持这种训练方法的舰长之一。实践证明，这一方法是有效的。"奥古斯特"号赢得了1934年的射击奖杯，还获得巡洋舰系统的"铁人"运动奖以及美英海军橄榄球对抗赛冠军。那年冬天，舰上木工受命做了一个新盒子，来放置所得的奖杯。

海军少尉沃特斯曾说："我们在参加的每项比赛中都得了第一名，我们总是名列前茅。这是一艘了不起的战舰，我为能在这艘舰上服役而感到自豪。"劳埃德·姆·马斯适海军中将回忆在尼米兹手下任职的情况时曾说："我认为这么说是不过分的，'奥古斯特'号上每个成员，包括最下级的厨师在内，他们的士气、自尊心和工作，都达到了前所未有的水平。"

在中国港口，尼米兹聘请一些专家、学者和政府阁僚为舰上军官做有关中国问题的演讲。这是尼米兹别出心裁的主意，亚洲舰队其他舰长都没有如此深远的考虑。这些演讲激发了"奥古斯特"号舰上官兵对古老中国的浓厚兴趣。具有几千年文明史的中国强烈吸引着这些来自异国的海军官兵，一些军官利用假期深入中国内地探访，有的还远到北方的哈尔滨，然

∧ 就任海军巡洋舰第 2 分队司令的尼米兹在就职仪式上。

后经朝鲜坐火车和轮船回到舰上。

1935年春季，尼米兹在"奥古斯特"号任期届满，奉命调回国担任航海局局长助理的职务。在尼米兹临行前，"奥古斯特"号的官兵在上海一家俱乐部为他举办送别晚会。这是一次自发的军人式的送别会，虽不盛大，但很庄重，甚至有些悲壮。大家在一起回顾共同度过的朝夕相处的岁月，发自内心地赞扬这位即将离任的海军上校。尼米兹多次被感动得热泪盈眶。

在华盛顿，实际上尼米兹并不喜欢航海局局长助理这样的机关工作，他对于海军部政治上的勾心斗角极为厌恶。他怀念"奥古斯特"号那种痛快淋漓的工作方式和巡洋舰官兵之间的忠诚友爱，但他还是安心接受上级的一切安排，尽可能多地发挥自己的才能。由于航海局局长安德鲁斯经常外出，尼米兹有机会代行局长的职权，这很有利于他熟悉海军部的工作细节，为日后的发展打下了宝贵基础。

1936年6月，小切斯特从海军军官学校毕业时，尼米兹夫妇出席了儿子的毕业典礼。小切斯特在短期休假后便去"印第安纳波利斯"号巡洋舰报到，成为像他父亲一样的美国海军中的一员。

1938年6月，尼米兹荣升海军少将，并接到命令，于7月初去圣地亚哥报到，出任巡洋舰第2分队司令职务。7月9日，尼米兹在他的旗舰"特伦顿"号上就职。

正当尼米兹为重新出任海上职务而欣喜振奋的时候，意外的事件再次使他中断了到海上去工作的良机——这位来自得克萨斯的海军少将得了疝病，不得不住院立即进行外科手术。他在医院住了一个半月，变得烦躁不安。他当时曾以为身体原因会使他失去了宝贵的机会。但是，尼米兹的锐气是难以抵挡的，他并没有因病失去职务，反而因祸得福，成为梦寐以求的第1战列舰支队的最高指挥官。8月17日，他在长滩的新旗舰"亚利桑那"号上正式就职。

在此期间，尼米兹没有忘记他所认识的每一个朋友。每逢节日或朋友们生日、晋升的日子，尼米兹都给他们寄贺卡或写信表示祝贺。尼米兹口碑极佳，朋友们对他的友好情谊和超常的记忆力推崇备至。

秋天的一个傍晚，尼米兹一家正在长滩滨海寓所欢度周末。尼米兹兴致所至，钻进厨房为全家调制鸡尾酒。当他一阵忙碌后端着托盘进屋的时候，看到沙发上多了一位须发斑白的老人。房间里的气氛显得难堪而又沉寂，显然谁都不认识这个陌生的不速之客。尼米兹打量了客人许久，也未能想起他究竟是谁。尼米兹显得茫然不知所措，他似乎从未有过忘记朋友名字的时候。为了掩饰局促不安的心情，他热情地问客人："一起喝杯鸡尾酒好吗？"

客人首肯了，脸上充满了期待。当尼米兹端着酒杯再次走进房间的时候，他的眼中射出了兴奋的光芒。

"我知道你是谁了！"他大声叫道。"你是克罗特切特军士。1906年在菲律宾，我在'帕奈'号当艇长时，你是水手长。"

"你终于猜到了，完全正确。"老人平静的脸上闪现出欣喜的神情。

一位将军在短短一刻，回忆起了突然来临的32年前的部属和他的名字。这就是尼米兹，一个永远珍惜情谊的人。

1939年1月初，美国海军的主要舰只云集加勒比海地区，进行名为"舰队布局20"的演习。尼米兹将军留守西海岸，负责指挥第7特混舰队。这支舰队由他的旗舰"亚利桑那"号、1艘大型巡洋舰、几艘驱逐舰和辅助舰，以及1艘油船组成。舰队的主要任务是研究和实施海上加油及两栖登陆作战的战术。

有关海上加油的方法，是尼米兹和迪杰少将于1917年发明的。到了20世纪30年代末，尼米兹通过不断积累经验，又提出了更为先进的改革方法。他认为："依靠更为可靠而敏感的速度和舵控制器以及两艘舰上的熟练水手，加油时可以取消油船和军舰之间的棕缆。只要两艘舰等速前进，让油船开到既定的航道上，依靠油管把两艘舰连起来就可以加油了。"

从美国海军的发展史来看，海军陆战队的两栖作战进攻战术，是与航空母舰战术的发展并驾齐驱的。两栖进攻战术在第二次世界大战中发挥了至关重要的作用。由于1915年英国登陆达达尼尔海峡时，曾遭受惨重失败，所以在一段时间内，军事专家视任何登陆作战为畏途。直到1921年，美国的厄尔·H·埃利斯上校从与假想敌日本交战的实际情况出发，提出了将海军陆战队应用于夺取日本太平洋前进基地的设想。1933年，经罗斯福总统同意，美国海军舰队首次配备了具有相当规模的用于两栖作战的海军陆战队。

在以后的8年中，两栖作战战术有了进一步发展。以前仅仅用作沿岸防御的陆战队转变为一支攻击性力量，它的主要任务是占领敌方的滩头阵地。但是，当时一般舰队的舰艇难以适应两栖登陆的需要，在演习中损失的小型舰艇数以百计。经过反复试验，美国海军才设计出大批多种多样的特制登陆运输车和登陆艇，其中绝大多数在以后的太平洋战争中发挥了重要作用。

尼米兹对登陆作战颇有兴趣，他早就断言美、日之间终究要发生武装冲突，冲突的形式将是以攻占太平洋岛屿为目的的连续水陆两栖作战。所以他在加利福尼亚海岸附近的圣克利门蒂岛反复进行登陆演习，参加演习的海军陆战队第2旅，实际上成为日后攻占瓜达尔卡纳尔、格洛斯特角、冲绳岛等岛屿的中坚力量。

∧ 1938 年时的美国总统罗斯福。

>> 失算珍珠港

前海军部次长富兰克林·罗斯福当选总统后，给海军的进一步发展带来了良好的机遇。罗斯福对于美国海军力量逊于日本海军这一事实深为不满，他竭力督促美国海军建设，要发展到裁军协定许可的最大限度。1933年，众议院海事委员会主席卡尔·文森制定了一个长远的海军建设规划，即"文森－特拉梅尔法案"。该法案要求，到1942年为止，海军新造舰船不得少于102艘。1938年，美国通过了第二个文森法案，提出了一个每年拨款10亿美元的海军建设计划。美国海军迎来了又一个迅速发展的历史时期。

正是在这个美国海军大发展时期，尼米兹接到重新调回海军部任航海局局长的任命。

航海局局长是一个相当高级的职位。1939年8月，尼米兹回到海军部时，刚刚54岁，面色红润，头发微白，精力充沛。为了与文森法案提出的海军建设计划相适应，航海局的主要任务就是招兵买马，集中培训，然后再把人员分配到迅速扩展的海军部队中去。尼米兹任职航海局后，改革了机关办公的繁文缛节，大大提高工作效率，同时通过各种宣传媒介，广泛吸引适龄青年参加海军，充分显示了他杰出的领导才干。

1939年，欧洲战争爆发，美国要应对可能被卷进欧战，海军的各项训练计划迫切需要加速进行和扩大。这项扩军工作主要由航海局负责。尼米兹采取措施加快扩充新兵的步伐。圣

< 美国海军上将金梅尔。

地亚哥、诺福克、新港和大湖区的训练机构，基本训练时间由8周改为6周；海军军官学校的建制继续扩大，学制由4年暂时改为3年；后备役军官团的毕业生可以从后备役军官直接转为正式军官；大专院校里海军后备役军官训练团的机构从8个扩充到27个。

对尼米兹来说特别重要的是，训练方面的职责，赋予了他对海军军官学校、海军后备军官训练团、军官后补生学校、海军新兵训练中心以及其他训练设施的全面管辖权。

他的儿子小切斯特认为，担任航海局局长使他的父亲见多识广，受益匪浅。正是在这些工作中，他增长了才干，获得了上级的良好评价，这才是他以后取得成就的关键。至于潜艇专家、海上加油和环形编队等实验性技术，实际上无助于他胜任更高的指挥职务。

正如小切斯特所言，尼米兹正是在担任高级行政职务以后，才有了更多的机会能够不断与白宫保持联系，从而得到罗斯福总统的赏识。罗斯福总统喜欢亲自选拔海军高级指挥官。他十分看重尼米兹，认为尼米兹具有政治家般的预见能力，以及知人善任、善于协调和把握全局的本领。另外，尼米兹具有十分丰富的实践经验，他除了航空兵以外，从事过海军中任何一个行当的工作。

1941年初的一天，罗斯福总统在他的椭圆形办公室召见尼米兹，要求他出任美国海军舰队总司令一职。这使尼米兹深感意外，因为这一职务仅次于美国海军作战部长。尽管就能力而言，尼米兹具备了条件。但是，在注重论资排辈的军队中，尼米兹在年龄和资历上都稍嫌不够。

尼米兹是冷静而理智的，他既不希望在和平时期越过50多名比他资深的军官，那样将会给他带来不良后果，同时他也不希望与自己的老朋友、精明强干的赫斯本德·F·金梅尔海军少将竞争这一职务。然而，正像尼米兹所经历过的许多选择一样，他推却了这次高升的机会，却给他带来了意想不到的幸运结局。

金梅尔越过31名军官出任美国海军舰队总司令，并晋升临时海军上将。他走马上任之后，风言风语尾随而至，工作中遇到了无法想象的各种阻力。加之当时的美国舰队防御力量薄弱，易受攻击，当一场似乎没有任何迹象的攻击终于来临时，金梅尔将军遭到了惨重的失败，被迫辞职。

当金梅尔带着上司的信任和期许赶赴珍珠港就任新职时，尼米兹则继续坐在白墙壁的办公室里。他是一个军人，没有外交家的圆滑和政治家的故作镇定。但是他有着惊人的直觉，密切关注着国际风云的变化。

航海局长不直接过问外交或作战事务，所以尼米兹不了解美国和日本之间高层谈判的情况。他不知道美国的密码研究员破译了日本的外交密码，掌握了东京同日本驻华盛顿及其他地方使领馆的电报。然而在办公闲暇的时间，他常常坐在松软的皮沙发上阅读政论报纸和杂志，或者背着手长久地面对海图，静静地演绎可能发生的海上战争的战略棋局。那些星罗棋布的太平洋岛屿像一只只引人注目的棋子，吸引着尼米兹深思的目光。他通过阅读书报、杂志，敏锐分析问题，几乎使他像国家最高军政领袖一样掌握了日本的动向。

早在1931年日本发动侵华战争之时，美国就拒绝承认凭借武力所造成的变化，严词提醒日本：必须恪守条约规定。然而欧洲的一些国家不支持美国的立场，使日本得以继续推行侵略政策，未受到遏制。1941年7月，日本宣布法国维希政府同意法属印度支那为"共同保护领土"，美国感到问题的严重性。美、英两国政府和荷属东印度群岛立即做出报复反应，冻结了日本的所有资产，并禁止向日本出口石油，使日本的石油资源进口面临彻底崩溃的危险。

美国最高决策层分析，日本当时有三条道路可以选择：第一，通过谈判迫使美方解冻他们的财产，并提供石油；第二，停止侵略行径，缓和与西方国家的关系；第三，侵占盛产石油的东印度地区，以保证资源供应。消息灵通的观察家们预料日本选择第三条道路的可能性极大。

1941年秋天以前，日本人显然没有受到遏制，甚至还甘冒与美、英作战的风险。尼米兹从军方情报机构获悉，日本人为了确保向南进攻的翼侧，可能出兵占领菲律宾、新加坡、香港甚至关岛。

尼米兹站在地图前，双手环抱，沉思良久。在他的脑海中浮现出日军战舰咄咄逼人的进攻态势，他感到这种进攻态势是如此凶狠，几乎难以受到有效的遏制。1940年，美国舰队在海军部的指示下从西海岸调防到珍珠港，这显然不过是软弱的外交声明而已。

当英国的舰队驶抵新加坡，对日益严重的危机做出进一步的威慑反应后，日本政府赶忙派特使前往华盛顿，试图通过外交途径缓和局势。对日本而言，与美英这样的大国开战毕竟不是一件轻而易举的事情，需要在各方面做好充分准备。与此同时，罗斯福总统在军事上采取"先欧后亚"的方针，试图在政治上安抚日本，以牺牲中国以及荷属东印度群岛的某些利益为代价，直接向日本天皇呼吁，要求他将日军从印度支那南端撤出，以求得所谓"太平洋上的平静"。

那么，这种和平的外交努力能否真正奏效呢？尼米兹对此深感忧虑。他认为美日之间交战不可避免，战争会在某个未曾预料的时候突然展开。但是，以何种方式、在什么地点爆发，尚难以把握。他的脑海中突然闪过一个模模糊糊的念头：日本有没有可能突袭美军在太平洋沿岸的海军基地，给美国海军以毁灭性的重创呢？果真如此，美国的损失将不可估量。因为日本在太平洋的海军力量是具备这一实力的。

尼米兹抓住这一思路，继续展开他的分析：由于欧洲战争爆发，美国新造的舰船大都部署在大西洋。1941年春，海军作战部把3艘战列舰、"约克敦"号航空母舰、4艘轻巡洋舰和2支驱逐舰中队从太平洋调往大西洋。美国用于运输船只护航的飞机也主要部署在大西洋战场。英国虽然同意派兵增援新加坡，但它需要集中大部分兵力对付德国海军。荷兰在东方没有轻巡洋舰以上的舰只。因此，在太平洋战场，实际上是美国单独抗击着强大的日本海军。美国舰队各种类型的舰艇均处于劣势。更为不利的是，美国须以3艘航空母舰对抗日本的10艘航空母舰。

尼米兹想把自己的想法告诉作战部，拿起话筒又放下了。他的这一想法只是假设，根本无法得到证实，也就是说他还没有一个明确的结论性意见，如果就这样报告，显然是不合适的。从整体战略看，日本未必敢于冒犯美国。首先日本希望等待欧洲局势的发展，在西方更多地吸引美英力量；其次日本如果偷袭美国，在海军这一局部领域也许得逞，但必然面临与美国全面开战的风险，在战略上来讲，是不合逻辑的。尼米兹从可靠的渠道了解到，日本海军的实力人物山本五十六是力主避免与美国公开交战的。因此，尼米兹认为，即使日本方面将要有所行动，它的主要目标将更有可能是新加坡。

实际上，尼米兹即使认定日本将袭击美国，并将这一想法汇报给海军部首脑，也未必会受到足够的重视。因为他的责任只是招募兵员，而不是战略决策。何况他自己也对这一假设持怀疑态度。当时的尼米兹与很多美国高层军官一样，虽然承认日本的强大，却不愿相信日本已经强大到足以正面对抗美国的程度。

但是，事态的发展证明了尼米兹最初的预测。1941年12月初，敏感的美国报纸报道了英国飞行员提供的消息：一支集结在印度支那南端的庞大的日本舰队正向暹罗湾推进，军事专家认为这支舰队将向新加坡发起进攻。战火硝烟距离美国本土似乎依然十分遥远，美军在太平洋地区的防御能力尽管相当薄弱，但好像还来得及弥补。

12月7日，这是一个晴朗的令人愉快的星期天。尼米兹夫妇正与小女儿玛丽、儿媳琼及孙女弗朗西丝一起欢度周末。尼米兹的两个大的女儿，27岁的凯瑟琳和23岁的南希已经单独生活了，她们住在同一幢楼里的另一单元。儿子小切斯特此时正在菲律宾附近的一艘潜水艇上服役。

尼米兹一家人围在餐桌旁共进午餐，说说笑笑，房间里洋溢着幸福家庭的温馨气氛。用餐之后，尼米兹和夫人回到卧室，懒洋洋地靠在皮椅上，倾听着收音机广播亚瑟·罗津斯基指挥的纽约交响乐团管弦乐队的演奏。家中的小狗弗雷科斯从另一房间走过来，静卧在尼米兹脚下。

尼米兹喜欢古典音乐，收音机里播放的正是他最喜爱的贝多芬《第五交响曲》。尼米兹微闭双目，沉浸在音乐的世界中。突然，疾风暴雨般的旋律戛然而止，收音机里传来播音员情绪失控的颤抖的声音："美国在夏威夷的海军基地——珍珠港遭到日本袭击……"

尼米兹心里咯噔一下，他几乎从椅子上跳起来——他最为担心、最不希望发生的事情终于发生了。

尼米兹本能的反应是想以最快的速度赶到他的办公室，他要立刻知道这次突然袭击给美国舰队造成的损失程度。他站起身，抓起大衣和帽子，正准备向外走，电话铃声响了，是他的助手约翰·弗·谢弗罗斯上校打来的。上校请尼米兹在家中等候，他将马上用车把尼米兹送到海军部。尼米兹把电话放下，让凯瑟琳通知他的副官兼秘书赫·阿瑟·拉马尔海军少校，请他直接赶赴海军部他的办公室。

临出门，尼米兹神情冷峻，以少有的沉重语气说："上帝知道我什么时候才能回来！"然后与凯瑟琳吻别。

尼米兹坐汽车从家里奔向海军部，这段路程显得格外漫长，时间似乎过得格外慢。

尼米兹清楚地回忆起一支由200艘军舰组成的美国舰队，曾经举行过一次别开生面的演习。那次空前规模的演习由哈里·亚纳尔海军上将指挥。他想亲自检验一下珍珠港的防御力量。

★ "列克星敦"号航空母舰

美国制造，与日本联合舰队的"赤城"号和"加贺"号类似，设计之初为战列巡洋舰，而后受海军公约的影响改为航空母舰。该舰排水量标准为 33,000 吨，满载 43,400 吨，动力为 210,000 马力。在太平洋战争初期发挥了重要作用，20世纪 30 年代，"列克星敦"号作为航空母舰的先驱，在东西海岸进行训练和演习。1941 年秋"列克星敦"号转入夏威夷珍珠港。该舰 1942 年与日本舰队激战时在珊瑚海沉没。

亚纳尔海军上将坐镇"萨拉托加"号航空母舰，率领"列克星顿"号航空母舰★以及 4 艘驱逐舰组成的"特遣舰队"高速向目标驶进。

1932 年 2 月 7 日，也是一个星期日，亚纳尔率舰队进抵瓦胡岛东北180 公里处。152 架舰载机从颠簸的航空母舰上起飞，穿越云层，直取珍珠港。轰炸机群的飞行员很快发现，世界上最大的海军基地毫无防备地暴露在机翼下方。"空袭"的瞬间，舰载机没有遭到任何防守飞机的拦截。"攻击者"完全掌握了制空权，完全有能力将港内每一艘停泊的舰只炸沉。

遗憾的是，包括亚纳尔海军上将在内的海军高级军官都未能从这次演习中吸取足够的经验和教训，反而被日本间谍偷取了演习的全部详情。结果是 9 年以后，日本采用了完全一样的手段、方位和时间空袭了珍珠港。但是，这次却并非演习。

当时尼米兹是海军上校，对亚纳尔指挥的那次演习并不陌生，但同样没有给予特别的重视。荣升将军并有相当职权以后，尼米兹对珍珠港的空虚防务忧心已久，却没有积极进言，呼吁改进。他认为自己是所有失职的美国军官中的一员。

　　汽车穿过不再宁静的街市，向着海军部高速奔驶。尼米兹心急如焚，恨不能插翅飞赴遭受重创的珍珠港，挽救和弥补那里的一切损失。

　　尼米兹将军在海军部自己的办公室里同下属开了一个会，接着又匆忙地赶去海军部长弗兰克·诺克斯的办公室商议决策。诺克斯已与总部设在珍珠港的海军第14战区司令布洛克海军上将通了电话。在海军部长办公室里，尼米兹听到了令人心凉的准确消息……

　　日军偷袭珍珠港，共击沉美军战列舰5艘、重巡洋舰2艘、轻巡洋舰2艘和油船1艘，重创战列舰3艘、巡洋舰2艘和驱逐舰2艘，轻创战列舰1艘和轻巡洋舰4艘。总计炸沉、炸

∧ 战前的珍珠港。

伤美国太平洋舰队各种舰船40余艘，所幸的是，海军船厂和油库未受到袭击。

　　日本方面，仅以损失飞机29架、特种潜艇5艘的微小代价，就使美太平洋舰队几乎全军覆没。最令尼米兹难以忍受的是"亚利桑那"号战列舰的惨状。空袭一开始，"亚利桑那"号就被数枚鱼雷和炸弹击中，一颗炸弹命中了舰首的一个弹药库，舰上1000多人丧生。3年以前，当尼米兹出任战列舰第1分队司令时，"亚利桑那"号是他的旗舰。如今，这艘光荣的旗舰沉没海底。该舰舰长，他的老朋友艾萨克·基德上校也生死不明。

　　尼米兹向他的下属、航海局募兵处处长惠廷海军上校表达了自己的悲愤心情。他说："我

< 遭日军袭击火光冲天的珍珠港。

∨ 正在燃烧的″亚利桑那″号战列舰。

< 罗斯福总统在国会发表演讲，要求对日宣战。

们损失得太惨了，我们何时能够恢复创伤？"

但是，日本偷袭珍珠港的胜利只是暂时的，除了"亚利桑那"号以外，其余的战列舰很快都被打捞起来，除"俄克拉荷马"号以外，都重新参加了后来的战斗。日本在这次偷袭中的失算之处，还在于它没有摧毁珍珠港的油库和油船，这就有助于美国海军重新恢复战斗力。更重要的是，美国航空母舰当时都不在港内，丝毫未受到打击，后来都成了反击日本的主力部队。日本所犯最大的错误是，珍珠港事件引起的震动和愤怒，促使美国团结一致反对日本，推动美国建设起一支世界上最强大的海军。

>> 赴任太平洋

珍珠港事件之后，一股同仇敌忾的激昂情绪席卷美国。全国各地正在休假的陆、海、空军人员迅速返回各自的基地。小伙子们成群结队地涌向征兵站，甚至连最顽固的孤立主义者也呼吁进行回击。

12月8日上午，罗斯福总统在他的儿子、海军上尉詹姆斯的搀扶下，走进众议院的会议室，他腿上套着钢架，站在讲台后面，向国会紧急发表了具有历史意义的讲演：

昨天，1941年12月7日——一个永远蒙受耻辱的日子，美国遭到日本帝国海军和空军的蓄意进攻……不能否认这样的事实：我们的领土、我们的人民、我们的利益，正面临着严重的危险。

在10分钟的演讲中，他要求国会对日宣战，并预言：凭着我们人民的无限决心，我们必将赢得最后的胜利。无疑，这是一项不会引起争议的要求，不出一个小时，参、众两院一致通过了对日宣战的决议。接着，海军作战部部长斯塔克海军上将经总统同意，通过电台向驻在巴拿马和太平洋地区的美国各级司令官下达了海军的第一号战斗命令："对日本进行无限期的空战和潜艇战。"

英国对此欢欣鼓舞，温斯顿·丘吉尔在得知日本偷袭珍珠港之后的第一句话就是，"好了，我们总算赢了。"他心里明白，珍珠港事件已经使美国不得不痛下决心投入一场全球战争。

国会批准对日宣战之后，航海局奉命负责组建一支战时海军。好在尼米兹深谋远虑，早就有所准备，这件事做起来比较顺利。但是，航海局的紧急任务一件接着一件，使人应接不暇：要对一些相互矛盾的情报进行鉴别澄清，要通知阵亡者家属，运送遗体，还要去阿林顿公墓参加葬礼；大量的兵员服装和物资需要得到补充；向航海局询问情况的电话连续不断……尼米兹被这些事情弄得精疲力竭，几夜不得好好休息。夜晚回到家中，仍有激动不已的国会议员打电话要求参加海军，尼米兹对这些人准备了同样的答词："我们需要拨款，请回去投票给我们拨款吧！"

尼米兹在繁忙的工作间隙，也开始思考奔赴第一线，投入战事的问题。他有多年的实践经验，指挥过多种类型的舰艇，钻研过战术理论，尽管他崇尚和平、厌倦战争，但当战火已烧到美国的海岸线时，他决不愿意自己袖手旁观，而是渴望能够肩负历史使命。在战事紧迫、危机四伏的时候，这个时候希望肩挑重任决非明智之举，金梅尔将军已是前车之鉴。但是，来自得克萨斯州的尼米兹是不甘寂寞的，他的心头燃着一团烈火，那力求进取、勇于迎接挑战的天性鼓舞和激励着他，使他激动、振奋和不安。他像一只起锚待航的战舰，只等一声令下，就冲向浩瀚的海洋。

任命很快就下来了。海军部长弗兰克·诺克斯电话通知尼米兹：命令他担任太平洋舰队总司令，工作岗位在珍珠

∧ 时任海军部长的诺克斯。

∧ 尼米兹（后排中）与海军将领们合影。

港。这个消息使他震惊，他知道，到黄昏时，消息会通过电台广播传遍美利坚的大街小巷。

诺克斯在电话里还告诉尼米兹，另一项紧急任命是由尼米兹的助手兰德尔·雅各布斯上校接任他的航海局局长。

尼米兹意识到这个消息的紧迫性。珍珠港遭袭已过了十天，诺克斯让他在七天时间里赶到那里。雅各布斯不得不在没有尼米兹的帮助下接管他的工作，而尼米兹也是在没有先期准备的情况下接管珍珠港工作的。

雅各布斯上校外出执行任务，赶紧回到华盛顿。他跑上海军部大楼的台阶，立即冲向新任命的太平洋舰队总司令。尼米兹一把抓住雅各布斯，问他听到这个消息没有。他知道雅各布斯已经听到这项任命，就说："这项工作归你啦，兰德尔，你比其他高级军官更了解这个局的情况。来吧，我们上楼去下达你的命令。"

接着两天尼米兹忙着与金将军、诺克斯部长和罗斯福总统的秘密会见。12月19日，他的副官哈尔·拉马尔中尉来到，护送新任舰队总司令去加利福尼亚。

大家认为，保密是必要的，应当微服出行。尼米兹和拉马尔穿上便服，使用化名。尼米兹选用他的妻子娘家的姓——弗里曼作化名，拉马尔则用温赖特作化名。"弗里曼"先生和"温赖特"先生不久坐上了一趟拥挤的火车。

在去车站的途中，他们在海军部附近停下来，听取最后几分钟的指示。金将军和诺克斯部长以及海军作战部长斯塔克将军，包括尼米兹的参谋班子都在那里。这是一次正式的有点伤感的告别，参谋班子的成员与尼米兹握手告别，既亲热又诚恳。金将军表达了他的羡慕之意，祝愿他获得最大的成功。接着斯塔克交给拉马尔一个沉甸甸的帆布袋，并明确指示："不要把帆布袋放在离你很远的地方，当你离开芝加哥站后，也只有在那时，才能把它交给尼米兹将军。"

摆在尼米兹面前的形势是令人惊诧的。他意识到，许多人的生命将取决于他的决策是否正确。他第一次开始感到生活在疑虑和危险中的恐惧感。他的生活将被一层神秘色彩所覆盖，通讯联络会受到限制并加以保护。为了取得胜利，必须主宰这场残酷的战争。他指挥作战能否成功主要取决于他根据对象、内容、时间和地点等下达的决心是否正确。他离开海军部时，默默无言，紧张情绪开始向他袭来。

一大群大学生挤在火车终点站，急于回家。尽管晨报的头几版载满了罗斯福总统在太平洋灾难后的第一个决定，也还是没有人注意到尼米兹。总统通过报纸向美国民众宣告：以最高法院法官欧文·吉·罗伯茨为首的五人委员会将调查珍珠港的损失情况。消息中还提到，由尼米兹将军取代金梅尔将军负责太平洋地区作战。尼米兹本应是众人注目的焦点，但幸好火车上没有人注意他。

实际上，尼米兹是不愿意引人注目的，他从来就不是一个爱出风头的人。他需要时间让他独自一人思考和体会他所承担任务的重要性。压倒一切的责任感像蒂维山的花岗岩那样沉重地压在他身上。原先制定的南太平洋作战的全盘计划都已"打入地狱"，这是由于日本人采取了先发制人的一着。

海军上将需要休息。在过去的十天，他连续不断地做出了一连串的当场决策，每项决定都增加了他身体内部的压力，使全身绷得紧紧的。尼米兹充分意识到他自己的需要，于是建议在旅途中坐火车，而不坐飞机。他离开了给他施加压力的海军部，就能更加仔细估量他的处境和思考他的未来。

尼米兹很清楚，他必须立即做三件事。他要形成自己的领导作风，并尽快付诸实现，不得含糊。他要尽量了解当前的战略，不是通过报告或公报，而是通过亲自观察。更重要的是，他要把美国太平洋舰队建成举世无双的舰队。

尼米兹私下回顾过去，以确立未来。他想起了当他还是一个年轻学员时，人们称他是"昨天心情愉快，明天满怀信心的人"。他坐在卧铺车厢内，这时他非常需要的信心和决心一点点在心中汇聚。

尼米兹是个随着他的职务上升而成长的人。他的指挥风格是忍耐和坚持。在第一次世界大战期间，当他在罗比森将军领导下就开始产生他的领导理论。从一开始他就认为，领导艺术是知人善任。要求下级要有忠诚、守纪律和忠于职守的品质，上级就必须具有耐心、宽容和谅解的品德。海军称这种思想为"尊上爱下"，尼米兹开始把它凝铸到自己的工作作风中。

使尼米兹能够随职务而成长的一个重要原因，是他能根据直觉事先充分预测影响他个人和国家前途的重要事件。

新上任的太平洋舰队总司令尼米兹思索了可能发生的一些问题。真正的战争会在南太平洋的陆军与海军之间展开，还是在现任的参谋人员和新的指挥官之间展开呢?当他想到麦克阿瑟时，他感到，真正的战争可能在有固执己见的人们所参加的会议室中展开，特别是在他和麦克阿瑟两个人中展开。对尼米兹来说，这远非推测，而是事实。他懂得，这是他最终会认识到而且必须学会去对待的事实。

第二天早上，火车进入芝加哥站，准时转乘圣菲的专列，将军和他的副官第一次感到他们在往西行的途中。午饭后，拉马尔把帆布袋交给尼米兹就走开了。他让将军研究一下这些秘密文件。

当尼米兹打开袋子，读了关于珍珠港伤亡人数的官方报道，看了被击沉和击伤的舰船照片时，感到震惊。他仔细察看了这些照片后，心情几乎和沉在海底的船一样沉重。最使他心碎的是一张"亚利桑那"号的照片，它被烟雾包围，桅杆倾斜得像折断了的肘部一样。报告上写着："舰上的1,000余名船员死亡。"

尼米兹继续深入地研究这份报告，才相信这次灾难不是金梅尔的过错。他本来想把调查报告搁起来了，但它揭露出更多的真相使他想继续看下去。他看完报告非常伤心，他也知道最难受的莫过于金梅尔。他的罪状很可能使他丧失意志，从此一蹶不振。海军在将领们遭到失败时是决不宽容的。金梅尔是活生生的人，尼米兹同情他的处境。可尼米兹也在想：天哪，这一下可轮到我了! 事情明摆着,这种不幸遭遇可能降临到

★欧内斯特·约瑟夫·金（1878—1956）
美国海军五星上将。生于俄亥俄州，参加过第一次世界大战。1941
年2月任美大西洋舰队司令。日本偷袭珍珠港后，任美国海军总司
令。1942—1945年，兼任海军作战部部长、参谋长联席会议成员、
英美联合司令部成员，领导制定美国海军作战计划和协调其他兵
种、盟军的作战行动。

任何人身上，当然也可能降临到他自己身上。尼米兹考虑了这个问题，别人遭到的这种不幸
遭遇是由于客观存在的情况，珍珠港事件也注定要成为他生活经历中的一部分。

12月22日晚，这两个人到达洛杉矶后分手，拉马尔返回华盛顿，尼米兹前往圣地亚哥。

在圣地亚哥，他安排的启程日期由于讨厌的气候而延迟了。虽然尼米兹想尽早赶到珍珠
港，但不能作无谓的冒险。"科罗纳多"号不是巨型飞机，飞行危险大。在中途短暂停留期
间，将军收到了第一份电报：

任命欧内斯特·约瑟夫·金★将军为海军作战部长。

第三章

波涛始起的海面

1885-1966 尼米兹

尼米兹告诉记者们，到现在为止，太平洋海军除了坏消息外别无任何消息。他说，如果让日本人从美国报纸上如实了解了他们的全部战果，那无异于纵虎为患。如果有适合刊登的消息，他将很快向报界提供。最后，尼米兹用夏威夷话告诉记者们：要忍耐……

> 美军舰"亚利桑那"号的惨状。
> 美军舰"俄克拉荷马"号的惨状。

>> 反击前的忍耐

1942年12月23日凌晨，尼米兹乘坐的黑色水上飞机从低低的雨云中俯冲而下，降落在珍珠港漂满油污的海面上，缓缓滑行一段之后，停泊下来。一艘捕鲸船驶近飞机，载着新任太平洋舰队司令向岸上驶去。

虽然圣诞节的钟声刚刚响过，但在夏威夷海岛这片被炮火摧毁的瓦砾、废墟上，没有人传唱圣诞夜的欢快歌曲，冬日的寒雾笼罩着这片海岛，令人感到一种与节日极不相称的沉寂与压抑的气氛。

8天之前，尼米兹已看了关于珍珠港遭受袭击的秘密详情报告，但现在映入眼帘的景象还是令他十分震惊。在锚泊地区，沉没的"亚利桑那"号只剩下三根桅杆斜插在海面上。"俄克拉荷马"号船底朝天，看上去如同一条摇摇摆摆冲向海滩的巨鲸。舰船四周漂浮着水兵、陆战队员肿胀的尸体，一些小船缓缓地进行着打捞工作。"真是惨不忍睹！"身着便装的尼米兹不禁自言自语。

虽然尼米兹一生经历了各种困难和挑战，但面对袭击后的珍珠港，严峻形势仍令他十分

∧ 尼米兹在珍珠港视察。

惊愕。这大概是他一生中面临的最大挑战了。他需要在战争的风险中，从零开始，以最快的速度建设一支崭新的舰队，并且通过这支舰队去创造鼓舞人心的战绩。他知道，几乎所有的美国人都期待着他尽快创造奇迹。他也再一次充分地意识到，许多人的生存与否都将取决于他的决策是否正确。

上岸后，尼米兹身穿深蓝色的便装独自伫立在弹痕累累的海岸边，凝望着波涛翻卷的海面，有力地挥舞了一下手臂，低声哼唱了一句："啊，回来吧，所有的信念！"然后向着迎接他的人群快步走去。

几乎所有的驻地将领都到靠近福特岛的港口欢迎太平洋舰队新的舵手。金梅尔和派伊将军站在最前列，后面是夏威夷的海军航空兵司令帕特里克·贝林格海军少将，以及金梅尔的参谋长威廉·史密斯和哈罗德·西·特雷恩上校。新任司令一面向他们一一伸出手臂，一面说："我的名字叫尼米兹，得克萨斯人。"尼米兹试图缓和一下见面时紧张压抑的气氛，但是没有成功。

形势十分严峻，日本在东亚及太平洋地区如同落入水中的墨汁那样迅速地扩大领地，速度和规模连他们自己也感到吃惊。在袭击珍珠港之后的几周内，他们入侵菲律宾，侵占关岛，控制了泰国，进逼新加坡和荷属东印度群岛。

危在旦夕的威克岛是尼米兹最为担心的地方。威克岛虽是弹丸之地，但战略地位十分重要，是美军在关岛和夏威夷之间的海上中转站。尼米兹渴望听到有关作战的第一手消息。派伊将军交给他一份最新的电文：

敌人已上岛，结局未定，我们仍在坚守。圣诞节快乐。

然而实际情况是，威克岛★在海军陆战队员奋不顾身的抵抗之后已经陷落。但此消息一直隐瞒至圣诞节之后。

★威克岛

威克岛是西太平洋马里亚纳群岛中的岛屿之一。介于关岛和夏威夷群岛之间，成为横渡太平洋海、空航线的中间站。由威克、波尔和威尔克斯等3个狭长珊瑚岛组成，陆地面积9平方公里。1796年由于英国船长威廉·威克到此岛，此岛被命名为威克岛。1898年被美国占领。1934年起成为美国海军保留地。1939年起开始建成美国海军航空兵和潜艇基地。1941年12月太平洋战争爆发后被日本占领。1945年被美国收回。

在这个新月形的珊瑚礁岛上进行的战斗，惨烈程度令人吃惊。日本海军大臣岛田繁太郎在报告威克岛战况时，将此形容为"惊天地泣鬼神"。

威克岛的失陷，使美太平洋舰队失去了一个前哨阵地，失去了一个在中太平洋上的坚固堡垒，对美军珍珠港基地而言，大有唇亡齿寒之势。

尼米兹的脸上几乎看不到任何表情，他的精神似乎有些疲倦。在前往马卡拉帕住处的路上，他一直默默不语。汽车爬上山后，在一幢舒适美观的房子前停下来，这是前任太平洋舰队司令金梅尔将军的住所。尼米兹请派伊与他共进早餐。他说看到珍珠港遭劫的可怕景象之后，不想一个人单独吃饭。何况威克岛又将失陷，他希望有人能帮他分担一下痛苦。早饭过后，金梅尔将军来了。他的军服上不再佩带四颗星，而是变成了两颗。这位身材粗壮的前总司令神情沮丧，昔日专横傲慢的神情已经荡然无存。在半个多月前那个可怕的凌晨，他眼睁睁地看着自己的舰队在突然降临的迅猛轰击下覆灭。当时，一颗12.7毫米口径的子弹穿透窗户击中了他的胸部，使他受了轻伤。他曾对派伊心灰意冷地说："要是子弹把我打死就好了。"

尼米兹望着这位曾经叱咤风云的海军同行，心情异常沉重。他握住金梅尔的手臂，不知道用什么话语来安慰他。过了一会儿，才讲了这样几句情真意切的话："我的朋友，这件事可能发生在我们任何人身上。留下来帮助我吧！我现在比任何人都更需要你。"

1942年12月30日，尼米兹就任太平洋舰队总司令的前一天，欧内斯特·约瑟夫·金海军上将当了美国舰队总司令，成为尼米兹的顶头上司。

金以他的出众才华和固执著称，一般人都知道他冷漠、清高和一本正经。其实，金将军并非没有人情味。当部下行事合乎他的心意时，他也会显出慈祥的神情。他对愚蠢的行为、办事缺乏效率和懒散作风十分反感。他讨厌不诚实和虚荣，看不起唯唯诺诺和哈姆雷特式的犹豫寡断。他办事不讲情面，有一次他派一名中校去接替了一位在他看来不称职的少将，并命令那个少将当天下午5点前离开海军部大楼。金将军在战时的一位同事说过："伟人都有自己看不到的弱点，金的弱点是在人事方面。"金极力把他喜欢的人调到自己的手下，而把他不喜欢的人统统调走，结果并不理想，他用错人的例子很多。

金将军作为新的美国舰队总司令,他的职责与平时由各舰队司令轮流兼任的总司令完全不同,他统管美国海军并直接向总统负责。金将军毫不含糊地行使赋予他的权力,很快就使海军作战部长斯塔克将军几乎无所事事了。于是,罗斯福任命金为海军作战部长兼美国舰队总司令,把斯塔克调往伦敦任美国驻欧洲海军总司令。

金和尼米兹的作风迥然不同。金性格乖戾,同尼米兹谈话有时语气尖刻,但尼米兹却能够宽容和理解他。按照美国军史专家塞缪尔·埃利奥特·莫里森的评价,63岁的金毫无幽默感,对人严厉无情,在海军中受到的尊敬多于爱戴。有一个故事在当时很流行,说是金将军去了天国,一个海军军官随着也上了天。圣彼得告诉这个海军军官,"自从金将军来到之后,天国进行了改组,并且处于战备状态。"海军军官回答说:"我并不感到惊讶,因为金将军经常认为他就是全能的上帝。"

比金小7岁的尼米兹则不同,他平易近人、和蔼可亲。但办事干脆、直截了当是他们的共同特点,他们都忠于国家和海军事业。他们禀性聪慧,为人正直,处事果断精明,讨厌繁文缛节和拖拉作风。尼米兹以他那温和谦逊的作风赢得下属的尊敬。他可能不是他们所想要的那种领导——那种作风鲁莽、硬派的司令官,但他运用的那种合理而切实可行的工作方法,既灵活又扎实。他具有韧性和耐力,他那种无声的动力,推动着自己和别人一往无前。他是一个战略家,运筹帷幄,审时度势;他是一个战术家,具体实施,威望卓著。尼米兹还在不同情况下利用他的幽默感,并往往取得效果,因此,在各级官兵中和各个部队里,他都是受人爱戴的人。虽然他少一点派头,但这无损于他的威望,他总能获得一种晚辈对待长辈那样的尊敬。他以他独有的作风和威望经受了在威克岛、中途岛和菲律宾战役的严重考验,取得了一个又一个的胜利。

尼米兹对待上司的方式也同样令人钦佩。尼米兹与他的顶头上司金将军一个在华盛顿,一个在珍珠港,但却能够彼此配合默契。实际上,太平洋战争的战略主要是由金和尼米兹制定的。他们通过每天多次的电报往来、写信和派人保持经常联系,相互交换意见。

1941年12月31日,在珍珠港东南的潜艇基地,"鳟鱼"号潜艇升起了尼米兹特有的蓝底衬四颗白星的海军将旗。

尼米兹组织参谋班子的工作也在快速进行着。他没有另起炉灶,而是继续留用前任的参谋们,尼米兹充分表示了对他们每个人能力的信任,并且告诉他们,灾难已经过去,现在最重要的是重振精神,精诚团结。他的这一大胆举动是出人意料的,但又是深得人心的。金梅尔和派伊手下

> 日军攻占了爪哇岛。

的这些得力干将们，本以为在珍珠港和威克岛连遭重创之后，自己的海上生涯也将宣告结束。没想到尼米兹一下子拨开了他们心头的阴云，使他们重新看到了希望和力量，他们对老上司的忠诚和尊重很快转移到尼米兹身上。

基地的军官谁都没想到，尼米兹把金梅尔手下的情报官埃德温·T·莱顿少校也留下了。莱顿由于未对日军袭击珍珠港提供预警而深深自责，尼米兹却似乎并不在意这一点。莱顿在以后的二次大战期间，自始至终与尼米兹并肩战斗。人们相信，尼米兹是那种有能力团结所有人的将军，如果金梅尔愿意，他也会对他委以重任的。派伊将军在尼米兹的挽留下，较长时间地担任了尼米兹的非正式顾问。

随着太平洋战局的不断恶化，作为美国舰队总司令的金将军面临着越来越大的压力。1942年1月初，美国亚洲舰队继续南撤，经菲律宾退至爪哇海。在中太平洋，日军已从马绍尔群岛侵入英属吉尔伯特群岛，并继续向南推进，似乎准备通过埃利斯群岛进逼萨摩亚群岛。

日军的攻势使美国人忧心忡忡，因为日军的飞机、潜艇和航空母舰，将有可能从萨摩亚切断美国和澳大利亚之间的海上运输线，从而使盟军不能将澳大利亚作为发动反攻的重要基地。此外，日本潜艇也在中途岛一带活动，日军有可能通过中途岛向珍珠港再一次发动攻击。几天后，从前线传来了更加令人沮丧的电报：日本海军在爪哇海再次获胜。

金将军对此焦躁不安，他催促尼米兹尽快采取行动，扭转不利局面。尼米兹深感责任重大，他意识到他必须首战告捷，以恢复太平洋舰队严重动摇的士气。但是，急躁冒进的做法将有可能带来更大的损失。金将军对他寄予了殷切厚望，在他原有的职权上又加了一个官衔，即太平洋战区总司令。越是如此，尼米兹越发感到需要冷静从事。

当尼米兹接管整个太平洋战区时，美国舰队的战列舰和航空母舰的数目均是日本的1/2，无论在数量和进攻能力上都处于劣势。一位官员描述当时的战争状况时说："太平洋战争的决定性时刻，将在日本人企图夺取北太平洋的时候。美国必须节省每一分力量来应付这场挑战。如果在挑战中稍一失手，整个太平洋以及美国西海岸就会向日军敞开缺口。"

尼米兹顶住了各种压力，坚持不用有限的战列舰去做无谓的牺牲，而主张将航空母舰作为主要的攻击型武器。他的这种观点引起了争议。战列舰的作战效果是人所共知的，并已得到了验证，而航空母舰只是在演习中使用过，尚未在真正的战争中经受检验，何况是与日军这样的凶顽之敌进行交战。但是尼米兹认为，在太平洋区域将要发生的战争是一场立体的"全面"战争，天空和海上都需要加以保护。为此，必须将航空母舰置于太平洋特混舰队的主要位置，同时设法将航空母舰的作战计划与地面部队的作战方案协调一致。

对此，尼米兹不仅需要应付来自军队内部的压力，更要面对来自外界舆论的干扰。人们渴望速胜的心情是可以理解的，但是记者们无休止的纠缠却令尼米兹极为烦恼。

由于驻守在珍珠港、新加坡的美国和盟国的舰队不是在追捕敌人，而是在遭受敌人的追击。于是，尼米兹的案头上摆上了一个又一个来自各界的责问：海军在哪里？

尼米兹对此避而不答，他不愿主持任何记者招待会，也不当众讲话或发布鼓舞人心的声明。牢骚满腹的记者们将这种情况捅到了海军部。曾是记者的海军部长诺克斯向尼米兹发去电报，要求尼米兹接受记者的采访。

尼米兹对此极为不快，但他还是召集所有来访的记者们开了一个会。记者们到齐后，他说："好吧，先生们，让我听听你们的意见吧！"

记者们希望了解的无非是有关海军动态的第一手资料。这是美国海军在太平洋连遭败绩之后，公众关心的焦点，也是报刊编辑对记者们的要求。

尼米兹告诉他们，到现在为止，海军除了坏消息外别无任何消息。他说，如果让日本人从美国报纸上如实了解他们的全部战果，那无异于纵虎为患。但如果有适于刊登的消息，将很快向报界提供。最后，尼米兹用夏威夷话告诉记者们：要忍耐。

记者们对尼米兹的答复仍不满意，他们认为，在当前的局势下，"忍耐"一词似乎与"逃避"同义。

只有罗斯福总统和少数几位高级官员理解尼米兹，他们认为尼米兹在得克萨斯州培养出的这种非凡的耐性与胆怯毫不相干，反而体现出一种能够洞察全局、驾驭一切的力量。

尼米兹以新闻检查有误为名，免除了海军第十四军区新闻检查官的

∧ 在海上游弋的美国"企业"号航母。

职务，同时答应了部分记者随舰采访的要求，这才暂时平息了记者们引起的风波。

尼米兹有点感到了身心疲惫，繁重的工作使他整日处于高度的紧张之中。本来睡眠就少，现在又失眠了。有时他几乎是彻夜难眠，躺在灯火管制的基地住处，战争的阴影笼罩在他的心头。作为军人，他并不惧怕战争，但是战争会使成千上万的人付出血和生命的代价，所以他必须考虑如何减少这种损失。这就需要殚思竭虑，以巧妙的智谋和灵活的战术去赢得最后胜利。

金将军建议尼米兹以远程袭击的方式向吉尔伯特和马绍尔群岛发起进攻，太平洋舰队参加这次进攻的兵力可以有三支航空母舰特混舰队：由费尔法克斯·利里海军中将指挥的"萨拉托加"号编队（第14特混舰队）、由威尔逊·布朗海军中将指挥的"列克星敦"号编队（第11特混舰队）和由威廉·F·哈尔西★海军中将指挥的"企业"号编队（第8特混舰队）。

1942年1月2日，参谋部向尼米兹提出了用航空母舰袭击吉尔伯特群岛和马绍尔群岛的方案，这正是尼米兹授意的攻击敌军基地的方案。但是刚一出台，便引来了激烈争论，多数军官反对派航空母舰袭击敌军陆上基地。因为日本对靠近珍珠港的吉尔伯特群岛、马绍尔群岛和威克岛可能遭到航空母舰的袭击早有防范。

海军第14军区司令克劳德·布洛克激烈反对用航空母舰实施袭击。他认为太平洋舰队的战列舰已经丧失殆尽，航空母舰是战区最后的机动防御力量，一旦出现闪失，日军必将在太平洋为所欲为，恣意横行了。布洛克希望通过他资深的经历，说服尼米兹接受他的看法。

尼米兹认为他无须别人指教，完全能够胜任本职工作。支持尼米兹的军官们赞同尼米兹在指挥上提出的创见和方法，认为拟议中的袭击方案是富有进取精神的。在攻击计划制定的过程中，尼米兹想到了威廉·F·哈尔西海军中将，很想听听他的意见。

1月的一个晴天，"企业"号编队从海上巡逻回到珍珠港，易于冲动的司令哈尔西中将上

★威廉·F·哈尔西

美国海军上将。毕业于军事学院。战前多年在美国海军太平洋舰队尼米兹将军所部任职。1942年2月，受命袭击马绍尔群岛和吉尔伯特群岛，使立足未稳的日本占领军受到沉重打击；1942年4月，任特混舰队司令，指挥空袭日本首都东京。1942年10月至1944年6月，任南太平洋海军舰队司令。1944—1945年任第3舰队司令，指挥特混舰队在西太平洋作战，先后攻占加罗林群岛、马绍尔群岛、菲律宾群岛。1945年对日本本土作战。9月参加"密苏里"号战列舰上的日本投降仪式。

了岸。他是一个典型的海军军官，眉毛蓬松、皮肤黝黑、身体健壮、动作急躁而鲁莽。哈尔西无拘无束的豪爽性格甚至一下子赢得了目中无人的麦克阿瑟将军的喜爱。他的强硬态度表现在他的工作方法上，以及他下达命令时的简短而又令人琢磨不透，如他常说："去把他们搞来！"或"不管你做什么——要快！"但实际上，哈尔西很多时间像尼米兹一样，说话柔和、谦恭有礼。

哈尔西风尘仆仆闯进太平洋舰队司令部的会议室。他在会上慷慨陈词，大声痛骂失败主义情绪，给尼米兹袭击日军的方案以强有力的支持。因为他是声名显赫的海军中将，是航空兵战斗部队的司令，受到全体人员的爱戴和尊敬，他在关键时刻的讲话是很有分量的。

第二天凌晨，尼米兹约哈尔西到码头上散步。空气清爽，鸥鸟飞翔，令人感到振奋和舒爽。

尼米兹问哈尔西："你还记得去年我们在纽约华尔道夫酒店参加的那次会议吗？"

哈尔西勉强笑了一下说："怎么能忘记呢！现在想来还觉得可笑。"

在纽约的那次国际性会议上，陆、海军的高级将领们个个喝得酩酊大醉。华贵考究的军礼服上、帽子上到处沾挂着蛋清和水果沙拉。

哈尔西从旅馆跟跟跄跄走出门来，等待门卫给他找车。尼米兹一直跟在哈尔西的后面，当他走近哈尔西时，对面一个醉汉走向他们。

"喂，看门的，给我找部车。"醉汉对哈尔西说。

哈尔西毫不示弱，尽管个子不高，还是有力地挺直身体，声色俱厉地回答："你放明白点，先生，我是美国海军的将军。"

"很好，"醉汉回答："那就给我一条船吧！"

尼米兹和哈尔西走到码头的尽头，放声大笑起来。

尼米兹颇具深意地对他说："现在，你有你的'船'了。"他一本正经地告诉哈尔西，他准备调"企业"号编队会同"约克敦"号编队，掩护陆战队在萨摩亚群岛登陆。两支航空母舰编队将在哈尔西的统一指挥下，对吉尔伯特群岛和马绍尔群岛发动进攻。

"这么做怎么样？"他最后说，"这是一个难得的机会。"

哈尔西点头同意，他认为现在大致方案已定，还必须再好好策划一下。他完全清楚如果这次行动失败，会给雪上加霜的战局造成什么影响。临行前，他到司令部听取最后指示。尼米兹与他击掌告别，并一直把他送到交通艇上。

在尼米兹将军写字台后面的墙上，挂着一长串海图，海图上彩色铅笔勾画出中太平洋那片不平静的辽阔水域。每天，尼米兹都要以审视的目光察看在那片吉凶莫测的水域上航行的美国舰只。他在回答一位记者关于何时结束战争的提问时说："我无法讲出具体日期，但可以根据这些海图告诉你，当日本人在所有这些海区遭到打击，而且他们的攻击力量遭到摧毁的时候，战争就将结束了。"

现在，经过十几个不眠之夜的酝酿，海空反击终于拉开了序幕。尼米兹凝望地图上哈尔西舰队红色标记所指的方向，心中暗暗为哈尔西的进攻祈祷。

★ "企业"号航空母舰

美国制造，1938年建成。该舰标准排水量19,800吨，舰长246.9米，宽25.3米，吃水6.6米。推进装置为蒸汽轮机，4轴，120,000马力，最大航速为33海里，续航力为（20海里时速）8,220海里，舰员平时为1,889名，战时为2,919名。舰载武器装备：127毫米高平两用炮（单管）8座，"企业"号可搭载作战飞机81至90架。第二次世界大战时期，在太平洋战场上，"企业"号多次参战，予日本舰队以重创。1956年该舰退役。

>> 试探性的反攻

1942年1月11日，哈尔西海军中将从珍珠港率领由2艘航空母舰"企业"号★和"约克敦"号、3艘重巡洋舰、6艘驱逐舰组成的舰队，秘密地向指定的目标前进。

美军攻击马绍尔和吉尔伯特群岛的战略目的，在于防止日本人切断美国通往澳大利亚这条生死攸关的航线，因为这条航线一旦被切断，美洲势必陷入孤立无援的境地，美国舰队无异于瓮中之鳖。

1月31日，哈尔西亲率第1特混舰队空袭了马绍尔群岛的几个岛屿。美军出动的轰炸机和鱼雷机轮番对目标实施轰炸，广播电台对这次空袭进行了实况转播。这次空袭，美军以微不足道的代价基本摧毁了日军在这些岛上的战略设施。而由弗莱彻少将指挥的第2特混舰队对马绍尔群岛以外一些岛屿以及对吉尔伯特群岛的袭击则收效甚微。美军在暴风雨中损失 6 架鱼雷机，仅击沉日方 1 艘小型飞机补给舰。

中午 12 时，各路空袭停止，美舰向"企业"号航空母舰靠拢，整个编队在太阳落山时返回珍珠港。这次空袭共击毁日军 2 艘潜艇、1 艘轻巡洋舰、1 艘轻型航空母舰。

2 月 4 日，美国电台广播了海军成功袭击马绍尔群岛和吉尔伯特群岛的消息。当时，日本南云舰队正以高速向东追击哈尔西的编队，听到广播后，知道追击已难得逞，便掉头返航了。从整个战局的形势来看，这次空袭的战果是十分有限的，但这毕竟是珍珠港事件后美方进行的首次海空反击战，起到了鼓舞士气的作用，对美国公众舆论也是一种抚慰。

珍珠港以高昂的激情欢迎美舰凯旋。港内汽笛齐鸣，士兵、水手和民众在岸上振臂欢呼。尼米兹亲临战舰迎接哈尔西归来。一时间，舆论界盛赞这次袭击，把哈尔西神化为日本人的克星，给他取名为"哈尔西公牛"。

然而，美军对两个群岛的袭击几乎没有给日军在其他地区的进攻态势造成任何影响。在菲律宾群岛，日军继续把美国和菲律宾部队压到巴丹半岛顶端和科雷吉多尔岛附近。对仰光、新加坡和荷属东印度群岛的进攻毫无放慢的迹象。据敌情通报，日军还打算从拉包尔经所罗门群岛和新赫布里底群岛，攫取横卧在美国—澳大利亚交通线之间的新喀里多尼亚。

鉴于战局不断恶化，尼米兹受命动用包括驻扎在西海岸的 6 艘战列舰在内的一切可以动用的部队，采取增援或对托管地实施牵制性进攻的方式，从战略上给西南战区以更大支援。这将使得尼米兹手中捉襟见肘的兵力更为分散了。

尼米兹在同参谋人员和顾问们进行了认真磋商之后，认为金上将关于使用战列舰参加袭击的指示似乎是不切实际的。这些战列舰是 1923 年服役的，航速均不超过 21 节。这样慢的航速，无法随同 34 节的航空母舰作战。况且，太平洋舰队没有足够数量的巡洋舰和驱逐舰用来掩护战列舰。而航空母舰有飞机、火炮，既能攻又能守，效率较高。

2 月 9 日下午，金上将以美国舰队总司令的名义向尼米兹发来复电，继续要求展开积极的战斗行动。

太平洋舰队参谋部认为，他们在太平洋舰队所控制的范围内找不出任何攻击目标可以牵制日军在其他战区的活动，即使通过海上加油扩大

∧ "企业"号航母行驶在太平洋上。
∨ 美军舰队正向马绍尔群岛方向驶进。

攻击范围，也找不到这样的攻击目标。由于美军不能运送装备和供应品，即使实施这样的攻击，危险性也极大。

尼米兹决定让派伊将军乘泛美航班飞赴华盛顿，向金上将面呈太平洋舰队的意见。派伊是金在海军军官学校的同班同学，又是金少有的一位知己，由他做斡旋工作是最合适不过的了。

金的态度有所转变，但他继续要求太平洋舰队在中太平洋海区对日军海岛据点进行间隔性袭击。他同时也谈到，为应付敌人可能的突然袭击，舰队应当保留后备力量。

尼米兹最后决定把"企业"号编队和"约克敦"号编队合在一起，参加对威克岛的袭击。这些袭击，至少可以锻炼队伍，提高士气，满足金上将的要求，同时也可以有限地冲击一下日军的进攻力量。

2月14日，哈尔西率"企业"号及护航队踏上征途。次日，弗莱彻的"约克敦"号编队跟进。哈尔西对这次行动尽管没有提出异议，但并不心甘情愿。整个袭击是在无线电静默的情况下进行的，舰队几乎断绝了与太平洋舰队司令部的联系。这一切或许是为了防止敌方了解美舰的动向。而这一做法也提醒了尼米兹，他为自己规定了一个严格遵循的指挥原则：一个司令官受命在外执行已获批准的战斗任务时，可以全权处理一切事宜，而不必向他请示汇报。

24日黎明前，袭击开始。但由于气候恶劣，风雨交加，能见度很差，美巡洋舰先于飞机向日军发起攻击。天亮时，美轰炸机才终于飞临威克岛上空，开始实施轰炸。

尼米兹是通过日本电台了解到威克岛遭到袭击消息的。直到3月5日，哈尔西才发回一份请求油船援助的电报。简短的附言是："部队没有遭受损失，重复一句，没有遭受损失。"

但是连哈尔西本人也承认，袭击收效不大。一位亲自参加战斗的军官甚至认为：日本人对袭击毫不在乎。

显而易见，尼米兹统率的太平洋舰队初试锋芒，效果不佳。他毫无机会抢占报纸的头条新闻，记者们对他的兴趣也日渐减弱。海军部长诺克斯就新闻记者采访问题发来电报以后，再没有同尼米兹通过信。

与此形成鲜明对照的是，麦克阿瑟却始终风头十足，他被任命为西南太平洋地区盟军最高司令。罗斯福总统出于保存实力的考虑，电令麦克阿瑟将军撤离菲律宾。麦克阿瑟从棉兰老乘B-17型轰炸机飞到澳大利亚后，气宇轩昂地宣布："据我了解，美国总统命令我从日军防线突围的目的，在于组织美军对日军的反攻。第一步就是收复菲律宾。我怎么来的，就一定要怎么回去。"

所幸的是，尼米兹没有大权旁落，他不久被任命为太平洋海区总司令，管辖除中南美洲航线以外的其他太平洋海区，负责指挥该海区的美国和盟国的陆、海、空三军部队。

联合参谋部指示，太平洋舰队即使出于战略考虑，需要进入麦克阿瑟管辖的西南太平洋海区，也仍归尼米兹指挥。但是，为了减少麦克阿瑟对太平洋舰队的过分依赖，联合参谋部把特别防区的大部分作战部队划归麦克阿瑟指挥，作为他自己的舰队的核心。

鉴于地区辽阔，太平洋海域北纬42度以北划为北太平洋海区，北纬42度至赤道划为中太平洋海区，赤道以南划为南太平洋海区。由于日本和美国都在南部进行作战准备，因此在太平洋海区总司令领导下，需要有一位司令来负责南太平洋海区的全面领导，于是尼米兹任命派伊将军担任了这个海区的司令。

派伊将军战前担任过战列舰舰长，在他看来航空母舰只是一种辅助性的船只，这次袭击威克岛的行动流产，更使他坚定了这种看法。但是，他的思想敏捷灵活，能够看到自己的错误并及时加以改正，因此日益得到尼米兹的器重。太平洋舰队总司令为使他有用武之地，把掩护部队划归他指挥。但他却认为自己有资格担任更高的职务，能在太平洋战场上运用新战法大显身手。

金上将显然有另外的想法，他倾向于一个人干什么就一直干下去。他让有战列舰作战经验的派伊去当了战列舰编队司令，选中罗伯特·L·戈姆利中将当南太平洋海区司令。事实证明，金的这个选择是不明智的。戈姆利虽然经验丰富，才智不凡，但碰到军事危机则不善于审时度势，化险为夷。

尼米兹发现在他原先的指挥班子里，有少数军官不称职，于是在适当的时候把他们调走。他本来想把这类事授权给别人去做，自己作为司令官，应该做些别人无法代替他做的事情，但结果往往事与愿违，他不得不亲自处理。

1942年春，他总算在工作之余，可以抽出时间打打网球，还在宿舍附近准备了一块空地玩掷蹄铁游戏以解除疲劳。他借助这些有限的锻炼，逐渐治好了他到珍珠港后得的一般性失眠症。

尼米兹将军看起来是个和蔼可亲的人，但私下却摆脱不掉他到任以来压在心上的沮丧情绪。他为自己无力改变战争的态势而感到沮丧，甚至怀疑自己是否已让把他调来的人大失所望。但尼米兹知道形势危急，太平洋舰队无法承受大的失误与损失了。他常常站在海图前或独自到海岸漫步，筹划着一系列举步维艰的行动。

∧ "企业"号航母上舰载机准备起飞轰炸威克岛。

第四章

战云翻卷珊瑚海

1885-1966 尼米兹

开战以来，日军的武力扩张第一次遭到遏制，进攻莫尔兹比港的作战计划只得向后推迟。更为重要的是，被击伤的"翔鹤"号航空母舰需要修理，损伤惨重的"瑞鹤"号航空母舰需要重建，大大削弱了日方在即将到来的中途岛海战中的实力。珊瑚海海战标志着太平洋战场的战局已发生逆转……

★ "大黄蜂"号航空母舰

美国制造，该舰于1941年建成。标准排水量为19,900吨，舰长252.2米，宽34.8米，吃水6.6米。推进装置为蒸汽轮机，4轴，120,000马力，最大航速33海里，续航力(20海里时速)为8,220海里，舰员2,919名。舰载武器装备：127毫米单管高平两用炮8座。舰内可搭载85至90架飞机。第二次世界大战时期，"大黄蜂"号搭载16架B-25轰炸机，首次空袭东京成功。1942年10月26日，参加圣克鲁斯海战，遭日机袭击沉没。

>> 东京的惊惶

　　自从珍珠港事件以来，罗斯福一直想对日本进行一下小小的报复，敦促他的军事计划人员寻找轰炸东京的办法。在太平洋外围和菲律宾的一片溃败中，罗斯福的这种想法就更加迫切了。但使用陆基飞机从中国的基地起飞，路程太远，飞机只能飞单程。直至1942年1月中旬，金海军上将的参谋部想出一个方案：从一艘航母上出动陆基轰炸机进行轰炸。航空母舰可以将飞机载到靠近日本海的位置起飞，但中型轰炸机无法在航母上降落，完成轰炸任务的飞机要飞往中国大陆。

　　这个计划选中了中型轰炸机B-25和最新服役的"大黄蜂"号航母★，并由当时的飞行速度世界纪录保持者詹姆斯·杜利特尔中校领导完成。为此B-25B进行改装，拆掉了一切不必要的设备，增加了油箱和伪装的木制机炮。1942年2月3日，两架B-25B在大黄蜂号上起飞成功，证明了这一计划的可行性。此后，由第17轰炸机大队的志愿者组成了24个机组，这些机组成员只知道将完成一项非常危险的秘密任务。机组花了一个月的时间，在跑道上标出的模拟飞行甲板上演练短距离起飞滑跑，大黄蜂号甲板也画上了与陆地跑道一样的中心线标志。

　　尼米兹对于空袭东京始终持有异议，他担心空袭东京可能会导致日本进行报复，而太平洋舰队却没有足够的兵力去对付日军的攻势。但这是罗斯福总统要求，欧内斯特·金上将首肯的事，他无力阻止，轰炸最终还是付诸实施了。

　　1942年4月2日，"大黄蜂"号在6艘舰只的护航下，载着杜利特尔的机组人员和16架B-25B，告别了旧金山的金门大桥，劈波斩浪，向西急驶。

4月14日，"大黄蜂"号穿过北太平洋风暴区，在阿留申群岛和中途岛之间的一个指定地点同哈尔西的"企业"号会合，在阴沉的海面上向着九州海岸以西400公里的目标海域进发。通告了这次任务的目标后，全体人员欢声雷动。

　　途中，特遣舰队收到东京电台的这样一则广播：

　　英国路透社报道，美军三架轰炸机轰炸了东京。这种消息可笑之极。日本国民对这种宣传毫不在意，正沐浴在和煦的阳光和樱花的芬芳中享受春光。

　　杜利特尔真想为其更正一下是16架。日本的毫无防备，增强了机组人员完成任务的信心。

　　4月17日下午，特遣舰队离起飞点只有24小时的水程，仍未被敌人发现。"大黄蜂"号上的甲板人员对B-25B做了最后检查。每架飞机携带4枚500磅的炸弹，米切尔上校的勋章都系在了炸弹上。炸弹上还写着："我们不想燃烧世界，只想燃烧东京。"

　　傍晚，雷达发现了日本海上警戒线最外层的哨艇，舰队改变航向。4月18日上午七时半之后不久，一艘敌船发现了特遣舰队，它发出的无线电警报被舰队接收到了。几分钟之后，前卫巡洋舰用炮火击沉了这艘小型勤务艇。杜利特尔和哈尔西决定立即起飞，即使多飞100公里，也不能让舰队冒险，这绝对是一个正确的决定。虽然日本防线即将处于警戒状态，但日本人不会料到当天就有袭击。

　　"让杜利特尔和他勇敢的中队起飞吧。一路平安，上帝保佑！"哈尔西向"大黄蜂"号发出信号。上午8时，"大黄蜂"号调头迎风，杜利特尔紧紧握了一下舰长米切尔上校的手，然后对他的同伙喊道："伙计们，就这么着，一起出发吧！"

　　硕大的"大黄蜂"号在它所依附的海水中与一片落叶也无甚区别，甲板前后摇晃得几乎贴近了海面。B-25B的左翼已经伸出"大黄蜂"的左弦外，杜利特尔将油门加到了最大，飞机摇摇摆摆地朝强风中冲去，沉重的机身在甲板尽头缓缓抬起。随后每一架飞机离舰，甲板上都发出一阵欢呼。

　　8时24分，16架飞机全部安全起飞。海军摄影师约翰·

< 美军飞行员聚集在"大黄峰"号航母上等待轰炸东京的命令。

福特中校和他的摄影组对整个起飞过程进行了拍摄。

　　杜利特尔率领他的中队向西飞去，每一位飞行员都知道了各自所要轰炸的军事目标、钢厂、飞机厂和电站。机组开玩笑时曾说要通过抛硬币决定谁来将炸弹扔到日本皇宫中，实际上，皇宫、医院、学校等均不在轰炸目标之列。即使在后来350架B-29轰炸东京时，皇宫也是绝对的保护区，这也算是对敌方最后的一点尊重。两个小时以后，东京时间12时20分，当杜利特尔的轰炸机低空掠过东京湾的时候，东京城里的人正在吃午饭。一队巡逻机没有发出警报，抵御低空飞行飞机的防空袭阻塞气球，刚刚在上午的防空警报演习结束后取下来了，甚至在高空中飞行的9架战斗机也没有发现杜利特尔。

　　当天中午，东条英机碰巧视察水户航空学校乘飞机回东京。东条的秘书发现从右方飞来一架双引擎飞机，画着一个不熟悉的标志，而后猛然醒悟，"美国飞机！"

∧ B-25轰炸机从"大黄峰"号航母上起飞前往轰炸东京。　　　> 美军飞机正对空袭目标投掷炸弹。

　　如果B-25B不拆掉机炮的话，还可能为这次任务增加额外的战果。

　　"继续在郊区上空向正南方向和东京东区中心方向低空飞行。升到350米的空中，转向西南方向飞去，向极易起火的地区投下炸弹，"杜利特尔一面丢下第一颗高爆炸弹，一面如实地记着航空日志。"高射炮火非常猛烈，但只有一架飞机差点被击中，一下降到房顶高度，然后钻进西郊低空的烟雾之中，调头向南飞到海上。"东京警报器再次拉响了。在午餐时间拥挤的街头和公园里，当第一批轰炸机掠过上空的时候，人们不约而同地向头顶望去。人们挥着手，以为是日本空军在做逼真的表演。只有当爆炸震撼着东京，滚滚浓烟升起的时候，他们才知道这是真的轰炸。

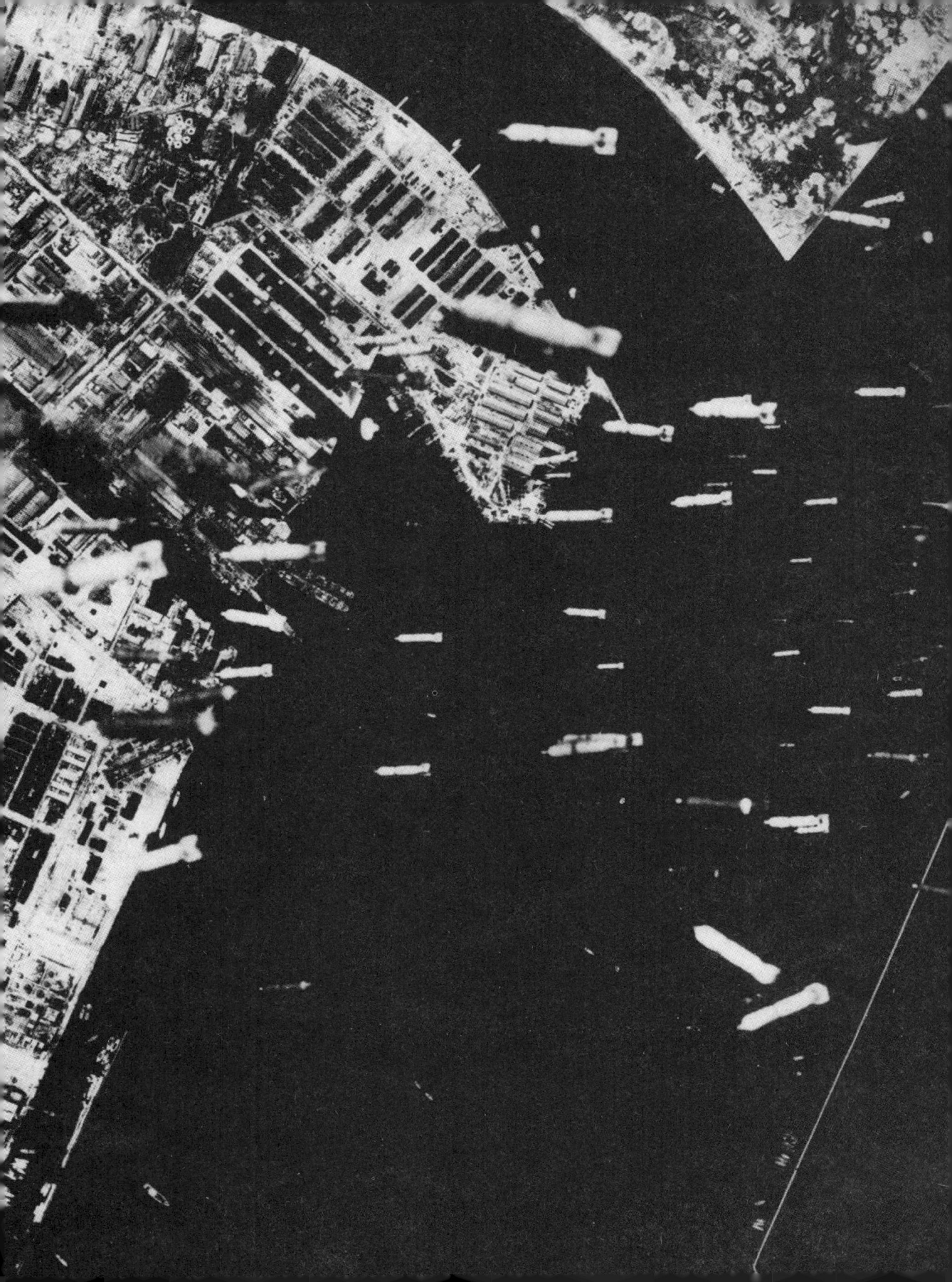

　　在撤退的航空母舰上监听东京广播的船员，从播音员声音后面颤悠悠的警报声中，知道了杜利特尔的飞机已经到达城市上空。在后来的20分钟里，另外10架美国轰炸机掠过头顶，城市里发生了一连串的爆炸，这10架飞机遇上了大风，和头两架飞机拉开距离，但是飞机从四面八方飞来，继续制造混乱。另外3架B-25B轰炸机同时到达名古屋、大阪和神户的上空，日本战斗机驾驶员不知所措，好半天弄不清楚袭击是从哪个方向来的。美国轰炸机扔完炸弹，趁机向东飞往中国，日本战斗机想追也来不及了。

　　袭击日本的16架飞机全部脱离目标上空。其中1架受伤飞往海参崴，而后被苏联扣留。其余15架飞机均飞往中国，目标是中国湖南株洲机场，但由于黑暗、大雾和缺油，飞机均没有到达目的地。15架飞机散落在中国浙江和江苏，75名机组人员中，3人在飞机迫降时遇难，8人跳伞在日军占领区而被俘虏，其中只有4人在战后幸存。杜利特尔的降落伞徐徐落在农田里，而后被中国农民救起。杜利特尔用生硬的中国话说："我是在天上打日本的！"这就足够了。杜利特尔与其余63名机组人员随后均被中国军民护送到大后方，而后辗转回国。1990年，健在的机组人员还组织了聚会，并邀请当时保护他们的5名中国老人参加。

　　除了破坏90座建筑物和造成几十名平民的死亡以外，这次袭击没有造成多少实际的损失，但是正如罗斯福总统所预料的那样，它直接地激发了美国的士气。《洛杉矶时报》赞扬说："杜利特尔干得漂亮！"罗斯福为这件事增添了浓厚的神秘色彩。他说，这次进攻是从"香格里拉"发动的。"香格里拉"是詹姆斯·希尔顿的小说《失去的地平线》中的神秘天堂，以此掩盖使用了航空母舰这一事实。

　　应该承认，杜利特尔的长途奔袭是成功的，尽管给敌方造成的破坏远远不及日本袭击珍珠港之大，但它给日本人造成了混乱，对其心理上的震动和打击是不可低估的。这次行动还

< 被日军俘虏的美军飞行员。
> 美军飞行员被中国军民救起后抬送到后方。

为航空母舰的快速作战提供了一次有价值的尝试。

这次空袭的另一个意义,在于迫使日本军令部下决心毫不迟延地把防御圈向东推进到中途岛和阿留申群岛西部,尽早按计划实施中途岛作战。

>> 情报之战

1942年4月下旬,日本联合舰队高级官员在"大和"号巨型战列舰上讨论下一步作战方案。此时,日本军队又获战果,将由美、英、荷、澳军舰组成的"ABDA舰队"全歼于马来亚海面,把整个荷属东印度群岛攫为己有。

山本五十六海军大将认为,为了牢固保持有利的战略地位,必须连续攻击敌人的薄弱点,这是这一阶段作战的中心目的。而要实现这一目的,只有全力歼灭美国的航空母舰,才能在太平洋上保障日军的安全。

在美国学习过且当过驻美使馆武官的山本五十六意识到,日本取胜的基本条件是:必须在美国的工业能力发挥作用之前打败它。他在1941年时曾说过:"如果要我去进行不计后果的战争,我可以在头半年或一年之内横行于天下,但对第二年和第三年的战争,我则全然没有信心了。"所以,他想方设法企图速战速决。这恰与尼米兹的冷静和等待形成了对照,或许尼米兹已经预料到对手的心机,而采取"忍耐"的态度。山本五十六一直想乘珍珠港事件之后,在日本海军强于美国之时,诱使美国太平洋舰队进行决战。以山本为首的联合舰队一派主张首先东进,夺取离夏威夷只有1,130海里的中途岛。此方案经日本军令部的折中妥协,演变为齐头并进的两个战略:其一是军令部的计划,以孤立澳大利亚的作战为引信,来导致

< 中途岛海战中，美军舰载机准备起飞。

★中途岛海战

太平洋战争爆发后，日本海军一直寻求与美国海军舰队主力决战。1942年4月18日，美国空军指挥官杜利特尔上校率领的B-25轰炸机从航空母舰上直飞空袭东京，更迫使日本海军决定打垮美国舰队。日军大本营批准了日本联合舰队司令山本五十六关于进攻并占领中途岛和阿留申群岛的作战计划。此时美国太平洋舰队司令尼米兹将军指挥舰队迎击日军。由于美国海军掌握了日本海军的密码，制定最佳迎击日军的方案。6月4日双方展开激战，5日日军战败撤退。此次战役日军受到重创，美国逐步掌握了战争的主动权。

珊瑚海海战，诱使美海军陆战队在瓜达尔卡纳尔岛登陆；其二是山本的打算，用诱歼夏威夷舰队的作战，来导致中途岛海战★。

然而，无论是东进，还是南下，日美之间都在酝酿着一场前所未有的大战。海权论鼻祖马汉的"交通决定战争"的理论，在高度机械化的第二次世界大战中得到了充分验证，美日双方对此都持相同看法。日军为了切断美国与澳大利亚的运输线，发动了猖狂进攻，而美国则千方百计保护这条运输线。美海军舰队总司令金上将在他的太平洋海图上，划了一条由中途岛、萨摩亚、斐济到布里斯班的防线。他曾谆谆告诫尼米兹："你看，就是这条战线，必须不惜一切代价守住。"

一段时间以来，尼米兹一直在探究日军即将发动新攻势的方向，他始终将情报工作的重要性放在首位。

尼米兹到达珍珠港后不久，就视察了海军第十四军区战情组。主管军官约瑟夫·J·罗彻福特少校带领他参观了军区行政大楼狭长而没有窗户的地下室。这里并没有多少东西可看，只有几排桌子和一些文件柜，靠墙放置的一排IBM计算机咔哒咔哒地24小时昼夜运行，还有一些水兵和军官在那里忙碌。罗彻福特介绍说，这个单位是华盛顿海军通讯局通讯保密科代号OP-20-G下属的夏威夷站。OP-20-G在马尼拉湾的科雷吉多尔岛上还有另外一个站,同英国的新加坡站保持合作。尼米兹了解到,OP-20-G及其下属分站主要负责监视敌军无线电通信,分析敌人来往电报情况,探明并跟踪敌人电台,破译敌人电报。

尼米兹对此留下了深刻印象,遇有难解之谜,他首先想到的就是这所夏威夷情报站。从理论上讲,通过对敌军电报的分析,研究日军电台通讯的数量和收报地点,能够预测当面敌军的兵力和方位。日军地面和海上的发报机,为了保密经常变化呼叫台的数码,但分析员很快就能查明它们的位置和运动方向。对专家们来说,经常通过监听报务员按电键的"手法",就可以知道是什么人在发报。

太平洋地区的情报系统,包括一些配有高频测向器的辅助接收站,分布在从阿留申群岛的荷兰港,穿过夏威夷,一直到菲律宾的整个弧形地带。他们不断收听敌军电讯,记录敌军电台位置,直接向夏威夷站作报告。

< 日本联合舰队的旗舰"大和"号战列舰。

夏威夷站专门负责美国人简称为JN25的日本海军作战密码的破译工作。华盛顿、科雷吉多尔岛和新加坡也进行着相同的工作,四个站一直都在共同使用他们收集来的资料。那些已经部分破译的电报,将上报海军作战部长和太平洋舰队司令部,当然也转发给OP-20-G,以及其余各站。太平洋舰队司令部的收报人,是从金梅尔主政时代连任下来的舰队情报官莱顿海军中校。莱顿收到电报后,立即把破译出来的重要内容报告尼米兹或舰队参谋长德雷梅尔将军。其余的则留在尼米兹每天召开的会议上作为情报汇报的内容。莱顿和罗彻福特每天多次用保密电话交换情况,他们从1929年被海军送到日本学习日语和日本的风俗习惯起,就

∧ 美军报务员正在收听日军电讯。

成了朋友。从那时起，他们因工作关系时常在一起。

莱顿对日本海军的部署和动向了如指掌，判断敌情准确，得到尼米兹将军的信任。他向将军解释了为什么夏威夷站在日本袭击珍珠港之前没有提供情报，并不是美国人工作效率不高，而是日本人十分谨慎。当时美国人破译的日军密码电报中根本没有提到这次行动计划。袭击前几个星期，日本航空母舰部队的电台通讯已经销声匿迹，全部舰艇严格保持无线电静默。

1942年4月9日，莱顿除了一些坏消息外，并没有情报来源。科雷吉多尔岛仍在美国人手中，但巴丹半岛已经陷落。日本航空母舰编队仍在印度洋活动。日军袭击了科伦坡的基地后，在海上击沉了两艘英国巡洋舰。各种迹象表明，日军将在4月下旬进攻新几内亚东部，这条消息使尼米兹将军感到特别担心。哈尔西率领以"企业"号为旗舰的第16特混舰队，正外出执行轰炸东京的任务，在月底前是无法赶到新几内亚地区的。

日军即将发动新攻势的消息，也传到金上将耳中，他破例直接与夏威夷站的罗彻福特少校联系，并责令向他本人和尼米兹提供一份详细报告。

罗彻福特查阅了情报资料并同参谋人员商量之后，做出四点答复：第一，日军在印度洋的作战任务已告结束，舰队正回撤国内基地；第二，他们暂无进攻澳大利亚的企图；第三，他们将很快发动攫取新几内亚东部的战斗；第四，他们将在太平洋地区发动更大的战斗，并将动用联合舰队大部分兵力。

尼米兹将军和他的参谋班子在罗彻福特估计的基础上，提出了自己的设想。他们判断，日军为控制新几内亚东部，可能要攫取澳大利亚在珊瑚海的莫尔兹比港基地。因为从那里起飞的轰炸机不仅可以到达新几内亚尾部，而且还可到达日军在拉包尔的基地。

值得一提的是，由于美海军1942年1月成功地从被击沉的日潜艇中打捞到日军密码本，加上神奇的破译能力，使尼米兹在4月17日以前，证实了与自己判断基本吻合的日军南下计划，即占领莫尔兹比港，切断美澳供应线。几乎与此同时，设在澳大利亚的科雷吉多尔无线电情报站发来消息，日军运输船队由轻型航空母舰"祥凤"号护航，由航空母舰"翔鹤"号及"瑞鹤"号作战编队支援，将很快进入珊瑚海。

尼米兹立即断定：日军的主要目标是莫尔兹比港。日军会首先拿下瓜达尔卡纳尔岛北部小岛图拉吉，用作海上飞机的基地。战斗可能在5月3日打响。

∧ 庞大的日本海军舰在太平洋示威。

　　恶战迫在眉睫，尼米兹心急如焚。麦克阿瑟对莫尔兹比港受到威胁也感恐慌。他正计划把莫尔兹比港建成一个重要基地，借以阻止日军进攻澳大利亚，并作为重返菲律宾的出发基地。两位将军一致认为，必须遏制敌军的进攻。

　　尼米兹深感忧虑的原因在于，他手中的兵力十分有限。麦克阿瑟也只有 200 架飞机，飞行员都没有经过海上作战和识别军舰的训练。如果要有效地阻挡日军，必须动用航空母舰上的飞机力量。然而，航空母舰"萨拉托加"号正在美国西海岸整修，"企业"号和"大黄蜂"号载机空袭东京尚未归来，唯一可以调派的是奥布里·菲奇海军少将率领的以"列克星顿"号航空母舰为中心的特混编队。

　　情况紧迫，菲奇奉命开足马力赶赴珊瑚海，并将于5月1日与弗莱彻海军少将指挥的以航空母舰"约克敦"号为中心的另一支特混编队会合。麦克阿瑟的小舰队为弗莱彻派出一支增援部队，其中包括由英皇家海军少将 J·G·克雷斯指挥的"芝加哥"号、"澳大利亚"号和"霍巴特"号重巡洋舰。它们分别从新喀里多尼亚的美海军基地努美阿和澳大利亚火速驶往珊瑚海。5月5日，这些海上兵力合编为美第17特混编队，由弗莱彻海军少将任总指挥，编队摆开决战架势。

　　面临即将来临的危机，尼米兹深感遗憾的是，他手下最得力的干将哈尔西和太平洋舰队4艘航空母舰中的2艘，仍在东京附近游弋，迟迟不能归来。他很担心这2艘航空母舰遭受攻击。所幸的是，哈尔西严格坚持了无线电静默。

日军原本打算在3月份占领莫尔兹比港和图拉吉港，但由于美航空母舰部队进至西南太平洋，而当时日军在这一带海面上势力不足，不得已将作战计划推迟到5月初实施。

4月下旬，一支又一支日本增援部队开进特鲁克军港，南云部队的大型航空母舰"翔鹤"号与"瑞鹤"号以及联合舰队的轻型航空母舰"祥凤"号，被充实到海军中将井上成美指挥的日本第4舰队中去。

5月3日，日军攻击部队出师告捷，顺利占领图拉吉岛。

正当日本人欢庆胜利的时候，美军弗莱彻麾下的40架舰载机从"约克敦"号起飞，于5月4日凌晨，对图拉吉实施两次空袭，击沉日驱逐舰1艘、登陆驳船3艘，另外还击伤5架水上飞机。

海军中将高木确认空袭图拉吉的美航空母舰特混编队就在附近，急令机动部队从所罗门群岛破浪南下。至此，世界海战史上第一次航空母舰之间的拼杀，在珊瑚海海面上拉开了战幕。

>> 告捷珊瑚海

尼米兹在珊瑚海之战迫在眉睫之际，还抽空飞到距珍珠港约1,135海里的中途岛，亲自视察那里的防御工事。他似乎将山本五十六的心机猜得一清二楚，他认为日军在太平洋开始的行动，目标将不是珍珠港而是中途岛。

当弗莱彻用信号报告空袭图拉吉岛的战况时，尼米兹异常兴奋，他认为这是美国对日本进攻企图的一次有利反击，这将有助于推迟日军对中途岛发动的攻势。他向弗莱彻发出热情洋溢的回电，同时责令他们抓紧时机练习打靶，以期在正面交锋时扩大战果。

太平洋舰队司令部的作战图是一幅贴在胶合板上的所罗门群岛—珊瑚海—俾斯麦群岛海图。海图上蒙着一张描图纸，由绘图军官用彩色铅笔标出美国军舰和部队的位置及行动，每天子夜时换一张描图纸。尼米兹不时离开自己电话不断的办公室，到作战室查看战情变化。

5月6日，两支敌对的航空母舰编队都在雨雾低垂的海面上搜寻对方。日美双方都在期待抢先发现对方，以便提早展开攻势。

上午11时左右，几个盟军电台同时收到拉包尔电台发出的日机发现美第17特混舰队的消息。太平洋舰队司令部一阵紧张，尼米兹估计日军"翔鹤"号和"瑞鹤"号，可能提前向第17舰队发起进攻。但是，日本的航空母舰编队没有收到搜索机的观察报告，也没有收到拉包尔电台转发的情况报告，从而使日军失去了一次难得的袭击美军的机会。

同一天，美国放弃马尼拉湾的科雷吉多尔岛，整个菲律宾群岛陷入日军之手。乔纳森·M·温赖特中将被迫向日军投降。

★"祥凤"轻型号航空母舰

日本于1939年9月8日开始将辅助舰船改装成"祥凤"号航空母舰，1941年12月22日竣工。该舰标准排水量11,200吨，舰长205.5米，宽18米，吃水6.64米。动力装置2台蒸汽轮机，4座锅炉，输出功率52,000马力，双螺旋桨推进，航速每小时28海里，舰载武器装备：双联装127毫米高平两用炮4座，3联装25毫米高射机关炮4座。该舰可载作战飞机约30架。第二次世界大战时期，"祥凤"号曾在太平洋上往来作战，后在珊瑚海海战中被美国舰载机击沉。

　　5月7日黎明，美"约克敦"号派出侦察机加紧对日舰队的搜索。8时40分左右，美侦察机在米西马岛以北50海里处发现日本机动部队，其中包括1艘航空母舰和4艘巡洋舰，距离美舰180海里。同时，美陆基侦察机也送来情报："在珊瑚海北部发现许多敌舰，正向莫尔兹比港航行。"这支部队正是包括"祥凤"号轻型航空母舰★在内的日军掩护部队和攻击部队。

　　弗莱彻大喜过望，他认为一种梦寐以求的态势显然正在形成。这是美特混编队在太平洋战争中第一次在海面上发现日本航空母舰。更为有利的是，在此之前，日军飞行员误将美油船"尼奥肖"号和驱逐舰"西姆斯"号当作航空母舰和巡洋舰。"翔鹤"号和"瑞鹤"号正远在东面对其狂轰滥炸。这样，弗莱彻可以不受牵制地袭击敌方进攻部队，他决定利用这一战机，痛歼日舰。

　　太平洋舰队司令部的尼米兹，已经几个小时没有收到弗莱彻的任何消息了。他在给金上将的电报中表达了自己的不安，同时断定弗莱彻和菲奇将于今日对日军进行攻击。

　　事实正是如此，上午10时，24架鱼雷机、36架轰炸机从"列克星顿"号和"约克敦"号航空母舰上腾空而起，在16架战斗机掩护下，向日舰队扑去。此时，日舰编队排成环形队形正驶向珊瑚岛，日轻型航空母舰"祥凤"号位于编队中央。美军俯冲轰炸机编队毫不间断地对日舰发动攻击，短短数分钟内，"祥凤"号被命中13颗炸弹和7条鱼雷，15分钟以后，"祥凤"号像石头一般沉入海底。

　　飞行中队长罗伯特·狄克逊少校从现场向弗莱彻发回一份欣喜若狂的电报："除掉了一艘航空母舰！狄克逊袭击了航空母舰，除掉了一艘航空母舰！"

< 日军轻型航母"祥凤"号被美军击沉。

> 菲律宾科雷吉多尔岛上的美军向日军投降。

　　盟军的所有监听台都没有听到狄克逊在报话机里的声音,尼米兹只得焦急地等待弗莱彻发回的消息。

　　弗莱彻的电文报告了日轻型航空母舰"祥凤"号被击沉的事实。尼米兹的脸上没有露出笑容,他提醒弗莱彻密切注意日军大型航空母舰"翔鹤"号和"瑞鹤"号的动向,因为两舰仍在珊瑚海的海面上游弋,随时可能攻击他的第17特混舰队。

　　尼米兹的提醒不无道理,但是几乎在弗莱彻编队袭击"祥凤"号的同时,"翔鹤"号和"瑞鹤"号正忙于袭击误认为航空母舰的"尼奥肖"号油轮和"西姆斯"号驱逐舰,而忽视了正在附近的美航空母舰,当日侦察机发现美特混舰队的确切位置时,时间已经来不及了。否则,弗莱彻编队将遭受敌特混舰队的首次打击。

　　日方朝"尼奥肖"号后部分3批连续俯冲投弹。几分钟后,油船连中7颗炸弹和数枚鱼雷,舰上燃起大火,一些水兵弃船而逃,但"尼奥肖"号并未立即沉没。几天以后,"亨利"号驱逐舰救出了船上的100多名船员,并奉命用鱼雷将油船击沉。"西姆斯"号驱逐舰连遭日机3次攻击,终于连中3枚500磅的炸弹,数分钟后大部分舰员和军舰一起葬身海底。日方在这次袭击中仅损失了6架战机。

　　傍晚时分,海军中将南云忠一挑选部分受过夜战训练的飞行员,派27架轰炸机和鱼雷机试图冲击美特混舰队。日战机与美航空母舰"列克星顿"号上的战斗巡逻机在空中相遇,双方进行了一场拼杀。结果日机落荒而逃。

　　夜色苍茫之中,有6架日机迷失了方向,竟把"列克星顿"号误作自己的航空母舰而试图在甲板上着陆,遭到美舰对空炮火袭击之后,才如梦初醒般逃之夭夭。

这时，"列克星顿"号的雷达发现日机在东南30海里处绕了一圈以后，便一架架从荧光屏上消失。见此情景，美方有关人员立即判断：日航空母舰就在离东南30海里处。弗莱彻海军少将不相信这个判断，决定向南行驶，听任日舰队北驰，错过了这一攻击时机。至此，日美两军在珊瑚海区域内活动已达两日之久，而且有两次接近到100海里以内，但未直接交火。5月7日晚，双方指挥官都感到敌人迫在眼前，种种迹象表明，第二天必将进行决战。夜间，弗莱彻指挥编队首先向南，而后向西进行规避；与此同时，日方高木部队则向北航行。对双方指挥官而言，胜负取决于8日晨谁能先于敌人查明对方的位置。双方都在凌晨派出侦察机进行搜索。8时刚过，双方侦察机几乎同时发现了对方。

5月8日的交火是一场势均力敌、旗鼓相当的较量：双方各有2艘大型快速航空母舰；美方菲奇将军有飞机121架，日方南云忠一有122架；美军在轰炸机方面占优势，日军则在战斗机和鱼雷机方面领先；护航舰只也不相上下，日方有4艘重型巡洋舰和6艘驱逐舰，美方有5艘重型巡洋舰和7艘驱逐舰。

这次海战实际上是双方航空母舰编队同时发起的一场战斗。

9时至9时25分，美航空母舰的突击机群出击。从"约克敦"号航空母舰和从"列克星顿"号起飞的81架战机分成5个编队，风驰电掣般冲向敌阵。几乎同时，日舰队也派出70架飞机，向美特混舰队扑来。

在珍珠港的太平洋舰队司令部内，5月8日这一天已经几个小时没有收到珊瑚海上的任何消息了。大约10时左右，尼米兹才终于获悉一份弗莱彻拍发给麦克阿瑟的求援电报。尼米兹由此断定：双方特混舰队已经彼此发现对方，两军相隔仅为170海里，航空母舰之战一触即发。弗莱彻请求麦克阿瑟派陆基飞机参战。但尼米兹认为，陆军轰炸机正在袭击向拉包尔撤退的日军攻击部队，参战可能性极小。

10时30分，美俯冲轰炸机群发现日本航空母舰。"翔鹤"号和"瑞鹤"号已疏散开来，相距8～10海里，并有警戒舰只护航。就在美飞行员借助云层掩护等待鱼雷机到来的时候，"瑞鹤"号已抽身向西，隐匿于暴风雨海域之中。于是，"翔鹤"号成了美机的唯一攻击目标。

第5鱼雷攻击队的鱼雷机和轰炸机协同作战，在"野猫"式战斗机掩护下猛扑"翔鹤"号。美鱼雷航速较慢，未中一雷，只有俯冲轰炸发挥了效用，一弹击中舰首，另一弹则击中舰尾部。"列克星顿"号的突击机群比"约克敦"号晚出动10分钟，其中有22架俯冲轰炸机未能发现目标，只有11架鱼雷机和4架侦察机发现了日军。美军的鱼雷仍然一发未中，轰炸机投下的一枚炸弹再次命中"翔鹤"号。"翔鹤"号连遭攻击，伤势甚重，丧失了作战能力。飞行甲板损坏，已无法收容飞机，下午1时，该舰带伤返航，在归途中险些沉没。临近中午，尼米兹收到弗莱彻的初步报告："第一次攻击已告结束，我方无大损失。第17特混舰队击中敌人的一艘航空母舰。"

　　就在美机对日舰攻击完毕后数分钟，从"瑞鹤"号、"翔鹤"号起飞的70架轰炸机也发动了对美军的袭击。美军的两艘航空母舰，同在一个环形警戒序列之中。规避动作使两舰距离拉大，警戒舰只也随之一分为二，削弱了警戒，这显然对日军有利。

　　下午，尼米兹收到一系列电报。弗莱彻报告说："'约克敦'号被一枚炸弹击中，穿透两层甲板，但战斗力并未受到削弱。'列克星顿'号在敌鱼雷机同时从舰首两舷夹击下，受伤较重。"在另一份电报中，弗莱彻报告说："至少有4次，也许更多次击中了敌航空母舰，至少有3颗1,000磅炸弹命中目标，敌舰燃烧得很厉害。"弗莱彻还建议，尽可能把"列克星顿"号上的飞机转移到"约克敦"号上，并让"列克星顿"号撤至珍珠港。

　　尼米兹紧绷的脸上终于露出一丝笑容，他给弗莱彻发了一份电报，并抄报金上将。他认为战果也许能够更好，但作为首战，有此战绩已属不易。电报内容充满激励之辞："祝贺你们近两天来取得的辉煌胜利，你们保持了海军的优良传统，发扬敢打敢拼的战斗精神，受到整个太平洋舰队的称赞，这是我们共同的骄傲。祝你和你的部下一切顺利。"

　　傍晚，尼米兹回到他独居的静谧的住宅里，躺在沙发上舒心地出了一口气。几天来，他似乎忘记了自己身在何处，满脑子是飞机的嗡鸣声和战舰劈波斩浪的图景。现在，他终于可以微闭双眼，静听不远处潮汐富有韵律的起伏声了。

然而，直到后来，尼米兹和他的参谋部才惊悉，8日12时48分，由于发电机爆出的火花进到从破裂油管里漏出的汽油上，"列克星顿"号航空母舰发生爆炸。此时，该舰仍在继续收容飞机。但到14时45分，又发生了更严重的爆炸，火势迅速蔓延而无法控制，只得发出呼救信号。虽然"约克敦"号收容了在空中的"列克星顿"号的飞机，却未来得及转移已经降落在该舰上的飞机。舰上烈火熊熊，舰体剧烈震动。由于重磅炸弹和鱼雷的爆炸，甲板上整架的飞机和大块的钢铁构件飞上几十米的高空，巨大的火柱夹着浓烟直冲云霄。全体舰员奉命离舰。弗莱彻命令驱逐舰向熊熊燃烧的"列克星顿"号发射了5枚鱼雷，使该舰于当晚20时消失在滚滚的波涛之中。

　　太平洋舰队司令部的欢悦气氛霎时间蒙上了一层阴影。尼米兹在办公室的狭小空间里来

∨ 1942年5月8日，美航母"列克星顿"号被日军击中，舰员们纷纷撤离。

回走动，口中喃喃自语："'列克星顿'号是不该丢的！"很快，他觉察到周围助手们阴郁的情绪，于是改变了语气："记住这一点，我们还不很清楚日军受损的情况。他们显然付出了沉重的代价，他们绝对不会称心如意的。"

这是一场历史上从未有过的海战，双方舰队都是在双方视距之外进行交战的。从战术上看，珊瑚海海战可以说是日军略胜一筹。虽然日军飞机和伤亡人数多于美国，但他们以损失1.2万吨"祥凤"号和在图拉吉岛外围被击沉几艘小舰的较小代价，换取了击沉"尼奥肖"号、"西姆斯"号和3.3万吨大型航空母舰"列克星顿"号的胜利。然而从战略上看，则是美国赢得了胜利。开战以来，日军的武力扩张第一次遭到遏制，进攻莫尔兹比港的作战计划只得向后推迟。更为重要的是，被击伤的"翔鹤"号航空母舰需要修理，损伤惨重的"瑞鹤"号需要重建，大大削弱了日方在即将到来的中途岛海战中的实力。珊瑚海海战是太平洋战场上战局发生逆转，进入战略相持阶段的标志。

尼米兹曾打算让弗莱彻舰队留在珊瑚海，因为哈尔西正在迅速赶往珊瑚海，可以把"约克敦"号及护卫舰并入第16特混舰队，以寻找新的战机。但是，他最终放弃了这一想法。他那富有战略素养的目光已经投向了即将展开的中太平洋遭遇战。于是，他命令"约克敦"号必须尽快得到修缮，以便以较完整的阵容投入新的决战。同时，尼米兹命令潜艇部队对受伤返航的日航空母舰发动袭击，又向普吉特海峡海军船厂发报，敦促他们加速修复"萨拉托加"号，以备急需。

5月10日，日军采取了一次军事示威行动，意在挽回珊瑚海之战中丢失的面子，他们派一支部队占领了大洋岛和瑙鲁岛这两个岛屿。尼米兹了解到这一情况后，将计就计，电令哈尔西赶赴东所罗门群岛500海里内的海域，目的是使从图拉吉岛派出的日军搜索机务必能看到"大黄蜂"号和"企业"号。日军果然上当，发现两艘美国航空母舰后，急忙撤走了抢占大洋岛和瑙鲁岛的部队。尼米兹为了使日军认为太平洋舰队的所有航空母舰都已抵达南太平洋，又让哈尔西把他的特混舰队向敌人摆开阵势，迫使日军在南太平洋海域排兵布阵，牵制其北上进攻的兵力。

尼米兹为了迷惑敌人，用最笼统的措辞发布了珊瑚海战斗的消息。直到中途岛海战之后才公布了少许细节和"列克星顿"号的损失。然而，人们开始觉察到这次战役使日军的攻势遭到挫折，已经极大地改善了盟国在太平洋的军事地位，日美双方在表面的平静中酝酿着新的攻势。

>> 检索……相关事件

日本海军节

日本帝国主义军队在创造初期并没有海陆军之分，1872年5月海军从陆军中分离出来，但没有海军节。日俄战争爆发后，日本政府为抬高日本海军在国民心目中的地位，向日本国民，尤其是日本青年灌输军国主义思想，于是把每年的5月27日定为日本海军节，以纪念日本海军联合舰队在东乡平八郎指挥下于1905年5月27日击败俄军"第二远东舰队"的战绩。从此，每年5月27日，日本海军都举行活动，以纪念日本的海军节。

01

> 斐迪南大公赴萨拉热窝
访问时下车散步。

第一次世界大战

奥匈帝国王储斐迪南大公在塞尔维亚遇刺成为第一次世界大战的导火索。1914年7月28日，奥匈帝国对塞尔维亚宣战。德、俄、法、英等国，也相继投入战争。战争很快就超出欧洲范围。有30多个国家和地区，约15亿人口卷入战乱。战场上伤亡人数达3,000多万，造成巨大的经济损失。战争带给人类空前的灾难。1918年战争以同盟国的德、奥等国战败而结束。它是资本主义国家为了重新瓜分世界、争夺殖民地、奴役其他民族而进行的帝国主义战争。

日俄战争

19世纪末20世纪初，日本和俄国先后进入了帝国主义时期。为争夺殖民地和势力范围，日俄两国大力扩军备战，积极推行向外扩张的政策。当时，中国是各帝国主义列强掠夺瓜分的主要对象之一。1900年沙皇俄国借镇压义和团之机出兵侵占中国东北全境，引起日、英、美等国的不满。而日本经过10年备战，实力大增，1902年缔结"英日同盟"，日本决心在中国东北地区卷土重来，建立霸权。1904年2月8日，日军偷袭旅顺，日俄战争爆发。

震惊中外的"九一八"事变

1931 年，日本军部秘密制订了有关侵略我国东北的计划，1931 年 9 月 18 日晚，驻扎在我国东北的日本关东军按照精心策划的阴谋，由铁道"守备队"炸毁了沈阳柳条湖附近的"南满铁路"路轨，并嫁祸于中国军队。日本帝国主义对沈阳北大营的中国驻军发动武装进攻，接着对我国东北地区进行大规模武装侵略。这就是震惊中外的"九一八"事变。揭开了对中国、进而对亚洲及太平洋地区进行全面武装侵略的序幕。

< "九一八"事变爆发后，日军攻占了沈阳北大营中国军队军营。
> 日军空袭马尼拉的美军空军基地。

美国国务院谴责日本侵华声明

1937 年 10 月 6 日，美国国务院就日本发动侵华战争发表正式声明。在声明中，美国国务院代表美国政府对日本入侵中国华北并肆意扩大侵华战争表示谴责，指出日本的行为已经严重违反了 1921 年《九国公约》和 1928 年《白里安 - 凯洛格公约》。声明还敦促日本立即放弃侵略扩张计划。美国国务院的这一声明，表明美国远东政策发生了重大变化。

日本空军突袭菲律宾

1941 年 12 月 8 日，太平洋战争爆发。当地时间凌晨 3 时，驻菲律宾美国空军的 200 余架飞机得到警报后，曾一度升空戒备，后又降落休息。由于警惕不高，日本空军 500 架飞机利用这一时机于中午 12 时 35 分突然袭击菲律宾马尼拉的克拉克机场和伊巴机场，击毁美军飞机 100 架。日本空军突袭驻菲律宾美国空军的战斗，使日军在菲律宾的空中优势得到加强，对以后攻占菲律宾各岛的战斗产生了重要的影响。

retrieval

03

抗日民族统一战线的形成

1935 年 12 月,中国共产党在陕北瓦窑堡召开会议,确定建立抗日民族统一战线的方针。派往陕北进攻红军的东北军将领张学良和西北军将领杨虎城,接受了中国共产党"停止内战,一致抗日"的主张。1936年西安事变发生后,中国共产党和平解决了西安事变,蒋介石被迫接受停止内战,共同抗日的条件。西安事变的和平解决,成为扭转时局的关键,标志着十年内战局面的基本结束,抗日民族统一战线的初步形成。

马绍尔群岛的争夺

马绍尔群岛是中太平洋的岛屿,是密克罗尼西亚最东端的岛群,包括两个并列的群岛,为盖在火山基底上的珊瑚礁(约 1.6 公里厚),陆地总面积181平方公里。岛上经济以农业和种植业为主。1886年被西班牙占领。1898年美西战争后被转卖给德国。1914年被日本占领,后修建了一系列的军事设施,成为日本军事据点。1944年1月起,美军对马绍尔群岛发动强大攻势,很快占领了该岛,以后,马绍尔群岛归在塞班岛的美国高级专员管辖。

"皇家橡树"号战列舰被击沉

1939 年 10 月 14 日,德国海军潜艇 U-47 号暗中穿过英国海军的防潜线,进入英国重要海军基地斯卡帕弗罗港,用鱼雷击沉了停泊在港内的英国皇家海军战列舰"皇家橡树"号。混乱中,该舰上有786名官兵死亡。这是第二次世界大战爆发以来,德国海军首次击沉英国海军的大型舰只。该事件使英国大为吃惊。

04

突袭珍珠港内幕

1941年1月7日，日本海军联合舰队司令山本五十六致信日本海军大臣及川古志郎，在信中山本五十六首次提出突袭珍珠港的设想，主张在日美开战之初，应该乘美国海军力量尚未动员之机，首先突袭珍珠港，击溃美国太平洋舰队的主力，来保证日本"南进"战略的实施。日本大本营海军部经过反复论证，采纳了山本五十六的这一战略设想。日本妄想通过袭击珍珠港迫使美国政府求和。1941年12月8日美国正式宣布对日作战。

日军发动太平洋战争的作战布置

1941年11月5日，日本决定如果日美谈判达不成协议，将于12月初发动太平洋战争。至11月底已全面完成作战布置。袭击珍珠港的日本联合舰队机动部队自11月26日启程南下后，先遣部队已到离瓦胡岛仅300海里的海区；进攻关岛、威克岛和拉包尔的第4舰队已经在特鲁克岛和塞班岛展开；掩护支援在菲律宾、马来亚登陆的第2、第3舰队及南遣舰队等，在帕劳群岛和占领的中国部分港口集结待命。

< 日军海上舰艇编队。

丘吉尔在美国参议院演说

1941年12月26日，英国首相丘吉尔在美国参议院非正式会议上发表演说。丘吉尔在美国参议院演说中赞扬了民主制度，尖锐地批判了法西斯独裁统治，对苏联军队抵抗德国侵略者的斗争表示了赞赏。他坚信，盟军必将战胜法西斯军队，丘吉尔的此次演说受到美国参议员们的热烈欢迎。演说结束后，听众鼓掌达数分钟之久。丘吉尔的这次演说对坚决反抗法西斯野蛮侵略的民众是一个鼓舞。

第五章

中途岛布阵歼敌

1885-1966 尼米兹

虽然在战场上尼米兹与山本五十六是你死我活的对手，但尼米兹对山本五十六超人的胆识和勇气还是有颇多赞赏的，这是一种情结。尼米兹喜欢山本五十六这样强大的对手，这可以唤起他真正决斗的勇气。他面对挑战从不畏怯，总是充满必胜的信心⋯⋯

∧ 在中途岛上驻守的美军。

>> 扼敌先机

尼米兹1942年5月上旬的中途岛之行，是他在研究海图产生某种预感后做出的决定。情报官员罗彻福特少校的估计与尼米兹的预感基本吻合，他认为日军在太平洋发动攻势，必将攫取或者绕过首当其冲的美军据点中途岛。但种种迹象表明，不可一世的日军是不会视中途岛而不顾的。因此，尼米兹尽管公务繁忙，且面临珊瑚海即将开战的紧要关头，还是决定忙里抽空对中途岛工事做一番视察。

5月2日，尼米兹及其参谋人员仔细视察了中途岛的两个小岛——东岛和圣德岛上的全部防御工事。他匍匐着走进炮兵掩体和地下指挥所，检查了飞机库和通信设施的操作情况，尤其检查了中途岛和珍珠港之间的海底电缆系统。这是一条旧的太平洋海底线路，依靠这条线路能够直接用英语联系，而不致受静电干扰或被敌人侦听、破译。

尼米兹要求岛上官兵采取紧急措施，火速加强该岛防卫。当视察结束后，数千米的铁丝网、成千吨的弹药、几万只沙袋迅速运抵该岛。防空炮群遍地林立，守备部队已达2,000余人。此外，PT鱼雷快艇不分昼夜地在沿海区域里巡逻并执行夜袭任务。20艘潜艇在离中途岛100海里、150海里和200海里的地方布置了三条弧形潜艇巡逻线。为了加强空防力量，大批飞机陆续在该岛着陆，使岛上飞机猛增至120架。

尼米兹对视察的情况很满意，尤其对岛上指挥官西里尔·赛马德海军中校和地面部队司令、美国海军陆战队哈罗德·香农中校之间的密切配合感到高兴。在结束视察时，他问他们，面对来自海上敌人的强大攻势，为保卫中途岛还需要一些什么。对问题做了许多考虑的香农提出了一连串的要求。

"是不是解决了你需要的这些东西，你们就能守住中途岛，打退敌人强大的海陆进攻？"尼米兹说。

"是的，先生。"香农回答说。

尼米兹笑了，而且显得很轻松。他要香农把他提出的要求一一写下来，并把他或赛马德认为确保中途岛所需要的其他储备物资和补充兵员都写上。第二天早晨，他和他的参谋人员飞返珍珠港。他就是常常以这种不声张的方式提高了岛上守卫部队的警惕性，增强了他们守岛的信心。

5月的第二个星期，据无线电电讯分析，大批日本军舰只正在本国海域和马里亚纳群岛集结。罗彻福特及其助手认为，日军确有攻占中途岛的企图。尼米兹同意这一分析，但认为也不能排除其他可能。

如何确定日军的行动目标呢？这是一个需要煞费苦心研究探讨的问题。尼米兹决定利用情报信息来解决这一难题，他极端重视情报的价值，认为通过情报来分析和推断问题是一种理智的、科学的决策方法。他对于具有专长的情报官员也一向格外重视和积极扶持，罗彻福特海军少校是在整个太平洋战争期间与尼米兹有着非同寻常交往和接触的情报官员之一。每逢重大决策，尼米兹都要求罗彻福特从情报分析的角度提供具体方案。

罗彻福特身材高大，是一位机警灵活的情报专家。他带领24名经过严格训练的情报人员，待在珍珠港一个阴暗的加了双锁的地下室里，整日埋头于堆积如山的文件和电报之中。1942年4月和5月期间，日本联合舰队异常频繁而神秘的电报，立即引起了罗彻福特的高度警觉，也引起了尼米兹的极大关注。美太平洋舰队已经饱受珍珠港空袭之苦，无论如何不能放过任何危险的信号。尼米兹清楚，美国再也经受不起另一次打击了。

尼米兹急令罗彻福特查清日方的无线电通信中不断出现的"AF"字母代号的含义。罗彻福特是个密码分析的专家，他能够准确无误地译出日本海军作战的"JN25密码"。这套密码包含4,500个五码一组的电码，代表复杂的字词和短语。对任何破译者而言，破译的关键是从不规则的电码组中译出同样多的数字，进行编组并对照电码本译出。这绝不是一般人能够完成的。

罗彻福特凭着情报专家的经验和敏锐的感觉，认为"AF"可能是中途岛的密码代号。长期以来，夏威夷情报站注意到，日军通常以A字起头的字母组合标出美军在中太平洋海区的部署。他们曾以AH代表1941年12月7日日军袭击的地点，以AG代表1942年初从马绍尔群岛起飞，中途在弗伦奇·弗里格特浅滩潜水艇上加油的水上飞机。这些轰炸机接到通知，要避开来自AF的空中搜索。据此，罗彻福特推断"AF"只能是中途岛及其附近地区的代号。

虽然罗彻福特相信自己的推断是正确的，但这种推断很难使各执一词的决策人士信服。并且这个情报研判事关重大，关系太平洋司令部的战略计划和作战部署，决不能出现差错。于是，罗彻福特想出一个"兵不厌诈"的巧计，进一步证实自己的判断。

5月10日，罗彻福特来到太平洋舰队司令部，与尼米兹的情报参谋莱顿进行了商谈。决定让中途岛用明码电报向珍珠港发出电文，谎称岛上的净水设备坏了，岛上再没有其他水源，这是一个严重的问题。尼米兹采纳了这个建议，通过海底电缆发出了指令。于是，中途岛发出一份假情报，以此观察日军无线电情报通信系统的反应。两天后，夏威夷情报站破译了一份日军向总部发出的报告，声称："AF"很可能缺乏淡水。

一切立时真相大白了。"AF"就是中途岛的代号。罗彻福特小组以此为突破口，顺藤摸瓜，一下子破译了反映日方舰队作战计划的所有通信。尼米兹领导的作战室不仅清楚地掌握了日军计划夺取中途岛的战略企图，而且还查明了参战的兵力、数量、进攻路线以及大致上的作战时间。

日军对此浑然不知，还在一味幻想重现偷袭珍珠港的奇迹。5月25日，中途岛战役基本准备就绪，山本五十六★和部下齐聚旗舰"大和"号，共祝未来的胜利。

然而，山本这回的如意算盘打错了，他的对手已变成了不动声色而异常精明的尼米兹。

★山本五十六（1884 — 1943）

日本海军元帅。早年参加过日俄战争。1911年毕业于海军大学，曾被派往美国研究军事，并进入海军参谋学院学习，历任海军大学教官、海军航空兵教导队长、驻美使馆海军武官等职。1936年任海军省次官，参与侵略扩张政策的制定。七七事变后，命令航空兵轰炸上海，血洗南京。1939年，任联合舰队司令官，一方面指挥海军舰队侵华作战，另一方面主张对东南亚及太平洋作战，参与指挥了袭击美国珍珠港。1940年被授予海军大将军衔。1943年乘飞机巡视时行动密电被美国破译，飞行中被美空军截击，座机中弹，机毁人亡。

夏威夷情报站的情报使尼米兹如获至宝，他可以紧迫而又心中有数地排兵布阵了。显然，对于两个实力相当的棋手而言，若一方能够看透另一方的棋步，他的胜率就会很高。

尼米兹首先加强对现有三军部队的领导，他向埃蒙斯将军通报了他的计划，然后下令部队进入"战前进攻"状态。这样，尼米兹把夏威夷地区除陆军以外的所有部队都纳入了自己的指挥之下。埃蒙斯所辖的第7航空队的大部分轰炸机也被派往中途岛。

埃蒙斯对此深为不满，他的职责是保卫夏威夷，他必须从他的角度考虑问题。他抱怨尼米兹的计划只是从推测出发，并且忽略了敌人进攻瓦胡岛的可能性。

太平洋舰队司令部的参谋们对埃蒙斯的局部观念大为恼怒，而尼米兹却处之泰然，他提醒参谋们接受这个有益的告诫。

其实，作为太平洋舰队统帅的尼米兹心中也自有隐情。他手中用于排兵布阵的力量实在有限，不可能再分散以应付日军各种可能的进攻。据情报估计，日军将有10艘航空母舰倾巢出动，而美国仅有"企业"号和"大黄蜂"号可以使用，而且尚在珊瑚海，正奉令急速返回。"列克星顿"号已经沉入海藻丛生的热带海底；"约克敦"号遭重创，修整后才能投入战斗。"萨拉托加"号于1月11日在瓦胡岛南西500海里处被潜艇击伤，尽管已经修复，但远在圣地亚哥，难以如期抵达中太平洋。捉襟见肘的尼米兹甚至提出借船的主张，希望能够借用驻防印度洋的3艘英国航空母舰中的1艘。借条打到英国海军部，四面楚歌的英国人担心日军随时可能在印度洋发动攻势，以彬彬有礼的绅士方式婉转地拒绝了尼米兹的要求。他们的答复是：1艘也不能借，英国需要在印度洋保卫大英帝国的安全。

5月27日，"约克敦"号航空母舰拖着伤残之躯，在黑云压城、战局变幻的时刻驶抵珍珠港。但是它并非雪中送炭，菲奇将军估计修复这只千疮百孔的母舰起码需要3个月时间。熬红眼睛的尼米兹斩钉截铁般地向维修部门下达命令："想尽一切办法，限定3天内修好！"

> 在"大和"号作战室里的山本五十六。

∧ 在珍珠港内抢修的"约克敦"号航母。

　　几乎在"约克敦"号抵达珍珠港的同时，载满工人的平底船即向它靠近，舰上的缆绳尚未系好，舰面就响起了一片敲打之声。

　　整个珍珠港的美军都行动起来了，不论是海军工厂的工人，还是航空母舰的舰员，都投入了争分夺秒的抢修工作。尼米兹上将有时也穿着齐腰的长裤靴在船坞里现场指挥。奇迹在一种从未有过的上下一致的协作精神下产生了，仅仅1天时间，"约克敦"号神奇地康复了。在匆匆加油之后，重返第17特混舰队。

　　罗彻福特估计，日军将在6月上旬进攻中途岛及阿留申群岛，但确切日期不详。罗彻福特解释说，由于日军按惯例已经更换了战时密码，破译人员需要几个星期的时间，在附加的数码组重复使用之后才能识破密码的内容，因而在战斗开始前不再可能通过破译获得更多情报了。

　　太平洋舰队司令部的部分军官对情报仍持怀疑态度。他们指出，日军为什么要派整整一支联合舰队，来进攻中太平洋上一个小小的珊瑚岛和阿留申群岛中几个没用的小岛呢？这会不会是用来迷惑美国人的假电报？因为这样的头等机密通常是不用电报的。尼米兹分析指出，日军为了对付美军的抵抗，是会动用大量兵力的。他们的主要目的可能是将处于劣势的美国太平洋舰队引出来，以便加以歼灭。用电报发送作战计划，

109

这说明山本五十六的作战日程非常紧迫，除用电报以外，别无他法。

尽管如此解释，尼米兹心中仍然忐忑不安。他手中缺乏更为准确的情报，只好以现有情报准确无误为前提拟定作战方案。他命令莱顿把从电台以及其他情报来源获得的所有数字，进行细致核对，尽可能准确地预测出战斗打响的时间。

当尼米兹在他密不透风的办公室里召见莱顿的时候，谨小慎微的莱顿已经连续三个月通宵达旦地查阅情报材料，并仔细研究了太平洋近期的风向、气象和洋流情况。

尼米兹请他坐下，免去了往日常有的那些客套，开门见山地要求他提供一些肯定的情报和细节。

"我现在很难谈得具体。"莱顿声调轻微，目光游移。

"我要你具体地谈。"尼米兹的语气不容置疑，"无论如何，这是你的任务。你现在必须站在日军将领的角度，告诉我，他们的作战计划。"

"好，将军。"莱顿终于鼓足了勇气，声音也显得明确而自信，"我曾经报告过你，敌军将在6月3日进攻阿留申群岛，而航空母舰部队可能在6月4日早晨进攻中途岛。现在我们具体谈谈6月4日这一天的情况。敌军将从西北方向发起进攻，在方位325度，距离中途岛约175海里的地方即可发现敌军，时间约在中途岛时间早晨6点钟。"

出乎尼米兹预料的是，莱顿所谈的内容比他想象的更为具体。尼米兹清楚，莱顿是一个稳重求实的人，若无确切把握，他是不会脱口而出的。

尼米兹上下打量了一番莱顿，像是表达赞许，又像是若有所思。末了，他要求莱顿把情况下发中途岛守岛部队，并通报作战室标图官。目送莱顿快步离去的身影，尼米兹的脸上露出一丝不易觉察的微笑。一个富有见识的作战方案已经在他脑海中初具雏形。

他认为，在浩浩荡荡的进攻中途岛的山本舰队中，最具威胁的部分是南云率领的航空母舰第1突击编队中的4艘航空母舰。只有这些航空母舰才具有摧毁中途岛陆、空防御体系的实力；也只有这些舰只，才能为舰队的其他舰只提供足够的空中保护。因此，要想遏止日军对中途岛发动的攻势，必须齐心合力歼灭南云航空母舰编队。

尼米兹决定把手中的两支王牌编队——由哈尔西指挥的第16特混编队和弗莱彻指挥的第17特混编队凝成一股力量，共同驶往中途岛东北海面列阵埋伏，寻机从翼侧对毫无警觉的日本舰队实施突袭。

5月26日拂晓，哈尔西指挥的第16特混舰队的舰艇在珍珠港西南方向的海平线上隐隐出现，渐渐地越来越清晰，随后在飞溅的白色浪花中很快塞满了珍珠港。

哈尔西上将乘坐小汽艇在潜艇码头靠岸，大步流星地来到太平洋舰队司令部。他面带微笑，但无法掩盖憔悴的面容，身体明显消瘦了许多，这使尼米兹深感意外。哈尔西患了皮炎，病情越来越重，使他夜里无法安眠入睡，白天也心神不安。医生说哈尔西将军染上这病的主要原因是精神过度紧张所致。哈尔西除了在港口做短暂停留外，六个月来一直在漂流、作战。

<美海军著名将领斯普鲁恩斯。

　　哈尔西是那种渴望迎接激烈挑战的人，希望在即将来临的现代海战中再展雄风。可是，严重的皮肤病使得他不得不住院治疗。此时，他已深知自己将无法承担重任了，殷切推荐巡洋舰指挥官斯普鲁恩斯少将接替他。但尼米兹没有马上同意，只答应让斯普鲁恩斯暂时负责哈尔西的第16特混舰队"企业"号、"大黄蜂"号作战编队的指挥。

　　对尼米兹而言，在危机到来的前夕，失去一位最有进取精神和最有作战经验的航空母舰指挥官，确是一个沉重的打击。但他同时承认，斯普鲁恩斯也是杰出的人才，是出色的组织者和战略家。从某种意义而言，斯普鲁恩斯是那种能够在压力面前冷静思考的人，在美军实力有限而形势又相当危急的情况下，由他接替勇猛冲动的哈尔西也许更为稳妥一些。但是很久以来，尼米兹已经为斯普鲁恩斯物色好一个更合适的职位，那就是出任太平洋舰队的参谋长。

　　斯普鲁恩斯接到非正式的命令后，立即来太平洋舰队司令部报到。尼米兹证实了人们的传闻：斯普鲁恩斯依靠哈尔西有经验的参谋部，确实要带领第16特混舰队出海。尼米兹再次通知斯普鲁恩斯，他在海上的指挥任务是暂时性的，打完这一仗后，他将去接替德雷梅尔将军。

　　5月27日，尼米兹召集高级将领开会。斯普鲁恩斯将军、埃蒙斯将军以及马歇尔将军的非正式代表罗伯特·C·理查森中将都出席了会议。会后，尼米兹一行视察了"企业"号，并在那里给3名飞行员授勋。他在给1名中尉佩带优异飞行十字勋章时说："我想在未来的几天内，你将有机会获得另一枚勋章。"

尼米兹刚刚回到办公室，弗莱彻在他的巡洋舰指挥官威廉·沃德·史密斯少将陪同下，前来汇报工作。弗莱彻一贯体态端正、风度优雅，这时却多少显得有些疲惫。

"感觉怎么样？"尼米兹问。

"相当累。"弗莱彻露出一丝倦容。

尼米兹点点头，缓缓地说："通常在海上执行如此长时间的战斗任务后，应该有一个休整的假期。但战事吃紧，第17特混舰队必须去执行一项新的重要任务。"

尼米兹简明扼要地向弗莱彻介绍了日军进攻中途岛的全盘计划后，以将军式的挑战口吻说："你知道吗，日军对8月1日在中途岛接管海军站的军官都已任命完毕了。"熟识尼米兹的弗莱彻明显感到，尼米兹的身心似乎在经受一些难以排遣的烦恼，或许即将到来的捉摸不定的战争过多地耗费着他的精力。

尼米兹的烦恼不仅是因为对即将到来的战斗捉摸不定，更重要的是人员问题，这是一件让像他这种个性的人感到特别讨厌的事。日军将战事结束后的人员任命都已安排到位，而他却连作战指挥员都未能最后确定。按理说，哈尔西因病住院后，海上作战的全盘指挥权应由弗莱彻接替，但是海军作战部长金上将对弗莱彻历来有成见，对他的作战能力表示怀疑。

在讨论了一些其他问题后，尼米兹将军勉为其难地回顾了弗莱彻在珊瑚海海战时的表现，弗莱彻逐渐意识到了这种试探性谈话的缘由。气氛顿时有些尴尬了，不善言辞的弗莱彻几乎变成了哑巴。他吞吞吐吐地表示要去查阅自己的战时档案，尼米兹同意了这一要求。第二天，弗莱彻向尼米兹做了口头报告，尼米兹要求他写成一份充满信心的书面材料，全面叙述他果断指挥第17特混舰队的全部经历。

尼米兹读毕弗莱彻草草写就的报告后，马上给金上将送去一份声明和说明信，他在信中说：

弗莱彻在港口停留的3天时间里，我终于有机会同他讨论了他在珊瑚海地区的战斗，澄清了对他的部队在战斗中缺乏积极性的看法……我希望，并相信你在读过本信之后，将同意我的建议，弗莱彻最近在珊瑚海执行的巡逻任务中，显示了卓越的判断能力，出色地完成了任务。他是一个优秀的适于远航作战的海军军官，但愿你能任命他为一支特混舰队的司令。

金上将虽然刚愎自用，但最终还是同意了尼米兹充满恳切之辞的任命请求。

5月27日晚上，太平洋舰队司令部与2个特混舰队参谋部的联席会议如期举行。

5月28日晨，斯普鲁恩斯将军指挥的第16特混舰队成单行队形离开珍珠港，然后变成环形队形，载着飞机向西北方向驶去。斯普鲁恩斯收到太平洋舰队的第29-42号作战计划。允许看这份庞大计划的军官们认为，那是一份具有迷惑力和令人提心吊胆的文件。计划虽然没有透露情报来源，但叙述了敌人进攻中途岛的具体细节和时间，详细程度确实令人震惊。

他们对情报人员的工作感到无比的钦佩，有位中校惊讶地说："我们付给在东京为我们工作的人的每一分钱都是值得的。"

在5月的最后一个星期里，美国对日军的电讯分析表明，日军联合舰队正在按计划驶近。尼米兹指示在珊瑚海执勤的一艘巡洋舰使用航空母舰航空兵大队通常使用的频率发报。他希望以此迷惑日军，使他们相信美国的航空母舰仍在所罗门群岛周围，从而诱使它毫不犹豫地继续向中途岛进发。

与此同时，尼米兹要求中途岛官兵采取一切措施，进一步加强岛上防务。到5月底，在水际滩头及周围水域都布设了水雷，岛上加强了海军陆战队的守备兵力，并增加了一些高炮。

太平洋舰队司令部已将所有能够使用的力量做了最大限度的部署。中途岛，甚至瓦胡岛都已经严阵以待，静候日军来犯。

∧ 在海上游弋的美军航母编队。

担负海、陆、空全面指挥任务的尼米兹似乎可以稍稍松一口气了。5月31日晚，尼米兹将军几周来终于第一次早早就寝了。随后的几天里，太平洋舰队的参谋们继续伏在绘图板上，不断用彩色铅笔标出双方舰队前进的航线。作战室异常平静，似乎酝酿着一种一触即发的紧张情绪。在铅笔沙沙的划动声中，仿佛能够听到双方剑拔弩张的战舰破浪行进的声响。

只有尼米兹无声地在地毯上泰然自若地来回走动。这在一定程度上，减少了参谋们的压力。当时参谋部的后备役军官巴西特中尉回忆那段时间的感受时说："大家一致认为，尼米兹具有慈父般令人鼓舞的形象，他是一个非常镇静的人。"

按计划，第16、17特混舰队应于6月2日抵达集结地点。预计日军进攻部队将于6月5日早到达珊瑚岛，然后南云的航空母舰部队将对桑德岛和东岛实施全面进攻。

6月2日是平静的一天，直到夜晚，波涛起伏的危险海域没有传回任何消息。尼米兹将军冷静地期待着进攻中途岛的日军舰队的到来。

一场决定太平洋战争命运的海上大较量迫在眉睫，人们已经嗅到大战的火药味了！

>> 关键的5分钟

中途岛，位于亚洲与北美之间的太平洋航线正中，离美国旧金山和日本横滨均相距约2,800海里，距珍珠港约1,135海里。它是美国在中太平洋地区的重要军事基地和海洋交通枢纽，也是美军在夏威夷的门户和前哨阵地。尼米兹的对手山本五十六须臾不忘这个眼中之钉，意欲尽早除之而后快。因此，山本竭力赞同参谋长宇垣提出的进攻中途岛的计划，认为若能取胜美国而占领该岛，则既可以将该岛作为日机空中巡逻的前进基地，威逼夏威夷，又可诱出美舰队，在决战中予以歼灭。

知己知彼，百战不殆。具有战略眼光的尼米兹早在出任太平洋舰队司令之初，就凭战略家的直觉预感到这一战事的来临，只是时间和方式尚不具体罢了。

虽然在战场上尼米兹与山本五十六是你死我活的对手，但尼米兹对于山本五十六超人的胆识和勇气还是颇多赞赏的，这是一种情结。尼米兹喜欢山本五十六这样强大的对手，这可以唤起他真正决斗的勇气。他面对挑战从不畏怯，总是充满必胜的信心，这是尼米兹的一贯作风。

1942年6月3日，珍珠港地区气氛紧张，海岸上了无人迹。海军船厂实行了灯火管制，机器维修车间关闭，工人配发了枪支；港口内停泊的军舰上，炮管林立，织成了一张密集的防空网。

从拂晓开始，太平洋舰队司令部就处于高度戒备状态，高级参谋们各就各位。

敌方时断时续的电报显示，日军对阿留申群岛的牵制性攻击已经打响。阿留申群岛位于太平洋北部，由一连串链状岛屿组成，属难以开发的蛮荒之地，战略地位并不显著。日军对其发动进攻，无非是分散美军兵力，扰乱战局，以掩饰对中途岛的战略企图。

日军在阿留申群岛从午时开始的空袭，由于雾气迷蒙，几乎未对美方造成任何损失。

次日，日机再次空袭阿留申群岛上的荷兰港，数架日机被美方击落，美方除营房、仓库着火之外，别无损失。

> 从空中俯瞰中途岛。
> 美军"卡塔林娜"侦察机在航母上着陆。

日军的阿留申群岛的牵制之战似乎是画蛇添足的一笔，对战局影响甚微。

尼米兹等人没有过多理会阿留申群岛的战况，他们在难挨的一分一秒的时光中，焦急地等待着来自北面和西面海上侦察机的消息。罗彻福特留在那间不透风的地下室里，搜索和分析着日方战舰的动向。尼米兹夜以继日地工作，24小时不离办公室，他在办公室的一角放了一张行军床，疲倦时在上面稍微休息一下。莱顿则占据了外间办公室的一角沙发。

漫长的夜晚，美日两国舰队无疑正在微波起伏的洋面上缓缓靠近。他们是否已经彼此发现对方了？中途岛已经久无消息，日军舰队主力是否已经接近中途岛？疑团像烟雾般四处弥散，紧紧窒息着尼米兹紧张不宁的心。

6月4日凌晨，终于传来"卡塔林娜"侦察机发回的片断消息："主力……方位262度，距离700海里……11艘军舰，航向090度，航速19节。"

不到半小时，另一架巡逻机报告，有6艘舰只从西南方向朝中途岛驶来。

太平洋舰队通信官莫里斯·E·柯茨拿着有关报告，敲响了尼米兹办公室的房门。尼米兹匆匆看完电报，突然兴奋地从座位上站起来。

他激动地晃动着手中的电报，对站在一旁的莱顿说："莱顿，快看看这份报告写的是什么？"

尼米兹有些喜形于色了，仿佛一幅窗帘突然拉开，一切都变得明朗了。漫长夜晚的焦虑和等候终于有了结果，事情按照他所预料的那样进行着，这意味着战局的发展将不再是一盘散沙，而是有规可循、有机可乘的。

"这该使你宽心了。"莱顿轻声笑着说，"现在一切疑虑都澄清了。那些怀疑我们推测的人，看到这种情况将不得不承认我所讲的是正确的。"

尼米兹向中途岛和特混舰队司令专门发了一份电报："情况的发展正如所料。航空母舰是我们最主要的目标，其位置应立即找到。明天可能是你们给敌人以沉重打击的一天。"6月3日，太平洋舰队作战纪要的结束语预言："未来两三天内，战斗的发展情况将影响太平洋战争的整个进程。"

中途岛天色微明的时候，沿着云层边缘向西北方向巡逻的侦察机给中途岛发回了一份明码急电："2艘航空母舰和主要舰艇，方位320度，航向135度，航速25节，距离180海里。"

这份电报很快转发给了太平洋舰队司令部。

尼米兹阅后不由一惊，莱顿的预报何其准确！误差只为5海里、5度和5分钟。"卡塔林娜"侦察机发现的战舰正是美军舰队期待已久的目标——南云指挥的航空母舰第1突击编队。就是这支编队的战机，在6个月前，神不知鬼不觉地降临珍珠港上空，像恶魔的巨手一般捣毁了尚在梦乡中的军港。如今，它特意选择5月27日日本海军节这一天，气势汹汹地杀向中途岛，试图重建37年前东乡平八郎在对马海战中创造的赫赫战绩，一举将美太平洋舰队置于死地。

凌晨6时整，南云舰队的108架舰载机发起了空袭中途岛的第一攻击波。它们当中有俯冲轰炸机、鱼雷轰炸机，"零式"战斗机担任护航。当中途岛上的侦察雷达发现了93海里之外的日军后，岛上海军陆战队的28架战斗机升空迎敌，实施空中拦截。但美机性能不佳，对抗不利，仅仅进行了15分钟空中激战，美机即败下阵来。日机丝毫不损，全部飞抵中途岛上空。

显然，日军对中途岛的进攻已在所难免。6点25分，尼米兹收到了一份经海底电缆发出的6字简短电报："中途岛遭空袭。"

好在美军早有戒备，岛中所有飞机已经升空，避免了遭受地面轰炸之苦。日军轰炸机只能对东岛机场、桑德岛机库、机场跑道及其他地面设施进行袭击轰炸。

日军以损失6架战机的很小代价完成了第一次攻击。中

∧ 日军"零式"战斗机从航母上起飞升空。

途岛损失严重，机场、油库、水上飞机滑行坡道、营房、餐厅等处均遭毁坏，并有15架美战机被击落。

在得知中途岛遭袭击之后的两个小时内，尼米兹没有收到来自前线部队的任何消息，他似乎只有通过想像来猜测战争的进展情况。无线电的静默有时令尼米兹无比焦虑和沮丧。直到8点多钟，中途岛才发来一份令人伤感的短电：

33架鱼雷轰炸机被击落，仅剩3架战斗机未遭破坏。我俯冲轰炸机去向不明。

报告显示的损失使尼米兹不寒而栗。日军似乎已经赢得了初步胜利，美军在短短的两个小时内损失了33架鱼雷轰炸机，而日本海军却损失极微。一种怅然若失之感顷刻间攫住了尼米兹的心。他很清楚，如果敌人在中途岛获胜，战争的天平将即刻倒向日方。

尼米兹眉头紧锁，犹如笼中困兽，在房间中不安地来回走动。莱顿走了进来，将一份由罗彻福特破译的日军电报交给尼米兹。电报的内容是：

发现10艘敌人舰只，方位10度，离中途岛240海里，航向150度，航速20节以上。

★南云忠一（1887—1994）
日本海军中将。早年毕业于日本海军大学。太平洋战争初期，指挥了日本海军第1航空舰队的航空母舰群对美国珍珠港的攻击。1942年8月至10月，领导联合航空队和舰队参加了瓜达尔卡纳尔之战的全过程。后被任命为马里亚纳群岛的中太平洋舰队司令。1944年7月在美军塞班岛登陆后，感到无力挽回败局，自杀身亡。

这证明日方侦察机已经发现了美军舰群，但尼米兹关心的是，日方是否已经确认这是美太平洋舰队的航空母舰编队。

莱顿的回答是明确的。他认为从电报显示的内容来看，日军没有发现美航空母舰。

这时候两军相距约150海里，正好在有效攻击半径之内，日军的航空母舰离中途岛也只有150海里。

南云忠一★在8点10分左右时，的确没有发现美航空母舰，日侦察机的报告是："美舰为5艘巡洋舰和5艘驱逐舰。"南云的参谋长草野主张第二波攻击中途岛，回头再来对付这10艘军舰组成的普通舰队。

然而几分钟之后，日侦察机又发回一份语意模糊的电文："敌舰似乎由1艘航空母舰殿后。"

∨ 美军舰载机在天空翱翔。

战后得知，当南云确认美方航空母舰阵容之后，自然采取紧急措施，但他面临一个战术的选择问题：一是马上动用后备飞机发起一次进攻，但"赤城"号、"加贺"号上的大部分鱼雷机都已装上了准备轰炸中途岛的炸弹，是先撤换弹药，还是即刻起飞呢？而且，如果是即刻起飞，完成袭击中途岛任务后，这些飞机在战斗结束前将继续留在空中盘旋，其中的一些飞机经过远距离飞行而油料不足，很可能掉进海里；二是在发动攻击之前，回收第一攻击波机群以及正在进行战斗巡逻的第二攻击波战斗机，以便重新装满弹药和油料。这样将可能发动一次较强的攻势，但至少需要1个小时的时间，美军飞机将完全可能利用这段时间发起对南云舰队的袭击。如果美机恰巧在日军为飞机补充弹药和油料之时进行轰炸，日舰将面临致命的打击。

　　南云权衡再三，举棋不定，终于决定采取第二种方案。按理，这是一种危险的方案，但却认为这是正统的战略战术。他希望毕其功于一役，而又尽可能减少损失。然而他忽视了时间因素，也许是不太相信美国舰队能利用时间差来抓住稍纵即逝的战机。就在这短短的1小时内，战局急转直下，幸运女神给处于劣势的美国人助了一臂之力。

　　由于弗莱彻和斯普鲁恩斯的两支特混编队都保持无线电静默，尼米兹在关键时刻几乎收不到来自前线的只言片语。一位军官回忆说："尼米兹故作镇静，但实际上相当激动，我从未见他那么激动过。"尼米兹责问柯茨少校："为什么收不到电报？为什么听不到一点情况？"柯茨无可奈何地回答："不知道。"但他并不想发出催问电报，尼米兹也同意这种做法。尼米兹仍旧靠破译日军侦察机发出的信号来了解美航空母舰的情况。

　　近9点钟，日机飞行员用无线电向日舰队报告："10架敌鱼雷机正朝你飞来。"尼米兹判定，这些飞机显然出自美航空母舰。他继续分析：此时，南云或许正准备用后备飞机发动攻击，或者正在回收从中途岛返航的飞机。果真如此，10点前南云将不会发动进攻。

　　美军终于抓住了千载难逢的战机。10点零8分，"企业"号终于意外地打破了沉默。太平洋舰队通信中心听到美航空母舰电台在频繁地呼叫："立即进攻！"有人听出这是迈尔斯·布朗宁上校的声音，他是斯普鲁恩斯的参谋长。布朗宁的呼叫声表明美飞行员已经发现敌舰，并得到了作战命令。

　　在此之前，由弗莱彻和斯普鲁恩斯率领的第16、17特混舰队，一直在中途岛东北海面耐心地静候日舰的到来。

∧ 日军"赤城"号航母。

∧ 美军"约克敦"号航母遭日机攻击。

∧ "约克敦"号航母重创后被弃。

　　8点左右时，筹划已久的对日攻击战开始了。从"大黄蜂"号航空母舰上起飞了35架"无畏"式俯冲轰炸机、15架"复仇者"式鱼雷机和10架"野猫"式战斗机。从"企业"号航空母舰起飞了33架"无畏"式俯冲轰炸机、14架鱼雷机、10架战斗机。8时40分，17架"无畏"式俯冲轰炸机、12架鱼雷机和6架战斗机又从"约克敦"号航空母舰上起飞。

　　然而，庞大的机群缺乏配合，编队四分五裂。由于侦察机的失误，一些美机来到预定海域却不见南云舰队踪影。有的飞行编队与日舰行驶方向恰好南辕北辙。一队由15架鱼雷机组成的编队，独自向北搜索，终于发现了南云编队。不幸的是，这组美机燃油耗尽，而且无战斗机掩护，在舍生取义、勇敢地冲向目标的英雄壮举中，被日军"零式"战机和高射炮火纷纷击落。与此同时，由"企业"号起飞的14架鱼雷机和由"约克敦"号起飞的12架鱼雷机，在袭击日舰"苍龙"号和"飞龙"号的战斗中均遭重创，更为可悲的是，美机所投鱼雷竟无一命中日航空母舰。

　　就在美军败局将定的时刻，却出现了戏剧性的转折。从"企业"号上起飞的33架"无畏"式俯冲轰炸机，在预定海域没有发现目标，搜索了1个小时也一无所获，由于燃料不足，正准备返航时，却突然意外地发现了一艘日军驱逐舰。美机飞行员认为，这艘驱逐舰或许能够帮助他们找到日航空母舰，于是他们紧随日舰而行。果然，在6,000米高空中，他们发现了由4艘航空母舰组成的蔚为壮观的南云舰队。从"约克敦"号上起飞的17架俯冲轰炸机也发现了目标。这样，美军"企业"号的33架轰炸机以日军"赤城"和"加贺"号为攻击目标，而"约克敦"号的17架飞机，专门攻击日军"苍龙"号航空母舰。

　　此时，日舰正处于极易受攻的境地，甲板上到处是鱼雷、炸弹以及刚加好油的飞机，而且保护航空母舰的零式飞机已经全部升空，正在四处追杀美国鱼雷轰炸机。这正是美军求之不得的有利时机。于是，"无畏"式俯冲轰炸机开始了无畏的攻击。

当然，如果起飞及时，甲板上的日机在5分钟后即可完全升空，从而与美机展开空战。但是，日军错过了这宝贵的5分钟时间，招致了日本海军350年来最大的惨败。

当战火正旺时，尼米兹的办公室却是一段长时间的沉默。他不停地让莱顿通过热线电话向罗彻福特发出询问，美航空母舰部队是否已向南云舰队发起攻击？如已发起攻击，日军反应如何？

但是，罗彻福特虽然使用各种频率进行了解，却没有得到任何消息。尼米兹认为，也许这时没有消息反而是一件好事，如果敌舰没有发报，可能是因为它再也不能发报了。

美军飞行员犹如大发横财一般痛快淋漓地轮番攻击，连续投弹。顷刻之间，日舰上火光冲天，烈焰升腾，惊人的爆炸声此起彼伏。

"赤城"号数分钟内即告瘫痪，颠簸摇摆的甲板上一架架未能起飞的飞机，燃烧着滑进大海。南云中将被迫放弃了旗舰，移至"长良"号巡洋舰上。"赤城"号于次日傍晚沉没。

太平洋舰队司令部的情报站从日舰报务员发报的指法，推测到南云转移了，因为此报务员不似原"赤城"号那位，而极像"长良"号巡洋舰的报务主任。

日军"加贺"号此时也奄奄一息。当舰身发生巨大爆炸时，舰长死在舰桥上。两小时后，这艘精锐的航空母舰成了一具残骸。而另一艘航空母舰"苍龙"号在弃舰令下达后，早于"加贺"号12分钟倾覆沉没。

顷刻之间，威武一时的南云部队只剩下"飞龙"号航空母舰独撑危局了。"飞龙"号的战队司令官山口多闻是一位以胆识和才干著称的海军少将，他曾一度被认为是山本五十六司令官的接班人。此时，日本航空母舰编队遭受的毁灭性打击，令山口怒不可遏。他在接替了南云的空中作战指挥权之后，毫不犹豫地对美航空母舰发动了反击。

10时40分，小林攻击队的6架飞机突破美舰载战斗机的拦截，向"约克敦"号航空母舰投掷炸弹。"约克敦"号舰身起火，锅炉气压下降，失去航行能力。

不久之后，珍珠港情报站截获一份日军空中飞行队长的电报："我们正在攻击敌航空母舰。"该飞行队长命令手下的飞机连续实施攻击。接着，弗莱彻打破无线电静默，发回一份正规的密码电报：

在中途岛以北150海里处遭到空袭。

受伤后的"约克敦"号经过抢救之后，继续航行，但在下午3时遭到日鱼雷飞机的第二次攻击。舰上的动力、照明和通讯系统尽遭破坏，左舷倾斜，在该舰即将倾覆之时，舰长被迫下令弃舰。

弗莱彻请求舰队总司令尼米兹派出拖船，并要求第17特混舰队设法保护和营救"约克敦"号。尼米兹答应了这一请求。他命令，在17特混舰队全力营救航空母舰的同时，由斯普鲁恩斯的第16特混舰队继续对日作战。

★ "赤城"号航空母舰

★ "赤城"号航空母舰

日本于1923年11月开始动工建造"赤城"号航空母舰,它原是一艘战列巡洋舰,中途改建为航空母舰,至1927年3月全部完工。该舰标准排水量30,000吨,舰长261.2米,宽29米,吃水8.07米,输出功率为131,200马力,4螺旋桨,最大航速每小时31海里。1941年12月8日,偷袭珍珠港的第一攻击波日本战斗机,就是从"赤城"号航空母舰上起飞的。该舰在中途岛海战中被美国飞机炸成重伤。次日由日本驱逐舰用鱼雷将其击沉。

"飞龙"号发动两次进攻后,舰员们疲惫不堪,战斗力大减。但山口仍决定黄昏时再次出击,给美舰队以最后的致命一击。正在这时,斯普鲁恩斯派遣的一支俯冲轰炸机分队神不知鬼不觉地冲向"飞龙"号。一连串重磅炸弹呼啸而下,4弹命中目标。不久,"大黄蜂"号上的俯冲轰炸机和中途岛、夏威夷起飞的B-17式飞机也赶来助战。"飞龙"号在尚未对美舰造成致命一击之前,先遭毁灭,于21时23分葬身汪洋。山口多闻将自己绑在舰桥上,随舰沉入海底。"飞龙"号的沉没,标志着显赫一时的南云舰队主力的彻底倾覆。

6月4日傍晚,尼米兹和他的参谋人员围坐在一起,谨慎地回顾一天来的战况。从迄今收到的电报看,美军已经击败了南云舰队。但是,尼米兹仍在较为轻松的心情中期待着更为详尽的报告。晚上10时,斯普鲁恩斯发回消息:

在17点至18点之间,第16特混舰队航空大队,袭击了包括1艘航空母舰、2艘战列舰、2艘以上重巡洋舰和一些驱逐舰在内的日本海军舰队。日军航空母舰多次被500和1,000磅炸弹击中,最后猛烈燃烧;至少有1艘战列舰4次被炸起火;1艘重巡洋舰也被炸燃烧。17点50分,位于北纬30度41分、西经177度41分,航向西,航速15节的敌军舰队,同东南方驶来的驱逐舰会合。3艘遭袭击的航空母舰,仍在燃烧并向东南方向航行……

尼米兹看到这里,脸上终于溢出轻松的微笑。多日来疲惫的面庞一下子变得容光焕发、喜气洋洋。他断定,日军4艘燃烧的航空母舰已经无可救药,胜券已从敌人手中夺了过来。虽然双方这次交火的有效时间只有5分钟,但就在这5分钟里,日本海军的中坚力量遭到摧毁。美军扭转了不利局面,使太平洋战局出现了重大转变。

当"赤城"号★、"加贺"号和"苍龙"号起火燃烧时,山本五十六为了挽回败局,下令集中中途岛和阿留申方向的全部战力,拟与美舰队进行决战,同时令军舰高速前进,趁黑夜占领中途岛。

∧ 日军将领山口多闻随"飞龙"号沉入海底。

∧ 即将沉没的"飞龙"号航母。

尼米兹考虑到了这种可能性,他们料定以果断和足智多谋闻名于世的山本是不会善罢甘休的。当夜,太平洋舰队司令部几乎无人安睡,他们必须密切注视有可能出现的各种意外情况,不让已经到手的胜利果实白白丢掉。

然而,当山本确知"飞龙"号中弹沉没的消息后,终于没有孤注一掷。他否认了黑岛大佐提出的保全面子、掩饰败局的方案。该方案试图集中包括"大和"号在内的全部战列舰,在白天抢占中途岛。而这无异于自取灭亡。

但是,山本企图引诱斯普鲁恩斯的第16特混舰队进入以威克岛为岸基的日机飞行半径之内,然后一举予以歼灭。6月6日,山本五十六发出了作战命令:"在本地区作战的联合舰队各部队,应在威克岛航空兵攻击范围内接触并歼灭敌机动部队……"

山本的如意算盘再次落空。斯普鲁恩斯的部队由于燃料不足而向东撤退,拉到了交战区之外。

一些军官对斯普鲁恩斯没有猛追敌舰,而是向东后撤大为不满,认为他错失了良机。尼米兹在情况没有充分掌握之前,不便过多评论,他对下属们说:"我相信斯普鲁恩斯在那里对情况的判断,比我们在这里判断得更为准确。我相信他对这件事非常理智。随着时间的推移,事情将会真相大白的。我们在这里没有资格对一个战地司令官的行动品头论足。"显然,尼米兹的直觉是准确的,这也体现了他对下级的了解和信任。

凌晨3时,根据中途岛侦察机的报告,日军在该岛以西的所有舰队,都在向西移动。夏威夷情报站也已证实,日军第2舰队向西北航行。很明显,敌军是在全线后撤。

早晨8点刚过,斯普鲁恩斯的第16特混舰队的俯冲轰炸机和中途岛的B-17型轰炸机,又袭击了日军巡洋舰。日"三隈"号巡洋舰被击沉,"最上"号巡洋舰受重创。

"大和"号战舰上的山本五十六看到大势已去,迫不得已向群僚们表示要独自承担罪名。中途岛时间6月5日2时55分,山本痛苦地向庞大的日舰队发出了承认失败的电文:"撤销中途岛作战计划。"

< 日军重巡洋舰被美军重创。
> 美军水兵沉浸在中途岛海战的胜利喜悦之中。

　　6月6日是一个富有戏剧性的日子，这一天原是山本定于攻击中途岛的纪念日，但此时"大和"号却背道而驰在距中途岛600多海里的返航途中。

　　太平洋舰队司令部洋溢着兴奋的气氛，彻夜不眠的参谋官们围坐在一起吸烟、休息，他们掩饰不住脸上的骄傲神情。美军在敌强我弱的情况下，取得如此辉煌的战果实属不易，胜利的含意已超过了一次战役的局部性，而带有决定性的全局影响。

　　在雾气消散的清晨，珍珠港、太平洋沿岸的舰船、车站以及所有无线电波能够传送到的地方，都在用英语传播着金上将发给尼米兹的祝捷电文。这份电文也无可阻挡地传到了日军耳中：

　　美国海军、海军陆战队和海岸警卫队，对在中途岛英勇善战、击退敌军进攻的美国海军、海军陆战队和陆军部队表示由衷的钦佩，相信战友们将会再接再厉，彻底歼灭来犯之敌。

　　埃蒙斯将军来到了太平洋舰队司令部，他手中拎着系有海军蓝和金色带子的冰镇香槟酒。他没有多说话，语言在这个时候显得多余，他命令副官将带来的香槟酒通通打开。

　　一时间，酒香四溢、泡沫飞溅，太平洋舰队司令部一片欢声笑语。这是尼米兹和美军将士们自珍珠港事件以来第一次开怀畅饮。

　　在庆祝之际，有人想到了罗彻福特。一位参谋立即给夏威夷情报站打电话，并派车去接他。这位破译专家此时仍闷坐在大楼底下的办公室内。当他得到通知，磨磨蹭蹭来到太平洋舰队司令部时，香槟酒会已经结束，一个高级会议正在进行。

　　尼米兹起身对罗彻福特的到来表示欢迎，并向在场的官员们介绍说："他是中途岛之战的有功之臣。"

　　尼米兹的赞扬是由衷的，如果说中途岛海战令人心神激荡，那么侦察情报战则是最为精彩的一部分。多年以后，切斯特·尼米兹仍然直言不讳地表示，中途岛大捷实际上是"情报的胜利"。这一论断几乎得到了历史学家和军事界的一致公认。美军不仅在战前准确掌握了

日军企图，而且在战斗中又及时发现了日军，并始终掌握敌人的动向，为自己捕捉战机、用兵施计创造了最有利的条件。

尼米兹领导的中途岛海战的胜利喜讯传遍了全世界，他的办公桌上堆满了来自世界各地的祝捷信函和电报。

英国首相丘吉尔对中途岛海战的成功给予了高度评价："美国这一值得纪念的胜利，不仅对美国，而且对整个同盟国的事业都具有重大的意义、对士气的影响是广泛而及时的。这一胜利一举扭转了日本在太平洋的优势。曾经使我们在远东的军事力量遭到挫败达6个月之久的敌人所炫耀的优势，现在已经一去不复返了。"

尼米兹得到了鲜花，但他不是一个易于沉醉的人，他知道战斗有多么艰辛，胜利又是怎样来之不易。从珊瑚海海战时起就历经艰险的"约克敦"号，在此次战役中又多次被鱼雷击中，最后终于缓缓地沉入了滚滚波涛之中。听到这个消息时，尼米兹沉默了许久。他一直抱着一线希望，认为"约克敦"号既然能够顶住一次鱼雷的攻击，它就能够顶住第二次。但是，他的希望破灭了。他悲愤地抱怨道："我们有五六艘驱逐舰在那里驱赶敌人的潜艇，而日军的一艘潜艇却还能够冲进来用鱼雷击中'约克敦'号，这说明我们反潜战术有问题。"

美国除损失"约克敦"号航空母舰之外，另有1艘驱逐舰被击沉，307人阵亡，150架飞机被毁，中途岛和荷兰港的设施遭到了严重的破坏，阿图岛和基斯卡岛陷落。日军的损失没有美国战时估计的那么严重，但也足以扭转太平洋战争的进程。日本损失4艘航空母舰和1艘重巡洋舰，1艘战列舰和2艘驱逐舰受创，损失飞机322架，包括一批优秀飞行员在内的3,500人阵亡。

中途岛海战给日本上层人物造成了无法愈合的创伤，从中途岛战役以后直到二次大战结束，这一痛苦的回忆使他们再也无法对战局做出正确的判断。这次海战的大捷使美军得到了一个非常宝贵的调整时期。到1942年年底美国新的"爱塞克斯"级大型航空母舰服役之前，日本海军已无力发动大规模的战役。

中途岛海战是一场决定性的战役，尼米兹伸出双臂，庄严宣称："先生们，今日我们已报了珍珠港之仇！但是，只有彻底摧毁日本海军，才能带来太平洋地区乃至世界的长久和平。我们已经取得了实质性的进展，中途岛海战使我们走完了一半的历程。为此，我们将深感宽慰。"

∧ 中途岛海战的胜利，让尼米兹声名鹊起，也一雪珍珠港事件之耻。

第六章

恶浪怒扑"瞭望台"

1885-1966 尼米兹

尼米兹冒雨视察了飞行指挥部、"流血岭"和陆战队防区的一些据点。他还专程探视了那里的临时医院，同那些身负重伤或身染严重症疾的士兵们进行了亲切的谈话。尼米兹与士兵们待在一起，马上感受到了一种截然不同的气氛，这里充满了令人振奋的乐观情绪……

★乔治·马歇尔 （1880—1959）

美国陆军五星上将。出身于商人家庭。1901年毕业于弗吉尼亚军事学院。次年赴菲律宾服役。参加过第一次世界大战，先后任陆军第1师和第1军作战处长。1924年至1945年任驻华第15步兵团团长。1939至1945年任陆军参谋长。是美国参谋长联席会议和英美联合参谋部主要成员，美国总统罗斯福的重要助手，是美国战略计划制定人之一。1947至1949年任美国国务卿。1950年任国防部长，参与组织朝鲜战争。1951年退休。

>> 通往日本的阶梯

中途岛大捷之后，当人们还沉浸在胜利的喜悦之中时，头脑冷静的尼米兹将军已经在考虑下一步的战争行动了。他认为乔治·马歇尔★对罗斯福总统讲的一句话是中肯的：中途岛海战是一次伟大的胜利，但也是一次侥幸的胜利。日军仍称雄于西南太平洋，他们在短短数月之内占领了新加坡、马来西亚、苏门答腊以及苏拉威西、俾斯麦群岛，并试图进犯澳大利亚的达尔文港，对美军在太平洋战区的活动仍然构成了不可忽视的威胁。

由于美军在中途岛海战中的胜利，太平洋战区的战略态势已经发生转变，美军如何利用这一有利时机，由防守转为进攻，这正是令尼米兹费尽心思反复琢磨的问题。他希望自己能尽快拿出一个明确的作战方案，并迅速转化为未来的行动。

尼米兹将目光投向西南太平洋一个奇形怪状的小岛——瓜达尔卡纳尔岛。瓜岛东西长150公里，南北宽40公里，是所罗门群岛中的最大岛屿。第一次世界大战以来，瓜岛是美国属地，现被日军占领。由于它雄踞澳大利亚门户，并且临近日本，地理位置极为重要。日本人常说，所罗门群岛如同一座通向日本的梯子，而瓜达尔卡纳尔则是梯子的第一级。

日本海军在中途岛遭到美军重创之后，将联合舰队主力撤至南太平洋，在重新制定的新计划中，将矛头直指新几内亚的莫尔兹比和所罗门群岛。因此，图拉吉岛和瓜达尔卡纳尔岛将成为美、日双方下一步关注的焦点。尼米兹认为，如果美军能够占领瓜达尔卡纳尔岛，那么美国部队就可以一路登梯直上日本本土。这应该成为横跨太平洋、最终进攻日本的行动计划的重要步骤。

麦克阿瑟则反对尼米兹关于袭击图拉吉岛和进攻瓜达尔卡纳尔岛的方案，认为那样过于

∧ 瓜岛一隅。

冒险,但他却又提出另一个更为大胆的计划。这项计划是把经过两栖作战训练的海军陆战第
1师和两艘配有护航队的航空母舰调给他。他用这些部队和所辖的3个陆军师,马上就能突袭
新不列颠岛,攻占拉包尔和俾斯麦群岛,从而迫使日军北撤700海里,退到特鲁克岛基地去。

金上将对这一打算感到惊讶。他坚持逐步拿下所罗门群岛后再攻取拉包尔,以便能够把
机场修复,用轰炸机和战斗机来支援连续的进攻行动。而且金认为,包括陆战队、航空母舰、
运输舰及大部分支援舰只在内的参战部队,只能来自太平洋舰队和太平洋海区。所罗门群岛
作战的指挥工作,应由尼米兹将军和副总司令戈姆利将军负责。他说,陆军将在海军和陆战
队攻占这些岛屿之后担负守备任务。

由于整个所罗门群岛位于西南太平洋海区内,麦克阿瑟对金的想法提出了反对意见。他
坚持认为,在他战区内作战的部队,都应归他指挥。马歇尔上将在这一点上同意他的看法。
金引用马歇尔过去说过的话作为答复,在欧洲作战的部队大多是陆军,由陆军担负最高指挥
是合理的。那么,即将开始的所罗门群岛战役的作战部队,都是海军和陆战队,由海军担负
最高指挥同样是合理的。

金说,即使得不到西南太平洋海区陆军部队的支援,他也要使用海军和陆战队发动这次
进攻。对此,麦克阿瑟很快给马歇尔发了一份电报,提出了他的意见。他说,海军想要把太
平洋战区的陆军降为次要地位,"主要想把陆军置于海军和陆战队的管辖指挥之下"。

尼米兹历来对军兵种间的相互排斥和争斗十分厌倦,对于麦克阿瑟的好大喜功也一直

130

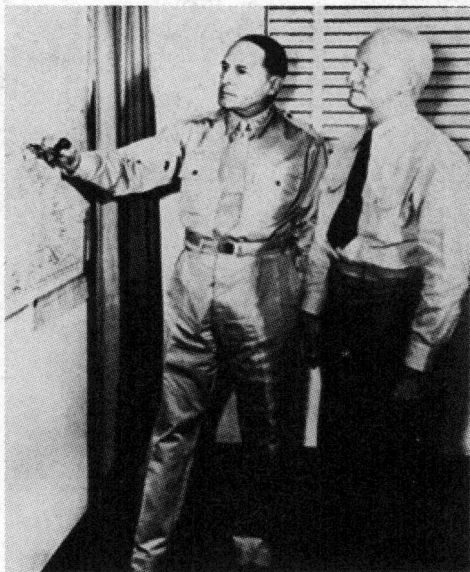

∧ 麦克阿瑟与尼米兹在研究所罗门群岛态势。

心存看法。但是，出于协作的需要，他从来不曾在公开场合表露。对于麦克阿瑟本人，他也总是礼让三分。可涉及对敌作战方案和指挥权的原则问题时，尼米兹也决不会忍气吞声。他向金上将表示，即使得不到西南太平洋战区陆军的支援，也要发动对第一个目标图拉吉岛的进攻。

此事在美军高层中闹得沸沸扬扬，若不及时平息，将有可能影响太平洋战事的进程。于是，马歇尔召集金上将开了一个紧急会议，经过讨价还价，双方的语气都平和下来了，最终达成一项有关所罗门群岛战役的折中方案。这一方案实际上采纳了海军的建议，但也适当顾及了麦克阿瑟的面子。方案指出：战役第一阶段，是夺取圣克鲁斯群岛、图拉吉岛及其附近要地，由尼米兹将军担任战略指挥。为了便于指挥，把南太平洋地区和西南太平洋战区的分界线改在东经159度。这条线靠近瓜达尔卡纳尔岛的西侧。一旦在图拉吉地区站稳脚跟，则随着向巴布亚半岛的萨拉莫阿和莱城进军的开始，将战略指挥权交由麦克阿瑟担任，同时开始战役第二阶段，由他统一指挥沿所罗门群岛北上的作战部队。接着，盟军的两条战线对拉包尔实施夹击。

这也就是以命令形式下达的"瞭望台"计划。

所谓"瞭望台"，是展望未来的象征。美军在此时已经有了最终击败日军的长远构想。金上将和尼米兹在一系列海军会议上，多次谈到在攻占拉包尔之后，通过特鲁克群岛、关岛和塞班岛进攻日本本土的问题。计划预定的首次登陆时间为8月1日。

<金上将（左）与海军部长诺斯克（中）等赴白宫参加会议。

　　方案上报参谋长联席会议，命令下达之前，尼米兹将军已经着手拟定"瞭望台"战役的基本计划，并于7月的第一周大体完成。海军中将戈姆利代表尼米兹在南太平洋地区担任战略指挥，由在珊瑚海和中途岛两次海战中威名远扬的弗莱彻海军中将担任登陆编队的战术指挥，原任海军作战部计划部部长的里奇蒙·特纳海军少将负责指挥两栖作战部队。亚历山大·范德格里夫特少将是担任登陆任务的海军陆战第1师师长。他曾在尼加拉瓜参加过丛林作战，对两栖作战颇有研究。

　　不言而喻，仅在1个月时间内，既要集结部队、制定详细的作战计划，又要进行两栖作战所需的极其复杂的训练和战前演练，时间实在仓促。同时，由于盟军11月将实施北非登陆，再向该地区增派部队或水面舰只的可能性极小。麦克阿瑟的3个陆军师需要守卫澳大利亚，看来也无法参战。尼米兹若想派兵加强海军陆战师，只有拆东补西，从南太平洋各地的守备部队中抽调兵力。于是参与制定"瞭望台"计划的人，无可奈何地给这个计划起了个绰号，叫做"小规模出击"。

　　"小规模出击"尚未实施，又不得不加以更改。据夏威夷情报站破译的一份日军电报表明，日本海军特遣队已在瓜达尔卡纳尔岛登陆，并由工兵在岛上修建机场。

　　这一突如其来的消息使尼米兹深感震惊，事态使时间变得极为紧迫。假如日军建成了机场，从瓜达尔卡纳尔岛起飞的飞机，将能够轻而易举地袭击美军在附近岛屿的空军基地，美军现有防线将受到严重威胁。显然，美军必须立即更改作战目标，将瓜岛纳入图拉吉、圣克鲁斯群岛的作战计划之中，并在敌军建成机场之前，攻占该岛。

作战规模虽然扩大了，准备时间却不能延长。金上将和尼米兹确定原计划时间一周后，即8月7日为瓜岛登陆日。尼米兹立即传令第1海军陆战师师长范德格里夫特少将和第17特混舰队司令弗莱彻，准备进攻瓜岛。

范德格里夫特在受命指挥瓜岛登陆作战时，对瓜岛几乎一无所知，不得不凭借一张陈旧的航海图、一叠传教士拍摄的年深日久的照片和一部杰克·伦敦所写的短篇小说去制定登陆作战计划。

弗莱彻对仓促行事有所顾虑，他说："日军虽新遭败绩，但实力犹存，美军不应过于轻敌。"

尼米兹微微一笑："你是否听说过'鸟活十年'的故事呢？"

弗莱彻没有回答，只是望着尼米兹。他知道尼米兹讲故事的本事在海军是出了名的，但现在似乎不是讲故事的时候。

尼米兹说道："有一人买了一只金丝鸟。买时，老板说这种鸟寿命可达10年。可是次日凌晨，这只鸟便死去了。买者到商店责问老板，老板回答道：'这不奇怪，它正好刚满10岁。'如今日军情况也如此，貌似强大，但寿数已尽。我们应抓住时机，击而溃之，不给敌人以喘息的余地。何况瓜岛只是一个方寸之地，以突袭方式登陆应无问题。"

7月31日，由特纳海军少将指挥的南太平洋登陆舰队，满载1.6万名海军陆战队队员，在8艘驱逐舰和1个驱逐舰警戒群以及航空母舰的护航下，从斐济岛出发，进攻瓜岛。支援和护航编队统一由弗莱彻指挥。编队中的航空母舰包括"萨拉托加"号、"黄蜂"号、"企业"号。戈姆利海军中将担任这次作战的全面战略指挥，而他在战斗打响之前，曾与麦克阿瑟一样，是反对发动"瞭望台"计划的。登陆开始后，他一直留在远离战区的旗舰"亚尔古尼"号上。

8月7日清晨，登陆舰队接近瓜达尔卡纳尔岛，岛上日军毫无防范。5时30分，弗莱彻命令航空母舰上的舰载机起飞轰炸瓜岛。不久，美军护航舰炮火亦从海上向岛上射击。

2小时的火力突击过后，登陆部队开始发动攻势。登陆进展很顺利，2,000多名日本工兵根本不是1.6万名美海军陆战队的对手。日军工兵被美军炮火惊醒之后，迅速放弃营地，撤入热带丛林。

8日下午，美军轻而易举地占领了刚刚建成的瓜岛机场，并更名为"亨德森机场"。黄昏时分，经过激战的美军又成功地攻占了瓜岛以北的图拉吉岛。这是美军自1898年以来，在太平洋发动的首次成功的两栖登陆。

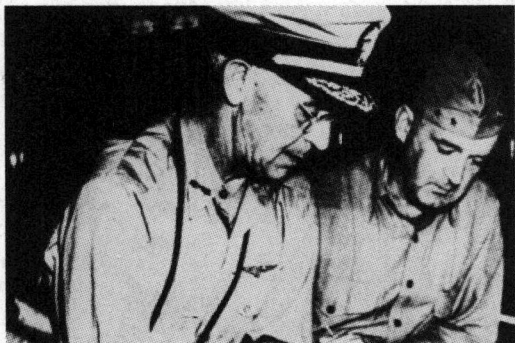

< 在瓜岛滩头集结的美海军陆战队。
> 特纳（左）与范德格里夫特一起研究作战计划。

尼米兹从东京电台了解到这一消息，立即将情报转发给华盛顿的金上将。

两岛告失，震惊了日本朝野。东条英机大骂海军擅自行动，没有争取陆军的援助。军令部总长海军大将永野修身气急败坏地下令：联合舰队必须重克瓜岛，夺回机场。于是，充满血腥的瓜岛争夺战拉开了战幕。

战事于1942年8月8日在瓜达尔卡纳尔岛北部的萨沃湾首先爆发。

这一天，尼米兹正在办公室外的手枪射击场进行射击练习。手枪射击是尼米兹喜欢的一种运动方式，它可以使尼米兹暂时忘却战事，放松神经。在整个太平洋战争的紧要关头，他多以这样的方式来调节自己。当尼米兹身边落满四散的弹壳时，特纳发回了零星电讯，报告了萨沃湾海战的情况。

日军由山川海军中将率领的第8舰队向瓜岛驶进，经过严格夜战训练的日本水兵于午夜时分进入瓜岛与萨沃岛海面，企图在夜战中摧毁美运输舰船和护航舰艇。

美机多次发现日舰队，却未引起足够的重视。特纳认为，巡洋舰发动水上攻击的可能性不大，日军很可能是要建立水上航空基地，以便次日发起进攻。

此时，山川编队已趁夜色驶进美军南区巡逻队附近，并实施了鱼雷和火炮射击。当美驱逐舰发现敌情忙用报话机发出警报时已经太迟了。美军舰只未及开火还击，日军鱼雷就射向了美国重巡洋舰"芝加哥"号和澳大利亚重巡洋舰"堪培拉"号，两舰行动失灵，在弹雨中燃烧。"堪培拉"号于次日沉没，"芝加哥"号被1颗鱼雷击中后向西撤退，"帕特森"号驱逐舰也被日舰击伤。

初战告捷的日舰队，兵分二路向北区的美军舰艇杀来。1时50分，首当其冲的日军旗舰"鸟海"号发射鱼雷，命中美"阿斯托里亚"号巡洋舰。接着，日舰打开探照灯，主、副炮一起开火。数分钟后，北区巡逻队中的3艘美重巡洋舰"文森斯"号、"阿斯托里亚"号和"昆

＜日本海军第8舰队司令海军中将山川军一。

Ⅴ 被日军击沉的美"阿斯托里亚"号巡洋舰。

西"号均遭重创，相继沉没。夜战共进行了约40分钟，日军赢得重大战果。但日舰队形已乱，山川担心天亮以后遭美军舰载机的袭击，遂无心恋战，令舰队于2时20分撤出战斗。撤离途中，又与美执行警戒任务的驱逐舰"拉尔夫·塔尔伯特"号遭遇，日军集中火力将其击沉。

山川指挥的夜战可谓战果辉煌，但他犯了一个致命的错误，即未将美运输船队摧毁。日本史学家指出："如果山川能在瓜达尔卡纳尔消灭敌人的运输舰大队，即使牺牲了他的整个舰队也是值得的。"

其实，山川是有可能重返萨沃岛的铁底湾摧毁美运输舰队的。当时弗莱彻的编队已撤出瓜达尔卡纳尔海域，正朝着与山川编队相反的方向航进，已不可能派舰载机袭击日舰队了。但山川对这一重要情报一无所知，故未能做出正确判断。这对于在萨沃岛惨败的美军而言可算是不幸中的万幸。

特纳在给尼米兹的报告中称：

弗莱彻提前撤走了他的航空母舰编队，特纳也将剩余的盟军舰艇从瓜岛地区撤往南太平洋司令部所在地努美阿。由于没有空中掩护，特纳别无选择。但他的撤退意味着将未卸完物资的运输船队一并带走，也意味着岛上美军将无法阻止日军以优势兵力重新夺回这些岛屿。

尼米兹得知特纳的行动后，乐观的情绪受到了影响，下令对这次海战惨败的原因进行全面调查。

在以后的几天里，太平洋舰队司令部根据部队减员的情况，重新讨论和制定了作战计划。在此期间，他们都十分焦虑，唯恐日军发觉美军在所罗门群岛的防务空虚而采取行动。

尼米兹对南太平洋司令部的戈姆利与自己缺乏联络大为不满。戈姆利直到8月13日特纳抵达努美阿之后，才汇报了有关"瞭望台"计划的实施详情。称留在瓜达尔卡纳尔、图拉吉地区的1.6万名海军陆战队员的给养极为匮乏。

萨沃岛夜战失利的原因有了初步结果，即部队疲劳，警戒不够，且缺乏夜战经验。直接原因是当日军袭击时，负责全面指挥这些舰只的克拉奇利正远离战地25海里，与特纳开会。

尼米兹对这些解释都不满意。他不理解为什么他的舰只虽具备雷达和空中侦察的有利条件，但遇事还如此惊惶失措，抵抗会如此无力。他认为有必要从根本上找原因。在原因尚未真正查明之前，不予公布。

8月18日夜，日军登陆部队在瓜岛美军阵地的东部登陆，并向瓜岛和图拉吉岛上的美海军陆战队进行短时炮击。由于日军过低估计了美军上岛人数，仅派小股部队出击，很快就被人数占优的美陆战队消灭。恼羞成怒的日军决定再派部队向瓜岛发起反攻，并由联合舰队提供掩护和支援。

电讯分析表明，一支经过整编的航空母舰部队已抵达日军在西南太平洋的基地特鲁克群岛。尼米兹推测，日军的这次调动，目的在于增援重夺瓜岛的部队。

此时，弗莱彻领导的航空母舰特混舰队正在瓜岛的东南海域活动，担负对所罗门群岛海上交通线的保护任务。

8月23日，由于日军在航行中采取了积极的反侦察措施，美军没有发现任何迹象。弗莱彻未预料到将要发生的战事，遂令"黄蜂"号航母编队到南方去加油。然而，次日上午，美侦察机便发现了日军轻型航空

母舰"龙骧"号。为使舰队免遭重创，弗莱彻决定采取先发制人之策，立即命令轰炸机和鱼雷机袭击"龙骧"号。"龙骧"号在劫难逃，很快便葬身海底。由此开始了瓜达尔卡纳尔岛战役中的第二次海战，美军称之为"东所罗门群岛海战"。

消息传来，南云急令轰炸机攻击美舰，从"翔鹤"号和"瑞鹤"号起飞的日机尾随着返航美机找到了弗莱彻舰队。日机3枚炸弹击中"企业"号，炸掉该舰的升降机和水密舱，舰侧被穿洞，舰员死亡74人。战后，该舰利用蒸汽动力，返回珍珠港。

8月31日，弗莱彻的旗舰"萨拉托加"号在圣克里斯托瓦尔岛东面巡逻时，被日军潜艇的鱼雷击中，"萨拉托加"也开回珍珠港检修。弗莱彻本人受了轻伤，尼米兹就此让他休假养伤，带着不好的名声离开了海上指挥岗位。

鉴于美军在太平洋地区仅有"大黄蜂"号和"黄蜂"号可以用于作战。尼米兹恳请金上将同意，航空母舰不再在攻占拉包尔的战斗任务中担负支援任务。他指出，这样使用航空母舰部队，将把他们限制在易受敌机攻击和被敌潜艇发现的珊瑚海与所罗门群岛的海域之内。他坚持认为，在未来的战斗中应有陆基航空兵的支援。他要求派更多的飞机，特别是俯冲轰炸机去沿海基地执行任务。他最后指出："我们为数很少的航空母舰担负的其他任务过多，再也经不起在执行某些任务时所招致的任何损耗，而那些任务本来是可以通过其他手段去完成的。"

在阴暗的9月也有一些明亮的时候。

>> 阵前换将

1942年9月，海军部负责采购物资装备的副部长福雷斯特尔来南太平洋海区视察。在回国途中，他到珍珠港征求意见。然后与尼米兹一同飞往旧金山，尼米兹将在那里同金上将举行另外一个会议。

在圣·弗朗西斯科旅馆，金穿着自己设计的没有军衔符号的灰色制服，戴着一顶普通的黑色遮阳帽，帽子上有一条可以套在下巴上的带子。当他和尼米兹一同离开旅馆时，天空下着蒙蒙细雨，他们都穿着没有军衔符号的制式雨衣。摄影记者正在等候他们，其中一位记者对一身平淡无奇的制服、看起来像军士长的金上将说："军士长，请走开。我想给尼米兹将军拍一张照片。"

尼米兹好不容易躲开记者的纠缠，再次来到金上将身边时，他看到了老朋友哈尔西。哈尔西的皮炎已经痊愈，吵吵嚷嚷地要求重返指挥岗位。

尼米兹大喜过望，有力地握住哈尔西的手臂。正是求贤若渴之时，哈尔西能够重新参战无疑是个大好事。

9月7日上午，金召开了第一次会议，宣布了一系列新的人事安排。航空局局长约翰·托尔斯调来担任太平洋舰队航空兵司令。托尔斯曾经因反对把飞行员安排在指挥位置上，与尼米兹有过矛盾。但是，金在托尔斯当局长的时候指挥不动他，只好提议调他去这样一个有吸引力的岗位，然后把自己的亲信调去当航空局局长。为适应未来工作需要，托尔斯被任命为海军中将。现任太平洋舰队航空兵司令奥布里·菲奇少将，接替金的亲信麦凯因少将任南

太平洋航空兵司令。麦凯因调回华盛顿任航空局局长。通过这一抢座位游戏式的人事安排，金拔掉了身边的一颗钉子。

金将军把"钉子"扔到自己这里来，多少令尼米兹心中不快。但金答应尼米兹的请求，把海军第十四军区的布洛克调走了。并且哈尔西又能够随尼米兹一起重返珍珠港，担任"企业"号编队司令，这样，他将接替弗莱彻担任高级战术指挥官，指挥全部美军航空母舰在南太平洋海区的作战。他在行政上归托尔斯中将领导，在战略上归戈姆利中将指挥，而哈尔西也是中将，虽然这多少有点尴尬，却当然不会有人建议把哈尔西降为少将。

会议期间，金上将、尼米兹和一些参谋人员专题分析了萨沃岛战斗的情况，他们就情报、戒备状况、夜间部署以及指挥官擅离职守等问题进行了深刻总结。讨论内容还进一步扩大到整个太平洋海区。金对戈姆利将军的指挥能力提出了置疑，尼米兹说他将进一步了解戈姆利的情况，然后上报给金。

< 尼米兹上将的得力助手哈尔西海军中将。
< 尼米兹与海军部副部长福雷斯特尔在一起。

美国舰队总司令、太平洋舰队总司令联席会议结束后，9月11日，尼米兹和哈尔西一起回到珍珠港。次日，两人一道视察正在港内检修的"企业"号航空母舰。尼米兹要向全舰人员授奖。

当两位将军到达时，全舰人员在飞行甲板上列队欢迎他们。尼米兹像导演介绍知名演员那样，把哈尔西推到众人面前。他对着扩音器大声说道："朋友们，我告诉你们一个好消息。比尔·哈尔西回来了！"官兵

★"亨德森"机场

"亨德森"机场是第二次世界大战时期南太平洋瓜达尔卡纳尔岛上的丛林机场。该机场于1942年7月由在此岛登陆的日本海军工兵修筑。8月7日，美国海军陆战队第1师在该岛登陆，将日军驱逐出瓜达尔卡纳尔岛，控制了机场。为纪念在中途岛战役空战中牺牲的美国海军陆战队飞行英雄洛夫坦·亨德森少校，美军飞行员将这个丛林机场命名为"亨德森"机场。

们立时爆发出欢呼之声，此情此景使哈尔西大为感动。事实证明，尼米兹重新任命哈尔西是深得人心的，整个南太平洋美军官兵都为之群情振奋。

此时此刻，日军正在瓜岛周围大量增兵。由于美军控制了亨德森机场，日舰白天不敢接近岛屿。但在夜间，偷送部队、弹药和供应品的运输船队却经常通过位于布干维尔至瓜岛一侧的通道开进来。这种夜间航行，海军陆战队员讨厌地把它们称为"东京快车"行动。

9月中旬，日军沿"亨德森"机场★以南的山岭发起突击。由于日军仍低估了瓜达尔卡纳尔岛上美军的实力，并且美军早有戒备，在105毫米榴弹炮的支援下，以迫击炮和机枪猛烈阻止来袭日军。日军未能突破防线，并遭到重大损失。这次战斗被称为"流血岭之战"。

"流血岭之战"过后，日军重新估判了美军实力，继续通过"东京快车"大量调集兵力。而美陆战队处境极为不利，缺乏粮食和弹药补给，又极易受到攻击。尼米兹责令海军运输船队加速向瓜岛运输物资，使岛上供应情况稍有好转。

正当美军加紧从圣埃斯皮里图岛把海军陆战第7团送往瓜岛时，日军潜艇钻入美国护卫舰中间，在15分钟内相继用鱼雷攻击了航空母舰"黄蜂"号、新型战列舰"北卡罗莱纳"号和驱逐舰"奥布赖恩"号。"黄蜂"号供油系统起火，被迫撤离战场。由于火势无法控制，只得用鱼雷击沉。"奥布赖恩"号爆炸后沉没，"北卡罗莱纳"号在水线以下出现了巨大裂缝，不得不返回珍珠港维修。于是，美军在整个太平洋海域能够进行作战任务的航空母舰，只剩下"大黄蜂"号一枝独秀了。

9月20日，参谋长联席会议成员、陆军航空兵司令哈普·阿诺德将军抵达珍珠港进行实地调查。刚从南太平洋回来的埃蒙斯将军迎接了他。埃蒙斯显然是受了西南太平洋和南太平洋司令部的悲观情绪影响，接受了麦克阿瑟和戈姆利的观点，认为瓜岛必将在短期内得而复失。

　　但阿诺德发现，尼米兹确信瓜达尔卡纳尔岛能够守住。尼米兹对他说，日军进攻瓜岛已经集结了它能够集结的力量，而且它的人员、舰艇，特别是飞机的损失远比补充的速度快。盟军实力雄厚，补充力量正开始调到这个方向来。假如海军陆战队能再坚守一段时间，形势肯定会发生变化。

∧ 美军用105毫米榴弹炮向日军轰击。

　　问题的关键是海军陆战队能否顶得住。以范德格里夫特将军为首的陆战队官兵在供应极为匮乏、岛上条件十分恶劣的情况下，依然奇迹般地守在阵地上。努美阿和布里斯班的惊慌情绪没有传到瓜岛上，岛上的军官们相信他们能顶得住。

　　《纽约时报》记者问范德格里夫特："将军，你是否要守住这个滩头阵地？你将留在这里吗？""是的，为什么不留呢？"范德格里夫特反问道。实际上，如果不是苦于缺乏人员与供应，他甚至希望继续扩大阵地。

　　尼米兹认为现在他必须亲临太平洋战区，以便对形势做出实事求是的判断。尼米兹用无线电话邀请麦克阿瑟，请他到新喀里多尼亚的努美阿来，参加在戈姆利将军总部召开的会议。

麦克阿瑟复电说，他不能离开他的司令部到珊瑚海这边来，请尼米兹到布里斯班与他会晤。尼米兹拒绝了，麦克阿瑟只好答应派代表出席努美阿的会议。

9月25日，尼米兹带领随行人员，乘"科罗纳多"水上飞机离开珍珠港。途中，因飞机出现故障，他们在坎顿岛度过了一个夜晚。在这里，尼米兹会见了即将去华盛顿担任新职的斯鲁·麦凯因将军，他曾于1906年在"帕纳伊"号炮艇上同尼米兹一起工作过。麦凯因向尼米兹汇报说，只要有足够数量的战斗机和飞行员阻止敌军的连续轰炸，瓜达尔卡纳尔岛是能够守住的。

当天夜里，坎顿岛响起空袭警报，所有的人都急忙钻进了防空洞。当尼米兹将军进去后，他问麦凯因将军上哪儿去了。经检查，发现他没有进来。于是，副官拉马尔又赶忙返回灯火管制的旅馆，摸黑走到麦凯因住的房间。拉马尔回忆说："当我到那里的时候，我敲敲门，问麦凯因将军怎么样。我没有听懂他含含糊糊回答了什么，于是打开门走了进去。麦凯因将军装有一口假牙，他把它放在卫生间抽水马桶上面的一个玻璃杯中，在出去躲空袭的匆忙之中，把假牙掉进马桶里。我把它钩了出来，然后一起走进防空洞，一直待到警报解除为止。"第二天早晨，麦凯因让卫生部门把假牙进行彻底消毒，然后才装到口里。

9月28日下午，尼米兹乘坐的水上飞机抵达努美阿。稍事休息，他便在戈姆利的旗舰"亚尔古尼"号上召开联席会议。会议在戈姆利密不透风的办公室里持续进行了4个多小时。尼米兹发现戈姆利面容憔悴、神情黯淡，正像他悲观的报告一样提不起精神。

尼米兹将军在会议开始时说："我和我的参谋人员此行的目的，是了解南太平洋海区的实际情况，以及美军面临的具体问题。请大家各陈己见。"

会上，特纳将军就南太平洋海区的战略问题做了发言，戈姆利则慢条斯理地介绍了南太平洋海区未来作战计划的大纲。麦克阿瑟的参谋长萨瑟兰少将重复了麦氏的观点，"瓜岛不能再守，应尽早放弃"。

尼米兹问道："有什么理由吗？"

南太平洋陆军司令哈蒙少将回答："据情报分析，日军百武集团军已将其主力第2师团集结在肖特兰岛，并从婆罗洲征调第38师团，欲与第2师团一同登陆瓜岛。而美军在瓜岛的守备部队仅1万多人，海军又无力增援，敌我力量相差悬殊，固守只能遭致更多伤亡，且阵地难保。"

尼米兹听毕厉声责问道："既然你们怀疑范德格里夫特将军没有足够兵力坚守瓜岛，为什么不派驻在新喀里多尼亚的陆军师予以增援？对使用新西兰陆军和航空兵的可能性做过调查没有？为什么不派海军部队去破坏日军在夜间行动的'东京快车'？"

这是尼米兹少有的几次声色俱厉的发言之一。他的问题提得尖锐而又有分量，众将领只有面面相觑，哑口无言。

∧ 美国海军陆战队范德格里夫特将军。

尼米兹继续以不容置疑的语调说道："瓜岛是一个局部小岛，但关系到太平洋战区的全局，决不能仅从一己利益看问题，望各位随时做好增援瓜岛的准备。"

会议结束后的第二天，尼米兹带着复杂的心绪，乘坐菲奇将军提供的 B-17 型轰炸机飞赴瓜达尔卡纳尔岛。

尼米兹乘坐的飞机在雨幕中降落在亨德森机场。范德格里夫特将军在倾盆大雨中已经等候多时，他快步走到舷梯旁，向自己崇敬的上司敬礼问候。尼米兹默默无言地向他伸出手臂，嘴唇翕动了一下，终于什么也没有说。他知道，这位身处险境的陆战队第1师师长，需要的是真正具有实效的支持。

下午，尼米兹冒雨视察了飞行指挥部、"流血岭"和陆战队防区的一些据点。他还专程探视了那里的临时医院，同那些身负重伤及患有严重疟疾的士兵们进行了亲切的交谈。尼米兹与士兵们待在一起，马上感受到一种截然不同的气氛，这里充满了令人振奋的乐观情绪。

饭后，尼米兹与范德格里夫特和他的高级军官商谈，然后又单独和范德格里夫特交换了意见。尼米兹高兴地看到范德格里夫特坚守瓜达尔卡纳尔岛的决心和信心，他想起了阿诺德的一句话："一个人愈接近战区，就愈有信心。"失败主义的悲观念头好像只在努美阿和布里斯班司令部流行。

尼米兹感到十分满意，问他对战局的看法。范德格里夫特毫不犹豫地回答："飞机场是整个战局的关键。"当时，他正为特纳坚持要他在瓜达尔卡纳尔沿岸的几个据点发起进攻感到烦恼。他相信，用有限的兵力集中扼守亨德森机场，是最明智之举，分散部队力量，则会招致危机。有迹象表明，敌人即将集结兵力重新攻占机场。谁控制了机场，谁就控制了瓜达尔卡纳尔岛。范德格里夫特说，他非常需要有更多的人守住防线，用更多的飞机击退不断袭击机场和防御工事的敌军轰炸机。当时，尼米兹没有表态，但他显然对范德格里夫特的策略

145

采取了暗中支持的态度。

　　晚餐后，尼米兹忽然问范德格里夫特："如果战后，重新修正《海军条令》，你认为应该修改哪些方面？"

　　"起码有一点应该注意，今后一定要在条令中删除那些不分青红皂白就给人处分的条款。"范德格里夫特此言，喻指弗莱彻和特纳突然撤舰之事。尼米兹点点头。这让他又想起青年时因"迪凯特"号搁浅受到轻微处分的经历。

< 连日的激战让美军士兵疲惫不堪。
< 美军士兵在救治伤员。
> 美军飞机正轰炸日军舰船。

　　第二日清晨，在庄严的国歌声中，尼米兹向范德格里夫特领导的陆战第1师授奖。范德格里夫特本人获得一枚海军十字勋章。尼米兹还走到面容憔悴的官兵队列前，亲自把军功章戴在那些有功的将士胸前。也许是身体虚弱，也许是为四星海军上将亲临前线授勋而激动，一位军士在领奖之后，竟昏了过去。

　　授奖后，尼米兹准备返回珍珠港他的司令部。在细雨迷蒙的机场，他向范德格里夫特保证："以现有的物资给你以最大限度的支援。"

　　尼米兹安全抵达努美阿，他又同戈姆利讨论了向瓜岛增兵和阻止"东京快车"的问题。在尼米兹的推动下，戈姆利只得从新喀里多尼亚守卫部队中抽调一个团增援瓜岛。

　　10月11日夜间，美军护航船队与日军"东京快车"在瓜岛西北部埃斯帕恩斯角进行了一次较量。美军击沉日军1艘巡洋舰和1艘驱逐舰，美军损失1艘驱逐舰。13日，美护航船队和增援部队安全开入瓜岛。

　　瓜岛仍不断有战事发生。疲惫不堪的美军还在忍受着疟疾和供给不足的折磨。显然，瓜岛战事已进入生死存亡的决定性时刻。

　　10月15日晚，尼米兹召开了一次特别会议，他那炯炯有神的蓝眼睛好像变成了黯淡无光的冰灰色。他越来越无法容忍戈姆利等人的悲观主义情绪，这样的精神状态将难以激励部

属勇往直前、英勇奋战。

会议开始时，他发表了简短的讲话，他说："我不想听到或看到这样的悲观主义。要记住，敌人也受到损伤。"很明显，日军就要发动一场大进攻了，所以他召集这些军官，想听听他们对南太平洋司令部近况的看法。戈姆利将军是一个能干和具有献身精神的军官，但他有魄力来对付这场即将来临的挑战吗？更重要的是，他能否以他的威望激励他的部属奋勇向前呢？

出席会议的军官都发表了意见，他们认为南太平洋司令不称职，南太平洋司令部的气氛令人无法容忍。一个军官冒昧地对戈姆利将军进行批评时，尼米兹制止了他，没有让他讲下去。他问在座的参谋人员："现在是调走戈姆利将军的时候吗？"

所有人的回答都是一致的："是。"

于是，尼米兹果断决定由哈尔西接替戈姆利在南太平洋司令部的指挥工作。此议上报金上将，很快得到了批准。

人事安排的实施并不是一件容易的事。尼米兹承认戈姆利是一位具有相当影响的将领，他必须首先做通戈姆利的思想工作。为此，尼米兹特意拟定了一份电报发给戈姆利：

战争是残酷的，我必须从整个海军中去寻找一个最适合处理那种情况的人。经过多方面的细致考虑，我们认为哈尔西的才干和丰富经验，最适于应付当前的局势……我对你始终不渝的忠诚努力和在极其艰巨的任务中所取得的成就，表示衷心感谢。

戈姆利对此没有提出异议。

∧ 时任南太平洋海区司令的哈尔西。

>> 扭转战局

10月18日下午2时，一架"科罗纳多"号水上飞机犹如一支矫健的山鹰，悄然降落在努美阿港弧形的港湾里。飞机尚未停稳，一位海军将官已从客舱走出来。他脸庞黝黑、前额开阔、双目炯炯有神，给人一种咄咄逼人的气势。他就是大名鼎鼎的哈尔西将军。

在瓜岛争夺处于白热化、登陆美军岌岌可危的时刻，尼米兹起用这种敢打敢拼、勇于进取的将领，很可能收到扭转战局的奇效。

哈尔西的骁勇善战早已众人皆知。珍珠港事件爆发前，太平洋局势曾一度危急，哈尔西奉命去威克岛运送飞机。舰艇出发后，他立即发出"第一号作战命令"，要求全体官兵严阵以待，若遇敌舰，立即开火。当时，美日还处于外交谈判阶段，没有正式宣战。

哈尔西的参谋长提醒他说："你知道你的这项命令意味着将进行战争吗？"

"如果发现敌人过来，就先发制人。有什么争论以后再说。"哈尔西以不容置疑的语气说。

从这件事中，反映出哈尔西敢作敢为的倔强个性。当珍珠港惨遭重创，举国震惊、士气低落的时候，又是哈尔西率领仅有的一支航空母舰编队，成功地进行了对日海空反击战，使美国人从阴霾的云层中看到了一线亮光。更令人难以忘怀的是，1942年4月18日，他亲自指挥舰队，运送杜利特尔上校的B-25机群，长途奔袭，直捣东京。

尼米兹任命哈尔西出任南太平洋海区司令的决定是深得人心的。海军部长诺克斯在写给尼米兹的信中肯定了尼米兹的做法。他说："我对你英明果断地任命哈尔西接替戈姆利的命令感到满意。"

任命哈尔西的消息像春风一般吹遍了整个滩头阵地，激起了深陷战争泥淖中的官兵们新的斗志。一位在瓜岛历经过磨难的美军军官说："我永远不会忘记当时的情景。那时，我们因患疟疾，四肢软弱无力，似乎连散兵坑都爬不出来了。可是，当我们听到哈尔西赴任的消息后，突然高兴得像小羚羊那样蹦跳起来。"

一艘救生艇像箭一般驶向水上飞机，然后载着从飞机上下来的哈尔西向"亚尔古尼"号旗舰奔去。哈尔西是在这艘救生艇上才看到尼米兹的任命电报。由于任命来得突然，他有些惊讶。他情不自禁地说："这可真是上帝交给我的最烫手的马铃薯了！"

戈姆利将军站在甲板上迎接哈尔西，两人都显得有些不自然。戈姆利对哈尔西说："这是他们交给你的一项艰巨任务。"

"我完全知道。"哈尔西回答，"希望你能给予协助。"

哈尔西失望地发现无论是戈姆利，还是他的参谋人员，对瓜岛局势的第一手情况都所知甚少。因此，哈尔西立即召集范德格里夫特将军来努美阿会晤。

会议在"亚尔古尼"号战舰上召开。出席会议的人员除范德格里夫

→

★"瑞凤"号轻型航空母舰

日本于1939年9月8日把辅助舰船开始改装成"瑞凤"号航空母舰,1940年底改装完工。该舰标准排水量11200吨,与"祥凤"号属于同级舰。舰长205.5米,宽18米,输出功率为52000马力,双螺旋桨,航速每小时为28海里,舰员785人。第二次世界大战时期,"瑞凤"号参加了圣克鲁斯、马里亚纳等海战。1944年被美国舰载机击沉。

特之外,还有海军陆战队司令汤姆斯·霍尔库姆中将,以及帕奇、哈蒙和特纳三位将军。范德格里夫特在回顾了瓜岛的作战经过之后,强调指出,他刻不容缓地急需补充航空兵和地面部队。刚刚进行过实地考察的哈蒙将军和霍尔库姆将军完全支持他的看法。

哈尔西问范德格里夫特:"你打算确保瓜岛吗?"

范德格里夫特回答:"如果条件允许,我打算血战到底。"

"你指的条件是什么?"哈尔西问。

"强大的火力支援和不间断的运输补给。"范德格里夫特回答。

特纳则表示,海军已竭尽全力了,因为没有足够的战舰保护,他损失的运输舰只已达到了惊人的程度。哈尔西打断特纳的叙述,明确地告知陆战第1师师长范德格里夫特:"你回去后,我保证尽我所能支持你。"

当范德格里夫特将军从努美阿返回瓜岛的时候,日军已向机场发起了新的攻击。日军攻击亨德森机场的意图在于引诱美军舰队出现于所罗门群岛东北海区,然后由日联合舰队歼灭。

哈尔西命令包括"企业"号和"大黄蜂"号编队在内的主力舰只在圣克鲁斯群岛以北地区进行巡逻,以便从翼侧打击从北面和西北面逼近瓜岛的敌军。

哈尔西面临的对手是参加过中途岛作战的南云编队,包括"翔鹤"号、"瑞鹤"号航空母舰及"瑞凤"号轻型航空母舰★。日军前哨部队是"隼鹰"号航空母舰舰队。哈尔西是一个胆大心细之人,他深知自己的编队在力量上处于劣势,胜利的关键在于抢先发现敌人,然后向日军发起突袭。

26日凌晨,美侦察机发现日军舰队。此时,金凯德率领的两个航空母舰编队已抵达圣克鲁斯岛海域。哈尔西即刻命令海上部队向日军发起猛烈进攻。与此同时,尼米兹也将日军发现美舰的情报转给了金凯德。不久以后,尼米兹从日军的明语电报中获悉,圣克鲁斯群岛海域发生了航空母舰激战。

日机于6时30分升空待命,但未发现"企业"号。6时50分,美机命中日"瑞凤"号飞行甲板。9时10分,日机在离"企业"号10海里处发现"大黄蜂"号,"大黄蜂"号暴露于晴朗海面易受攻击的位置。日机集中火力发动攻击,5颗炸弹命中甲板,2条鱼雷击中机舱,海水浸入锅炉舱。"大黄蜂"号开始倾斜,失去了航行能力。与此同时,从"大黄蜂"号

∨ 遭受日军飞机攻击的"大黄蜂"号航母起火燃烧。

∧ 在瓜岛与日军激战的美军海军陆战队员。

起飞的轰炸机群也突破日军的空中防御，重创日航空母舰"翔鹤"号。

10时2分，"企业"号被日军发现，飞行甲板被3枚炸弹击中。为"企业"号护航的"南达科他"号战列舰和"圣胡安"号巡洋舰各中一弹。"企业"号编队在日机连续攻击下，带伤向东南方向撤退。

没有飞机掩护的"大黄蜂"号由一艘巡洋舰拖着，以3节的航速缓慢而行。下午15时15分，6架日军鱼雷机向"大黄蜂"号再次发起攻击。一条鱼雷命中该舰，舰体右倾14度。舰长命令弃舰。美军驱逐舰被迫将曾在中途岛之战中声名显赫的"大黄蜂"号用鱼雷击沉。

日军近藤编队袭击"大黄蜂"号之后，向北撤退。原计划次日南下再战，但由于遭到了从圣埃斯皮里图起飞的美军水上飞机的连续攻击，遂于27日下午退出战斗，驶回特鲁克岛。

金凯德指挥的美军舰队在南撤途中，遭到日潜艇发射的鱼雷攻击。哈尔西令其鸣金收兵。

至此，圣克鲁斯海空大战宣告结束，这是日美双方继珊瑚海大战、中途岛海战、东所罗门海战之后，第四次航空母舰之间大规模的海空厮杀。从战术角度讲，双方两败俱伤；从战略角度看，美军却达到了自己的目的。首先，此战粉碎了日陆海军联合攻占瓜岛的企图；其次，此战使山本五十六用一次舰队决战歼灭美军舰队的梦想化为了泡影。

在瓜岛的亨德森机场争夺战中，美陆军士兵和海军陆战队员们显示出了空前的团结协作

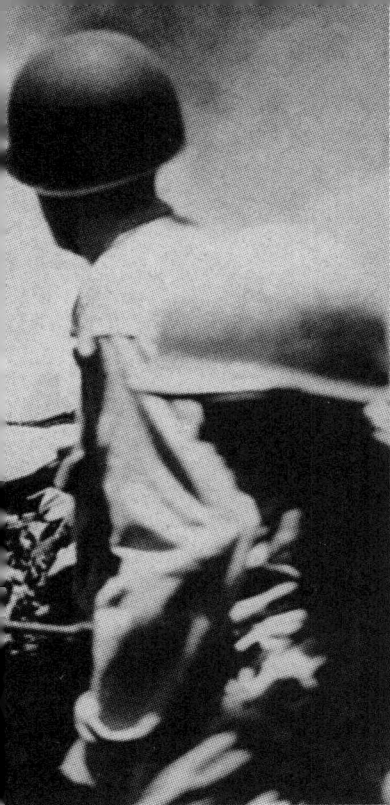

∧ 瓜岛遍布日军士兵的尸体。

精神，一次次打败了日军的进攻，将机场牢牢地掌握在美军手中，并使日军伤亡数十倍于美军。为此，尼米兹给范德格里夫特发去一份热情洋溢的嘉奖电："你们在岛上的战斗捷报，令所有人欢欣鼓舞。谨向前线的陆战队员及固守阵地并反攻夺回防线的陆军部队，致以衷心的感谢。相信你们一定能够团结一致，打败敌人。"

此时，世界各地反法西斯战争正在蓬勃展开。盟军的三支远征军正计划渡海进攻北非，大西洋的战事已推向高潮，大量的人员和物资纷纷运往这一地区。相比之下，南太平洋地区在一定程度上却被人忽略。好在罗斯福总统对这一情况进行了干预。他担心在1942年国会选举前夕，如果瓜岛守军的支援线被切断，舆论将对他不利。于是，他向参谋长联席会议提出了一份备忘录，要求"确保可能运入该地区的一切武器全部运进去，以固守瓜达尔卡纳尔岛"。

这样，在进攻北非的前夕，一批弹药、火炮、飞机运到了这个被围困的孤岛上，也使哈尔西得以再次派遣6,000多名陆军和海军陆战队的士兵上岛，特纳派水面舰艇进行护送。

哈尔西接到尼米兹传来的总统指令后，不敢怠慢，立即奔赴瓜岛做了一次短期视察。他需要熟悉那里的防御情况，更重要的是通过亲临前线，向那些疲病交加仍勇敢地坚守阵地的士兵们灌输力量和热情，激起他们新的希望。

153

∧ 美军舰队在海上航行。

在岛上举行的记者招待会上，他宣布："夺取战争胜利的秘诀就是不断地消灭日本佬。"他视察瓜岛的消息很快传遍了南太平洋海区，官兵们一致认为，同前任司令相比，哈尔西是一位关心全局的将领。

尼米兹要求哈尔西发起一次战斗行动，并于11月初实施。决战在即，哈尔西毫不迟疑地向海军发出全面战备的命令。"企业"号经过简略修补，在修理舰陪伴下，从努美阿出航。编队还包括"华盛顿"号和"南达科他"号两艘战列舰。哈尔西吸取圣克鲁斯海战的教训，指示金凯德将军谨慎小心，任何时候都不要进入所罗门群岛以北海域。哈尔西派出的增援部队于11月12日下午安全登陆。当天傍晚，特纳的护航队撤向东南方向的努美阿。为了挫败日军包括"比睿"号、"雾岛"号战列舰在内的炮击大队即将对亨德森机场的夜袭，特纳从护航船只中抽出5艘巡洋舰和8艘驱逐舰，在海军少将丹尼尔·卡拉汉的指挥下，重返铁底湾，掀开了瓜达尔卡纳尔岛海战的序幕。

这是一个星光闪烁的夜晚，美日两支编队在瓜岛以北的海面上不期而遇。双方进行了一场约30分钟的混战，激烈程度为海战史上所罕见。幸运的是，日战列舰携带的是356毫米的杀伤弹，而不是穿甲弹，美军编队才免遭覆没的厄运。交火中，双方队形被打乱，不时发生同室操戈的情况。待天明才发现，两军损失均很严重。日军除丧失两艘驱逐舰外，旗舰"比睿"号中弹50多发，在萨沃岛附近被美机击沉。美军丧失4艘驱逐舰，重巡洋舰"波特兰"号和1艘驱逐舰失去机动能力。斯科特将军、卡拉汉将军及其大部分参谋人员在海战中阵亡。此战，日军编队占有绝对优势，但美军打乱了其进攻时间表，迫使阿部弘毅的战列舰撤回到肖特兰岛基地。

日军以战列舰实施炮击亨德森机场的企图虽未得逞，但并没有放弃原有的进攻计划。11月14日凌晨，以山川海军中将指挥的巡洋舰编队，又从肖特兰岛南下，并开始炮击亨德森机场。

当日拂晓时分，美军侦察机发现日军的2个舰船群。一支是山川的炮击编队，另1支是田中的增援编队。此时，金凯德率领的"企业"号编队已将所罗门群岛置于其舰载机的突击范围之内，所以形势对日军不利。从亨德森机场起飞的轰炸机和从"企业"号航空母舰上起飞的轰炸机，对日本两个舰船群进行了轮番轰炸，击沉巡洋舰1艘，击伤巡洋舰3艘。与此同时，1支由"雾岛"号战列舰、4艘巡洋舰和9艘驱逐舰组成的日军炮击舰队，也向美军猛扑过来，击沉美军2艘驱逐舰，并使"南达科他"号和其他2艘驱逐舰丧失战斗能力。美仅存的"华盛顿"号利用雷达指挥系统，集中轰击"雾岛"号，使之在7分钟内丧失了机动能力。日军战舰放弃作战企图，撤离战场。4艘幸存的日运输舰穿过战区冲上瓜岛浅滩。天亮后，美军飞机、舰艇和岸炮摧毁了这4艘运输舰。这样，统称为瓜达尔卡纳尔岛海战的一系列战斗至此全部结束。

瓜岛争夺战是太平洋战争中一场空前残酷而激烈的搏杀。这一具有决定性意义的争夺战，

> 在瓜岛附近海域被击沉的日军远输舰。
∨ 美军士兵在瓜岛上搜索残余的日军。

成为第二次世界大战中著名的战役之一。尼米兹表示，瓜达尔卡纳尔战斗的重要阶段已经过去。他还认为，南太平洋部队不怕危险的精神主要是由于南太平洋海区司令的英明领导，他赞誉哈尔西："智勇双全，神机妙算。"罗斯福总统为奖励哈尔西取得的胜利，特擢升他为海军四星上将，并很快得到了国会批准。

>> "复仇者"行动

　　瓜岛海战之后，所罗门群岛的日军全面转入防御。但日军不甘心失败，又在塔萨法隆加挑起了一次夜战。此战日军以弱胜强，将装备新式雷达的美巡洋舰编队打得落花流水，以损失1艘驱逐舰的代价，取得了击沉美重巡洋舰1艘、重创巡洋舰3艘的战果。但从战略上而言，日军的胜利为时已晚，已经无力扭转战局了。

　　不过，尼米兹还是从战术上发现了美国海军需要改进的问题，美军尽快提高夜战能

力已成当务之急。为此，尼米兹实事求是地向美海军提出"训练，训练，再训练"的口号。他还赞扬日军的舰炮和鱼雷射击技术，并说日军"有能力，有耐性，有勇气"。

12月7日，在珍珠港被袭一周年举行的记者招待会上，有记者请尼米兹从军方的角度展望一下未来战争的结局，尼米兹回答说："我不想用日期来回答你的问题，但我可以用海图回答你。"他指着墙上的大排海图宣布："当日军在海图上所示的地方被穷追猛打、无处躲藏，有生力量被摧毁时，战争就结束了。"

12月底，范德格里夫特领导的陆战第1师撤出瓜岛，由帕奇率领的陆战第2师和陆军第25师予以替换。新的守岛部队继续在岛上执行肃清日军残部的任务。

尼米兹在"所罗门海区未来战斗"的备忘录中，明确提出了下一阶段的作战原则和方针。这些原则与金上将的构想完全不同。金建议绕过所罗门群岛和俾斯麦群岛，夺取阿德默勒尔蒂群岛。这样，盟军就能封住日军通往拉包尔的主要运输线，处于摧垮并进而攻占这个基地的优越地位。尼米兹在备忘录中则指出，盟军兵力有限，企图越过两岛上许多相互支援的日军基地是危险的。他认为，进攻应稳扎稳打，以基地战斗机所能覆盖的掩护范围为前提。首先，进占离亨德森机场300海里的布因基地。在瓜岛和图拉吉岛地区建成海、空基地，并且等盟军两栖作战部队增多之后，再进一步向前推进。其次，当美国制空力量逐渐取得优势之后，再进一步加快进攻步伐。

为了说明自己的观点，尼米兹专程奔赴旧金山会晤金上将。这回，金上将没有固执己见，他为尼米兹细致入微的分析所打动，几乎全盘接受了尼米兹的建议。

为了缓和海、陆军种间的关系，尼米兹还在人员任命上做了一次精心安排：由曾担任过外交官的金凯德，接替经常与陆军争吵的西奥博尔德将军，出任北太平洋海区司令。

尼米兹还就太平洋舰队的未来发展提出了一整套构想。此时，美国已经建成或将要完工的共有22艘航空母舰。这些舰只将可能组成一支史无前例的大舰队，那时美军将以崭新的姿态出现在太平洋海域。尼米兹打算以这样一支舰队横越太平洋，打开太平洋的交通中轴线。这些地方无大片陆地，只有数百个大岛屿和环礁，可以选择许多目标为登陆地带及作战基地。

与此同时，麦克阿瑟也提出了带有鲜明个性色彩的方案。该方案建议，以陆军为主力沿着新几内亚进军菲律宾群岛，最终以此为基地，直捣日本本土。在一系列陆军为主攻的跃进中，以海军担任陆军的人员护送和供给服务。

　　以庞大的太平洋舰队担任陆军的辅助部队，使海军成为陆军随意摆布的工具，这是美舰队总司令金上将和太平洋舰队总司令尼米兹上将无论如何不能苟同的。尼米兹为此辩驳道，麦克阿瑟进攻日本的方案舍近求远，耗损人员和供应，并且将旷日持久。金则认为，这是典型的麦克阿瑟主义，意在突出自己。

　　金返回华盛顿，向马歇尔汇报了各司令部之间的关系问题，尤其是尼米兹的部属哈尔西进入麦克阿瑟管辖的海区作战之后的有关指挥问题，这就涉及了尼米兹和麦克阿瑟谁高谁下。最后，参谋长联席会议做出妥协，哈尔西在战略上受麦克阿瑟的原则指导，战术上则由他自己决定。

　　尼米兹为了使自己合理的作战方案能够为参谋长联席会议和他们的各小组委员会所选中，做了许多努力。最后，华盛顿的决定传达下来，他们接受了尼米兹的方案。麦克阿瑟虽竭力反对，也未能劝阻住最高当局。因此，尼米兹的进攻方案为主线，麦克阿瑟则继续从南面进攻。

　　尼米兹认为，在太平洋地区的两头同时推进，应紧密协调以保证最大限度地获得战斗胜利。最好是由一个单一的领导来指导作战方案的实施并进行指挥。他还认为，应由他担负这项任务。但他所处地位使他不能提出此议，他对金上将的支持非常感激。正是这种支持使他实际上赢得了个人的胜利，他已经拥有一支配备全面、人员充实的作战舰队，使太平洋获得了基本的安全因素。因此，他也不便提出更多要求。

　　新的一年已经来临，在1943年1月举行的卡萨布兰卡会议上，金上将据理力争，认为美国不应过分迁就英国进攻西西里岛的计划，而要重视美军在太平洋地区的战略目标。罗斯福总统和丘吉尔首相在听取了有关太平洋战场的汇报之后，肯定了金的建议。丘吉尔还勉强答应了与美国一同加快对日战争的步伐。

　　在此有利形势下，尼米兹认为再次奔赴南太平洋前沿阵地进行视察的时机已经成熟，诺克斯海军部长将同尼米兹一同前往。于是，尼米兹建议麦克阿瑟到努美阿来，共同协商下一步行动方案。尼米兹熟知麦克阿瑟的个性，他连总统都未必放在眼中，一个海军部长怕是难以驱动他的"大驾"。所以，尼米兹提供了两套方案供麦克阿瑟选择：第一，麦克阿瑟来努美阿，第二，诺克斯、尼米兹、哈尔西三位高级将领一同去澳洲布里斯班的麦克阿瑟司令部。然而，麦克阿瑟还是以"高级指挥官长途跋涉，机关无人照顾"为由，拒绝了尼米兹提出的会晤要求。实际上，麦克阿瑟认为在这种时候举行高级会晤毫无益处。

　　1月14日，尼米兹陪同诺克斯部长乘坐四引擎水上飞机，由珍珠港出发，动身前往中途岛。途中飞机发生故障，尼米兹命令飞行员在水面上迫降。诺克斯部长臀部受伤。尼米兹头部撞开一条一英寸长的伤口，当副官拉马尔用碘酒擦拭他的伤处时，尼米兹因疼痛而大喊大叫。

　　在中途岛为他们举行的欢迎宴会上，尼米兹以海军上将的名义向部属授勋授奖。一位年

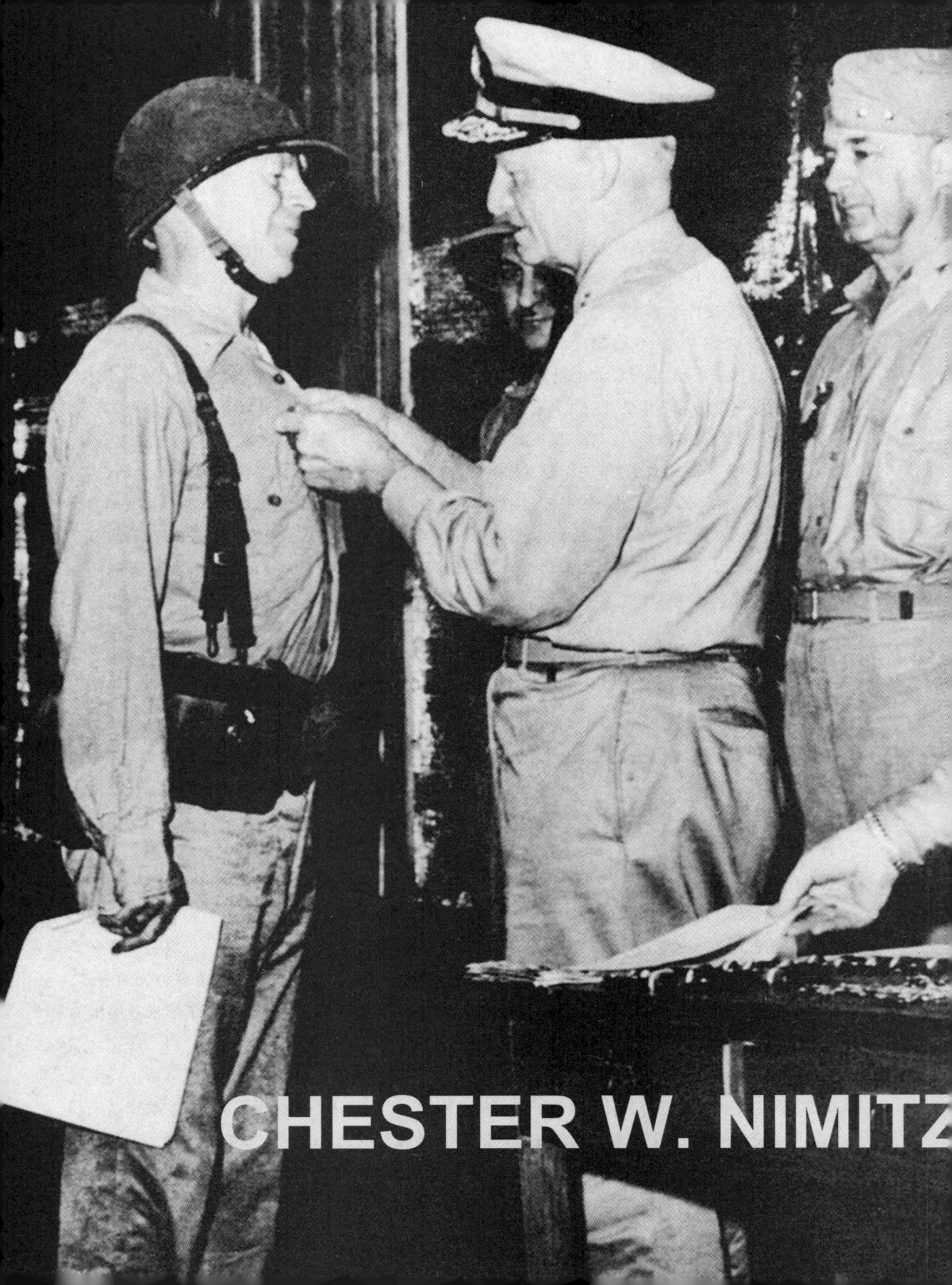

CHESTER W. NIMITZ

∧ 1943年1月，尼米兹与哈尔西交谈。

< 尼米兹在中途岛为军官颁发海军十字奖章。

轻的上尉被授予海军十字奖章，尼米兹仔细打量了这名上尉，然后向他问道："你是得克萨斯人吗？"

"是的，将军。"上尉答道。

尼米兹哈哈笑着说："我一看就知道。"他是一个善于察言观色的人，对于家乡的人更有一种本能的直觉。他常说，如果他认为某人不是得克萨斯人，他决不会问人家，以免使人难堪。

尼米兹一行参观了中途岛的防御设施之后，沿着日军占领的马绍尔群岛和吉尔伯特群岛向南飞行，于1月20日抵达圣埃斯皮里图岛，受到从努美阿赶来的哈尔西和麦凯因的欢迎。

在圣埃斯皮里图岛，诺克斯、尼米兹一行住在菲奇将军的"柯蒂斯"号旗舰上。夜里，舰艇不时遭到日军飞机的零星轰炸。

第二天，尼米兹等人到达瓜岛。他欣喜地发现，岛上部队的设施和条件已有很大改善，浴血守卫的亨德森机场已成为颇具规模的全天候机场。新近换防上岛的士兵身体健康，精神振奋。可以说，美军已经掌握了岛上的制空权和瓜达尔卡纳尔、图拉吉岛周围的制海权。

1月23日下午，尼米兹在哈尔西的司令部召集了高级军事会议。他的脸色不佳，身体明显虚弱，鼻翼时不时因呼吸不畅而抽动。但他还是强打精神，用简洁清晰的语言阐述了对下一步战略的构想：第一，在4月1日之前，彻底清除瓜岛日军，完全控制该岛制空权和制海权；第二，以瓜岛为支援基地，协助所罗门群岛的作战计划；第三，攻占新乔治亚岛上的蒙达角日军新机场，为南太平洋部队进攻所罗门群岛中的布干维尔岛打下基础。

这次太平洋舰队南太平洋海区联合会议，充满了乐观向上的气氛，与1942年9月同样类型会议上的急躁而又焦虑的气氛，形成了鲜明对照。会上，各位将领畅所欲言，进一步树立了信心。

诺克斯部长未参加这次会议，但他对会议结果表示满意。鉴于尼米兹乘坐的水上飞机经常出现故障和小事故，诺克斯部长特给尼米兹配备了一架设有将军座舱的R-5D型专用飞机。同时，诺克斯部长还对尼米兹手下的得力干将哈尔西表示了赞赏。

尼米兹于1月28日乘专机回到珍珠港，因疟疾发作而住进医院。他禁止将他生病住院的消息传出去，命令下属把将旗仍悬挂在太平洋舰队司令部。他所以这样做，除了战情的需要外，还有另一层考虑。此时，哈尔西已是太平洋海区的四星海军上将，如果哈尔西利用资历和身份滥施影响，将有可能给南太平洋海区造成恶劣的局面。哈尔西毕竟只是一员猛将，他需要不断的提醒和约束。

2月来临，病榻上的尼米兹收到了令人振奋的消息。帕奇将军的部队从瓜岛西部登陆，彻底肃清了岛上的日军。麦克阿瑟指挥的新几内亚东部的战斗也已结束。

3月，日军瓜岛惨败后，在俾斯麦海战中又一次遭到重创。此战迫使日本大本营把主要注意力转移到新几内亚方面，并决心集中陆海军力量在这个方向建立作战基地。

∧ 美军在瓜岛西部登陆。

　　山本五十六奉命用日本航空兵的精华——航空母舰舰载机去协助海军岸基飞机作战,他总共拼凑了300多架飞机,企图用凌厉的空中攻势,对已经失去的瓜岛及正在失去的新几内亚地区的基地进行报复性轰炸,以挫败美军的春季攻势,争取时间,加强俾斯麦群岛防线。4月3日,山本离开联合舰队司令部所在地特鲁克,亲临拉包尔指导前线作战。从4月7日起,日机空袭瓜岛,矛头对准所罗门方面。接着,又连续空袭了新几内亚的莫尔兹比港等地。

　　这种持续的骚扰性空袭,对美军造成了一定损失,但日军的损失大于美军。4月中旬,山本决定亲自到所罗门群岛北部的日本基地,视察防务并鼓舞士气。由于日军没有战区制空权,众将领认为此举十分危险,纷纷劝阻山本暂缓前往。但山本决心已下,嘱令副官向第11航空战队司令城岛高次海军少将发出电令:

　　GF长官将于4月18日前往视察巴拉尔岛、肖特兰岛和布因基地。具体日程安排如下:6:00乘中型轰炸机(由6架战斗机护航)从拉包尔出发,8:00到达巴拉尔;然后,转乘猎潜艇,于8:40抵达肖特兰;14:00再乘中型轰炸机离开布因,15:40返回拉包尔。若遇天气不好,本次视察日程往后顺延一天。

＜瓜岛战役中，美军登陆艇向日占岛屿进发。

＞瓜岛战役期间，美海军陆战队员攀着绳网下到登陆艇上。

＞美海军陆战队员正涉水登上瓜岛。

∨瓜岛战役中，美军舰炮为登陆部队提供火力支援。

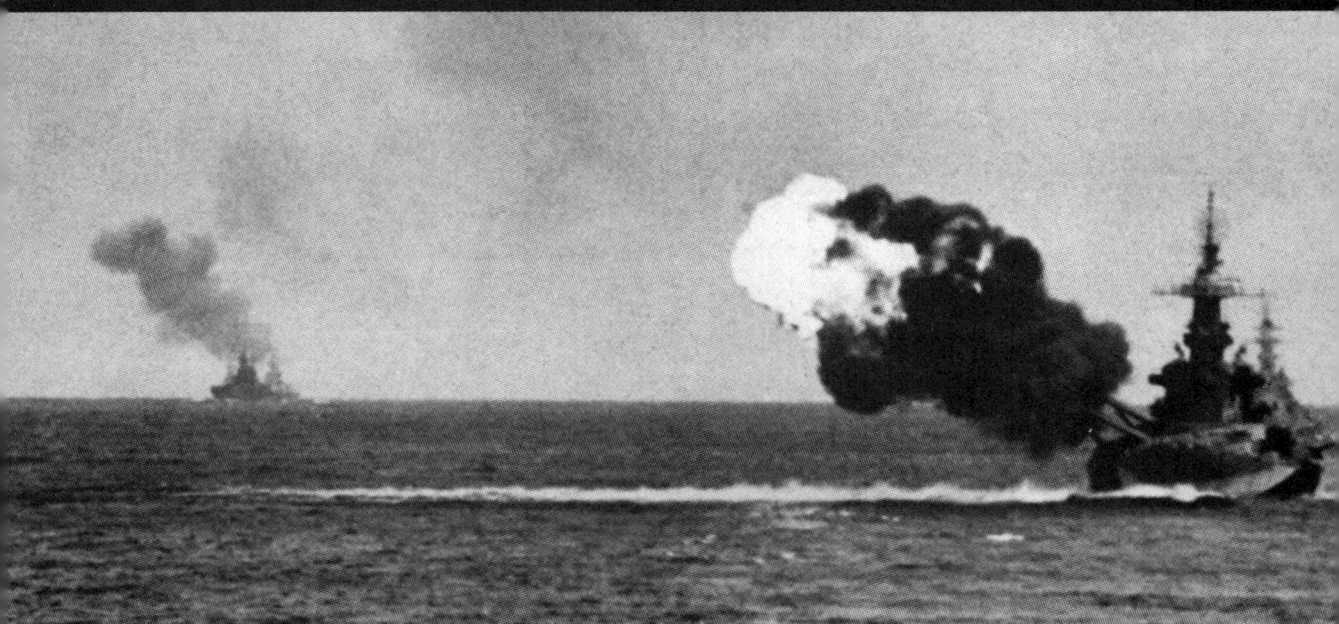

4月13日17时55分，美军设在阿留申群岛荷兰港的监听哨收到了这份电报，立即交给太平洋舰队无线电分队，破译专家很快将这份重要密电破译出来。

4月14日凌晨，莱顿拿着急电匆忙赶往尼米兹将军的办公室。尼米兹由于工作劳顿，几乎一夜未眠，此时他坐在办公桌前，显得有点无精打采。当莱顿把电报内容告诉他的时候，他犹如被注射了一针兴奋剂，睡意顿消。

他转身察看海图，仔细追踪了山本将乘飞机和军舰对巴拉尔岛、肖特兰岛和布因巡视的路线。之后，他确认山本此行的第一站，将使这位帝国海军的头号将领正好处于从瓜岛亨德森机场起飞的美国战斗机的航程之内。而这位日本将军素来遵守时间，因此他的行程一定分秒不差，这正是剪除他的诱人机会。

∧ 日本联合舰队司令山本五十六。

"你看怎么办？"尼米兹问莱顿，"我们要不要设法把他干掉？"

莱顿回答："山本在日本人心目中的地位是独一无二的，他已成为青年军官崇拜的偶像。除了天皇以外，在增强民心士气方面可能无人像他一样有这么重要的影响。将军了解日本人的心理，如果我们把他干掉，日本海军的士气将一蹶不振，也一定会使日本举国上下不知所措。"

尼米兹仍然举棋不定，他的想法比一般人更深一层："我考虑的是，他们能否物色到一个更能干的舰队司令。"于是，两人将所掌握的日本高级海军将领的情况进行了一番比较，莱顿说："山本是日军中的头号人物，犹如鹤立鸡群一般。"接着莱顿又做了一个有趣的比喻："尼米兹将军，你知道，这就好像你如果被他们干掉，没有人能接替你一样。"莱顿的一席话，使尼米兹将军定下了伏击山本的决心。

尼米兹将军立即将这个至关重要的情报通告给了第57特混舰队司令哈尔西将军，请他迅速制定一个能保守这一情报机密的伏击计划。为慎重起见，尼米兹将军专门请示华盛顿，征求罗斯福总统的意见。

罗斯福亦感事关重大。战争期间，暗杀或伏击敌方高级将领，是会招来同样报复的。尽管自战争爆发以来，阴谋杀害敌方军政首脑的事件屡有发生，罗斯福本人就曾险被德军潜艇发射的鱼雷截杀。但当时美国人信奉和尊崇骑士风度，他们认为暗杀是不人道和懦弱的行为，所以一直不参与刺杀希特勒、墨索里尼等人的活动。罗斯福考虑再三，仍拿不定主意。于是，他召集陆海军有关将领，在例行的午餐会上密谈此事。

海军部长诺克斯表示了反对意见："这是一个极不光彩的行动。我们应该听听随军主教的意见，看看杀害敌方领导人是否符合基督教教义；还应该听听空军司令哈普·阿诺德将军的意见，看看是否行得通。"陆军部长亨利·史汀生反唇相讥道："暗杀固然违反战争法，但日本偷袭我们的珍珠港，难道就合法吗？山本五十六既然挑起了臭名昭著的偷袭，他也就自然丧失了法律的保护，我们为什么作茧自缚呢？况且，他是去战斗区域视察，在这种地方，一员大将和普通士兵没有什么区别。"金上将附和道："对日本而言，山本是栋梁之材；对美国来说，山本却是一个十恶不赦的凶神。这次无论如何不能放过他。"参谋长联席会议主席马歇尔道："山本的确是我们的心头之患，是太平洋战场上很难对付的家伙。如果我们趁此良机干掉他，既可以报珍珠港一箭之仇，又可使我们的海军免遭更大的损失。"

罗斯福听毕众人议论，终于拿定主意："那么就击落山本座机，干掉我们这位'老朋友'，大家看给这次行动起个什么名称呢？"诺克斯见总统决心已下，立即转变了态度。他提议道："既然截杀山本是为了报珍珠港一箭之仇，就叫它'复仇者'行动吧！"众人均表示同意。

尼米兹接到诺克斯发来的"干掉山本"的电报后，大为振奋，马上电令哈尔西不惜一切代价执行"复仇者"行动。所罗门群岛航空兵司令马克·A·米切尔将军领受任务后，通过哈尔西在努美阿的司令部复电尼米兹将军，他决定派出"优异服务十字勋章"获得者约翰·米歇尔少校指挥的P-38闪电式战斗机中队，于4月18日在北所罗门群岛上空，执行空中伏击任务。

尼米兹正式签发了山本五十六的死刑执行令，并在电报结尾处以个人名义预祝哈尔西"交好运和取得胜利"。

在尼米兹的记忆里，4月18日是一个难忘的日子。一年前的同一天，当时任"大黄蜂"号舰长的米切尔和特混舰队司令哈尔西实施了对东京的轰炸。一年后的今天，情况又会怎样呢？

米切尔计划以两个机群18架飞机完成这次特殊任务。由约翰·米歇尔海军少校率14架飞机担任掩护，在高空诱开并纠缠住山本座机的护航队，由托马斯·兰菲尔上尉率4架飞机担任狙击，击毁山本座机。

4月18日6时整，山本一行起飞。两架日本双引擎中型陆基轰炸机在6架"零式"战斗机的护航下，穿越浩瀚无垠的南太平洋上空，向布干维尔岛的布因基地飞去。7时35分左右，在飞机就要于巴拉尔岛中途着陆的时候，美航空队的14架P-38闪电式战斗机从日出方向冲

∧ 美国总统罗斯福在战舰上。他批准了击杀山本五十六的军事行动。

下来，用机关炮向日飞机扫射。多架美机把6架护航的日本"零式"战斗机缠住，2架美国双尾翼战斗机趁机攻击日本轰炸机。兰菲尔上尉咬住了323号陆基轰炸机后猛烈开火。这架日机随即中弹，一个机翼被打掉，飞机坠毁在布干维尔岛阿库地区的热带丛林中。穆尔海军中尉击毁了另一架轰炸机。日本海军联合舰队司令长官海军大将山本五十六，头部和胸部被机枪子弹穿透，飞机坠毁前即已毙命身亡，机上随行人员无一幸免。

随即，哈尔西将捷报传给尼米兹。尼米兹又把捷报发往华盛顿。当天夜里，珍珠港时间4月17日，太平洋舰队的作战纪要中写道："日军联合舰队总司令，已于今天在布因地区上空被美陆军P-38型战斗机击毙。"

山本被击毙，对日本民心士气造成了严重影响。尼米兹在他后来撰写的《大海战——第二次世界大战海战史》中写道："山本之死，是对日本海军的一个沉重打击。"山本毙命后，其继任者古贺峰一、丰田副武的能力和地位均不及山本。日本海军无法扭转每况愈下的战局，山本五十六苦心经营的联合舰队走向了覆灭之路。

∧ 日本在国内为山本五十六设立的墓地。

∨ 山本五十六座机的残骸。

第七章

太平洋上风雨疾

1885-1966　尼米兹

尼米兹对妇女和战争有一种个人特有的看法。他从来不喜欢妇女到战区，曾多次拒绝国内派妇女来，无论是女演员或是家属。如果有人要求派妇女来珍珠港工作，他不加任何解释即行拒绝。他还会说，如果形势对妇女安全，他会通知她们的。但这次要来的是罗斯福总统夫人……

>> 蓄势而发

1943年初，美军夺取布纳地区和瓜达尔卡纳尔岛之后，太平洋战场处于暂时稳定状态，盟军部队正筹划着新一轮的攻势行动。

在阿留申群岛，金凯德将军同陆军建立了良好关系。美军在最西边的阿达克岛和安奇特卡岛上修建了机场，从那里起飞的轰炸机能很快切断基斯卡岛同日本的海上联系。为了采取类似措施孤立阿图岛守敌，查尔斯·麦克莫里斯少将指挥的巡洋舰、驱逐舰部队，于3月下旬与火力比他强两倍的一支日军舰队遭遇，导致了科曼多尔群岛之战。

这主要是一场追逐战。美国舰队一面逃跑，一面猛烈还击敌人，依靠施放烟幕、虚张声势和技术熟练才摆脱了敌人。日军担心遭到空袭，最后放弃追击并往后撤，自此以后只得用潜艇来支援阿图岛。

金凯德急于进攻，但舰艇和人员不足，他决定绕过基斯卡岛，去进攻距离较远而防御力量不强的阿图岛。他正在集结为数不多的部队，等候尼米兹将军和参谋长联席会议下达进军的命令。

1943年头几个月，南太平洋和西南太平洋海区的战争，主要是双方相互进行轰击，以及南太平洋海上部队对新乔治亚和科隆班加岛上的日军机场进行夜间轰击。日军飞机也炸毁了美军一些舰只和设施，但他们损失的飞机达到了惊人的程度。日军用来空袭的飞机有的是从航空母舰上起飞的，作用却不明显，说明日军已日益缺乏空中力量。

3月初，日军企图增援在新几内亚的莱城和萨拉莫阿的据点，再次导致了俾斯麦海战。在那次海战中，肯尼将军指挥的第5航空队袭击了日军护航队，盟军飞机炸沉了日军全部8艘运输舰和8艘护卫驱逐舰中的4艘，击落了25架护航飞机。以后几天，又有几艘军舰被炸沉，日军护航队停止驶向新几内亚，改由小艇和潜艇进行小量的增援和补充给养。

4月间，哈尔西去布里斯班同麦克阿瑟将军会晤，就南太平洋司令部在指挥步兵、舰艇和供应方面由尼米兹负责，而在战略指挥上由麦克阿瑟负责的分工问题进行了讨论，并获得圆满结果。哈尔西见到麦克阿瑟后，立即被他的魅力所迷住。他说："我刚汇报了五分钟，就觉得我们好像是老朋友一样。我很少见过这样聪敏、坚强、给人印象深刻的人。"从此以后，他们两人消除了隔阂，相互间的分歧也很快得到了解决。

金将军对太平洋战局进展缓慢感到有些烦躁。他在2月曾召尼米兹到旧金山讨论如何加快战争的进程。他说，1943年至少要做到在破坏日

∧ 金上将与尼米兹和哈尔西在一起。

军交通线的同时，保证盟军交通线畅通无阻。金提出，哈尔西的部队已经得到了适当加强，难道还不能直接进入布干维尔岛西北面的布喀航道？尼米兹回答说，进攻那里就超过了盟军空中支援的范围，而且还要越过日军两个陆基航空兵的据点，那样的话，盟军的交通线将会被封锁。

金认为，日军撤出瓜达尔卡纳尔岛，是为了更好地加强其他地方。顶住日军在新喀里多尼亚的攻势，日军还会不会在吉尔伯特群岛、埃利斯群岛和萨摩亚群岛一线威胁美国的交通线？他建议尼米兹攻占吉尔伯特群岛，消除这一威胁。尼米兹回答说，即使在吉尔伯特群岛登陆，由于日军在马绍尔群岛有强大的空中威慑力量，吉尔伯特群岛完全在日本飞机航程之内，光靠他现有的部队也不能守住这些岛屿。他认为，付出重大伤亡去占领这些岛屿，最后还得被迫撤离，那是不值得的。他告诉金，他已派海军陆战队在埃利斯群岛的富那富提岛上修建机场，以阻挡日军对那个方向的任何进攻。

这样一来，素来主张有勇有谋的尼米兹，却要不断地劝上司谨慎小心，他感到很不高兴。而金本来想刺激太平洋战场采取更大的行动，现在也相信暂时不能有所作为了。不过，金高兴地指出，再过几个月欧洲战场不再需要的"埃塞克斯"级航空母舰、"依阿华"级战列舰、俯冲轰炸机和鱼雷机等武器装备将运到太平洋战区来。这正是向中太平洋推进所需要的，在新攻势中，派到太平洋战场的步兵部队人数已经够了，只需要重新加以部署。尼米兹提出要重型轰炸机，金答应调给他们。

3月，参谋长联席会议通知尼米兹、哈尔西和麦克阿瑟，派代表到华盛顿参加太平洋作战会议。斯普鲁恩斯将军担任太平洋舰队代表团团长。会议主要讨论欧洲和太平洋战场美军部队的分工和进攻拉包尔问题。会上提起有关统一太平洋司令部的建制，改变太平洋和西南太平洋战区划分等老问题，但都被否决了。唯一的变动是，把原计划的战斗推迟了。由于物资、部队和飞机不足，进攻拉包尔将推迟到1944年初。1943年，麦克阿瑟只能进到新不列颠岛的格洛斯特角；哈尔西只能进取布干维尔岛。金将军指出，不一定冒着风险去进攻日军重点设防的拉包尔基地。只要在它的周围修建机场，用少量部队和飞机实施轰炸，就能使这个日军基地陷于瘫痪。

尼米兹要斯普鲁恩斯争取参谋长联席会议批准对阿图岛和基斯卡岛的进攻方案。此外，尼米兹、斯普鲁恩斯和金还就中太平洋发动攻势提出了建议。由于北太平洋和中太平洋地区的问题都没有在会上讨论，金和斯普鲁恩斯就采取间接方式把问题提了出来。金说，如果不进攻或者至少在1943年内不进攻拉包尔，把太平洋舰队的主力放在南太平洋就没有意义了。其意是说，把太平洋舰队放在中太平洋用处会更大一些。

斯普鲁恩斯接过这个话题，谈到日军联合舰队不再投入瓜达尔卡纳尔岛战斗后行动更自由，这对珍珠港构成了威胁。他进一步指出，把从南太平洋调回来的军舰，加上攻占阿留申群岛后返航和新建造的舰只，组成一支能够攻克吉尔伯特群岛和马绍尔群岛的舰队，以便彻底摆脱日军进攻夏威夷群岛的威胁。参谋长联席会议在没有取得英国同意之前，不能批准对吉尔伯特群岛和马绍尔群岛的进攻，但同意授权尼米兹攻占阿图岛和基斯卡岛。

斯普鲁恩斯返回珍珠港途中，在圣地亚哥视察了准备参加进攻阿留申群岛的两栖作战部队的训练，并同部队司令、海军陆战队的霍兰·M·史密斯少将交换了意见。斯普鲁恩斯早先就见过并越来越重视这种猛冲猛打的战将，史密斯对工作拖拉、笨拙无能的表现极为反感，因而被人取了一个"咆哮的疯子"的绰号。在圣地亚哥，斯普鲁恩斯对这位将军在两栖作战方面的丰富知识和高强的指挥能力印象深刻，在未来作战中已经想到了他。

3月15日，金将军为把美国特混舰队扩充为舰队，下达了统一的番号。在太平洋地区的舰队都是用奇数编号，因此哈尔西的南太平洋舰队编为美国第3舰队，中太平洋舰队编为第5舰队，西南太平洋麦克阿瑟的海军部队编为美国第7舰队。尼米兹将军不同意把珍珠港的几艘战列舰和支援舰编为舰队，番号仍为美国第50特混舰队。

了解金和尼米兹计划的军官，都知道第50特混舰队是极为重要的。这显然是一支活动范围很广，但可能成为世界历史上最强大舰队的核心。这支舰队的司令拥有巨大的权力，可能是打败日本的主帅，并将名垂青史。这是一个雄心勃勃的军官宁愿付出一切代价去争取得到的职位。由于这支新舰队主要靠增加航空母舰来加强实力，多数海军航空兵军官以为，司令的职务一定会落到他们中间的某一个人身上。在自认为能担当这支舰队司令的人当中，海军历史上的第三名飞行员、太平洋舰队航空兵司令约翰·托尔斯将军名列前茅。

该舰队司令的下属部队的司令职位，即航空母舰部队司令、两栖作战舰队司令和两栖作战部队司令，吸引力绝不亚于该舰队司令的职位。毫无疑问，航空母舰部队司令要由会驾驶飞机的人担任；两栖作战舰队司令要从正规指挥军官中选拔；两栖作战部队由于至少要担负中太平洋的半数登陆作战，所以势必要任命一名陆军军官来担任司令。

尼米兹对人选自有考虑。一天早晨，他同斯普鲁恩斯从宿舍去办公室的路上，对斯普鲁恩斯说："舰队的高级指挥官将有一些变动，我很想让你过去，但可惜的是，我更需要你留在这里。"

> 尼米兹与斯普鲁恩斯在一起。

CHESTER W. NIMITZ

斯普鲁恩斯镇静地回答说:"是啊,战争是件大事,我个人希望再同日本人打一仗,但你需要我留在这里,我也得服从。"

斯普鲁恩斯直到第二天早晨,才算把这件事置之一旁。在他们又从宿舍走向办公室的路上,尼米兹说:"我对这个问题考虑了一夜。斯普鲁恩斯,你真走运,我最后还是决定让你去。"4月8日,尼米兹写信告诉金:"鉴于第50特混舰队已经得到加强,我倾向于任命斯普鲁恩斯担任特混舰队司令,晋升为海军中将。"在同一封信中,他根据"他们的长处和可能性",按顺序提出一份以麦克阿瑟将军为首的五人名单,作为接替斯普鲁恩斯参谋长工作的候选人。

最后的决定使斯普鲁恩斯感到惊讶,他将被任命去统率整个中太平洋地区的部队。斯普鲁恩斯说:"如果能挖哈尔西将军的墙角,我将任命凯里·特纳将军为两栖作战舰队司令,任命霍兰·史密斯将军为两栖作战部队司令。"他选定他的老朋友查尔斯·J·穆尔海军上校担任他的参谋长。穆尔是一个有能力的军官,可以负责作战计划工作,从而减轻他的负担。

特纳曾在海军军事学院参谋部同斯普鲁恩斯共事三年,他天资聪颖,精力充沛,给斯普鲁恩斯印象很深。特纳曾因萨沃岛战斗失利一度名声不好,但海军部长诺克斯派阿瑟·赫伯恩将军调查后,已经宣布对他免予处分。虽然赫伯恩还没有提出报告,但都知道他认为萨沃岛的责任"应由大家分担,指责任何一个军官都是不公平的"。金和尼米兹也同意这一看法。

∧ 1943 年卡萨布兰卡会议期间，罗斯福总统和丘吉尔首相与美英高级将领合影。第二排左一为金上将，左二为马歇尔上将。

< 美军涉水登陆上岸。

尼米兹同意把特纳担任两栖作战舰队司令的提名送请金考虑，但对推荐史密斯的问题则需要考虑一下。

尼米兹确定 5 月 7 日为进攻阿图岛的日期，由弗朗西斯·W·罗克韦尔海军少将率领北太平洋两栖作战部队。他从第 50 特混舰队抽调三艘老战列舰，对北太平洋舰队实施炮火支援，抽一艘护卫航空母舰进行近空支援。后来因为受风浪的影响，美国陆军第 7 师的 3,000 人经过 2 次延期，于 5 月 11 日才强行登陆。由于日军扼守山口，11,000 名美军后备部队不得不登岸增援，把他们驱赶出来。5 月 29 日，幸存的约近千名日军进行自杀性突击失败后，结束了这次战斗。

6 月 1 日，尼米兹又去旧金山同金会晤。罗克韦尔将军和霍兰·史密斯将军也从阿留申群岛赶去汇报阿图岛战斗的情况。罗克韦尔严厉批评情报不准确，过低估计了岛上敌军的实力，提供的水文资料也不完整。他认为，突击部队的训练还不够，老战列舰和护卫航空母舰都有用处，但轰击"应当更准确些"。史密斯对突击登陆表示满意，但上岸后的战斗没有打好。他说，部队行动太慢，使撤退的敌人有时间重新集结，巩固防御阵地。金和尼米兹听了他们的发言，感到很有兴趣。阿图岛战斗仅仅是美军在第二次世界大战中的太平洋战区第三次两栖登陆作战，以后无疑还会有更多的登陆战在等着他们。他们到现在还没有碰到过防御坚强的滩头阵地。

金向尼米兹复述了在华盛顿举行的代号为"三叉戟"盟军联合参谋长会议★上做出的决定。在这次会议上，美军的

★"三叉戟"盟军联合参谋长会议

1943 年 5 月 12 日至 25 日，英国首相丘吉尔访问华盛顿期间，与美国总统罗斯福及其三军参谋长进行了代号为"三叉戟"的秘密军事会议，以确定两国"进行战争的全面战略思想"。这次会议确定：一、同苏联和其他盟国合作，尽快促成欧洲轴心国家的无条件投降；二、与太平洋其他国家合作，对日本施加持续压力，削弱日本军力达到可以迫使其最后投降的地步；三、在欧洲轴心国失败后，与苏联合作，发挥英、美的力量，尽早促成日本的无条件投降。这次会议对于世界大战的战局产生了重要的影响。

参谋长比在卡萨布兰卡会议上有准备,英国人的意见在那次会议上占了上风。在这次会议上,美国人勉强同意盟军在意大利开辟战场,但提出了条件。在美国的坚持下,英国保证1944年横跨英吉利海峡向西欧进攻,他们采纳了美军参谋长联席会议及其下属委员会草拟的"战胜日军的战略计划"。

这个战略计划为挫败日军,拟采取以下措施:进行封锁,特别要切断日军从荷属东印度群岛地区攫取石油和其他战略物资的交通线;持续地轰炸日本的大城市;进攻日本本土。为了获得实现这些战略目标的基地,盟军部队将集结在中国沿海。

1943至1944年,盟军除了把阿留申群岛的日军赶走外,分两路向菲律宾南部的棉兰老推进:一路在南太平洋和西南太平洋部队占领或使拉包尔瘫痪后,麦克阿瑟将军统率的南太平洋部队将沿新几内亚北部海岸向棉兰老推进;另一路由尼米兹将军率领的中太平洋部队将横渡太平洋,经由马绍尔群岛、加罗林群岛,支援麦克阿瑟攻克菲律宾。

金将军和尼米兹认为,如果对中太平洋的攻势有了把握,那么从吉尔伯特群岛向菲律宾推进比从马绍尔群岛有利。金提到,英军参谋长已经把太平洋战争的指挥权交给美国参谋长联席会议。他还提到,今后尼米兹有权调动太平洋部队,而不需事先请示参谋长联席会议。

金同意斯普鲁恩斯任中太平洋部队司令并晋升为海军中将,特纳任两栖作战舰队司令。他表示,如尼米兹提名霍兰·史密斯为两栖作战部队司令,他也同意。

尼米兹将军表示,他计划回珍珠港后去南太平洋进行一次视察。史密斯将军明白暗示,他愿意陪同尼米兹去看看经他训练的参加过战斗并且又将投入战斗的海军陆战队。尼米兹当即表示热烈欢迎他一道前往。尼米兹无疑也将利用这个机会考察一下斯普鲁恩斯推荐的这位军官。

离开美国之前,尼米兹到西雅图进行了一次短暂的视察,并同弗莱彻开了一次会。弗莱彻是因为金怀疑他作战消极,才把他调到西北海疆来工作的。弗莱彻认为在最近阿图岛战斗中,金命令他和他的部队应受太平洋舰队调动,是对他的伤害和侮辱。他命令舰艇和飞机很快做好了准备,但自己不愿意从命,因为执行了这个命令就会使他这个海军中将听从金凯德海军少将的指挥,把自己置于十分尴尬的地位。尼米兹对弗莱彻的委屈情绪进行了安抚,并且告诉他事情已经得到了妥善处理,并在即将开始的基斯卡战斗中做好了安排。后来,弗莱彻放下了架子,表示愿意降为海军少将重返海上作战,但没有结果。

6月7日,尼米兹和史密斯回到珍珠港,看到驶抵太平洋的第一艘27,000吨的"埃塞克斯"号新航空母舰时,感到极为高兴。这艘航空母舰是他外出时到达珍珠港的。

10日,两位将军动身去南太平洋。他们飞经斐济到努美阿,同哈尔西和他的参谋人员讨论进攻新乔治亚的作战计划。哈尔西已做好准备并确定了时间,但麦克阿瑟规定南太平洋的进攻时间应与西南太平洋进攻基里温纳和伍德拉克岛的时间一致,而在坦尼尔·E·巴比海军少将的第7两栖作战部队得到更多的舰只前,无法对基里温和伍德拉克岛发动进攻。故将两个战役发起的时间定在 6 月 30 日。

哈尔西陪同尼米兹和史密斯，视察了埃斯比里图岛和瓜达尔卡纳尔岛。尼米兹在努美阿和埃斯比里图岛，看到那里的舰船周转迅速，运输工作有了改善，感到特别高兴。只是瓜达尔卡纳尔岛由于敌机轰炸和锚地开阔，运输问题仍十分严重。

哈尔西和尼米兹讨论调换海军陆战队第 1 两栖作战部队司令时，史密斯留心地听着。他特别希望能够被任命去带他训练出来的兵，但结果是连他的名字都没有提到。显然这又涉及他在国内的训练工作了。

史密斯情绪低沉，乘坐尼米兹的飞机返回珍珠港。他正在忧郁地凝视着云层的时候，尼米兹把他叫到了机舱的另一边。

尼米兹说："霍兰，今年秋天我准备把你调到太平洋来，让你负责指挥中太平洋地区的所有海军陆战部队。我相信你对新的工作会很有兴趣的。"

>> 夜战库拉湾

6 月 18 日，尼米兹一行回到珍珠港。参谋长联席会议在 11 月 15 日进攻马绍尔群岛的正式命令已经到达，决定让他制定计划。为了这次战斗，配给他美军海军陆战队第 1 师、第 2 师，南太平洋的全部两栖作战舰只和来自南太平洋的大部海军部队。

麦克阿瑟立即提出反对，认为这样部署兵力，表明盟军向西的攻势主要是放在中太平洋。他说，他建议的"以新几内亚——棉兰老为轴心"的攻势是比较有把握的。他的部队沿着新几内亚北部海岸进行两栖作战，将绕过敌军据点，并得到地位非常重要的陆基航空兵的支援。他指出，日军在中途岛的失败是部队进攻防御坚固岛屿时将会得到何种结果的一个例子。

主张向中太平洋推进的人认为，部队由舰载航空兵支援，可以迅速越过敌军防御阵地，比岸基战斗机在作战半径内支援陆军部队更有成效。向中太平洋推进，运输线更短更直接，节省船只，并可威胁日军占领的全部岛屿，最后必将迫使敌人在整个太平洋为防卫每一个阵地而分散兵力。

中太平洋部队要进攻马绍尔群岛，需要确定的第一个问题是攻占马绍尔群岛的哪些岛屿？太平洋舰队作战参谋计划同时在夸贾林、马洛伊拉普、沃特杰、米利和贾陆特等五个岛屿登陆。斯普鲁恩斯马上表示反

< 1943 年斯普鲁恩斯（左）与金上将在一起。
> 美军在新几内亚群岛进行登陆作战。

对,他认为中太平洋经过两栖作战训练的部队兵力不足,无法同时进行五个防御坚固的据点。把美国舰队分成五路去支援登陆,只能被高度集中的日军舰队各个击破。这就意味着进攻必须由航空母舰的舰载飞机予以支援。也没有人敢说,到 11 月太平洋舰队航空母舰部队的实力是否有足够的增强,它的飞行员是否有足够经验,可以担负这一任务。现在有一个照相侦察的问题,迫切需要显示敌军防御设施、水深、珊瑚礁和滩头坡度的空中摄影照片。当时认为,只有陆基飞机才能完成所需要的大量摄影照片。

托尔斯将军精明能干的参谋长福雷斯特·P·谢尔曼海军上校,提出一个并不聪明的建议:攻占威克岛以取得拍摄马绍尔群岛照片的机场。斯普鲁恩斯对这个建议持反对意见,认为威克岛交通不便,缺乏可利用的停泊地,没有做基地的价值;无论现在和将来,都不是保卫盟军交通线的理想场所。

华盛顿和珍珠港的作战官员都在继续考虑有关吉尔伯特群岛的问题。在那里修建机场后,拍摄马绍尔群岛的照片和支援对马绍尔群岛的进攻就方便了。埃利斯群岛富纳富提基地和菲尼克斯群岛坎顿基地的轰炸机,都可以飞到吉尔伯特群岛上。在努库费陶和纳努米亚群岛上的战斗机机场可以补充富纳富提,巴克岛上的战斗机机场可以补充坎顿。所有这些基地和吉尔伯特群岛本身都可以得到来自夏威夷南面交通线的支援。

参谋长联席会议决定,让麦克阿瑟将军保留老部队陆战队第 1 师,用于格洛斯角登陆。这一决定,促使华盛顿和珍珠港的作战官员们几乎同时提出先打吉尔伯特群岛,后打马绍尔群岛的建议。只有这样,盟军攻势才能互相支援:麦克阿瑟和哈尔西对拉包尔地区的敌人施加压力,同时尼米兹在中太平洋施加压力。海军陆战第 2 师配属给尼米兹,意味着对拉包尔守敌不是强攻而是围困,这正是金将军考虑了很久的方案。

6 月 30 日,麦克阿瑟兵分两路出击新几内亚,分别在特罗布里思德和萨拉莫阿登陆,有 5 艘航空母舰、3 艘战列舰、9 艘巡洋舰和 29 艘驱逐舰为这一反攻提供海空掩护。

哈尔西则在新乔治亚一线，于7月3日占领了维克汉锚地。哈尔西一方面下令赫斯特陆军少将务必于7月5日把军队运到新乔治亚去占领蒙达机场。另一方面，为阻止从维拉经巴洛科港开往蒙达的日本援军，又派遣由陆战队上校利弗西季率兵占领赖斯锚地。这支部队分别安排在7艘快速运输舰上，由安斯沃思少将指挥的3艘巡洋舰、6艘驱逐舰和2艘快速扫雷舰护航，预计7月4日夜进入库拉湾。

面对美军反攻，日本方面并不甘休。自瓜岛败退之后，日军大本营采取了确保俾斯麦群岛等战略要地，凭借前哨据点阻止美军反攻的战略方针。按照这个作战方针，日陆军决心全力防止新乔治亚要地失陷，并计划派出4,000名日军增援该地。首批援兵将由3艘驱逐舰运载，于7月4日夜间进入库拉湾，然后再开往蒙达。真是凑巧了，日军进入库拉湾的时间与美军完全相同。

7月4日晚，安斯沃思率舰队进入海湾，冲向维拉海岸。7月5日零时，美军驱逐舰"尼古拉斯"号和"斯特朗"号担任前哨警戒，巡洋舰"檀香山"号、"海伦娜"号、"圣路易斯"号以及驱逐舰"歇伐利埃"号、"奥邦农"号先后到达目的地，随后用暴风雨般的炮火，向维拉港和巴洛科港轰击。当美舰对准维拉海岸进行第一次齐射时，就引起了悄然进入库拉湾内的3艘日驱逐舰的注意，但日舰见敌众我寡，不宜交战，就在夜色中向毫无察觉的美舰发射了数枚远程鱼雷，随后放弃运输任务悄悄地溜走了。

"斯特朗"号被鱼雷击中，摇摇欲坠，安斯沃思只得派两艘驱逐舰去救援。一艘美驱逐舰开炮掩护，另一艘在炮火掀起的浪柱中救出241人。1时22分，"斯特朗"号终于沉没。战至5日凌晨，安斯沃思少将的火力支援舰返航图拉吉港。

下午3时，返航中的安斯沃思突然接到哈尔西的命令："东京快车"已在布因港外起航，即刻以29节的速度回驶新乔治亚海峡，实施截击。接令后的安斯沃思立即返航赴库拉湾寻敌作战。

7月6日0时，美舰队到达维苏维苏角附近，各舰进入了战斗状态。美舰采取防空队形，以25节航速进入库拉湾。此时，秋山少将也率日舰队到达库拉湾口，库拉湾海战★终于打响。

秋山少将的旗舰"新月"号首先遭难。美舰第一次齐射就压得它抬不起头来，152毫米的炮弹纷纷在舰面上开花，秋山少将在飞舞的炮弹碎片中一命呜呼！同样，美巡洋舰连续发出的2,500多发152毫米炮弹也使秋山的其他舰船受到重创："新月"号正在下沉，"凉风"号的探照灯被打坏，舰首炮被摧毁，一个机关炮弹药舱着火，舰体被打穿了几个洞；"谷风"号机舱中了一颗未爆的炮弹，使粮食仓库进水。但除"新月"号报废以外，受伤较轻的"凉风"号与"谷风"号慌忙施放烟幕，向西北方向溜掉了。

最初的战果使安斯沃思十分得意，随即下令转向。不料命令还未来得及执行，"凉风"号发射的鱼雷已经逼近。凌晨2时零3分，3枚远程鱼雷命中"海伦娜"号要害，其中一枚将该舰舰首炸断，舰内大量进水，舰体弯曲。但安斯沃思正忙于转向，对此一无所知。

< 库拉湾海战中，日军一艘驱逐舰受到美机的轰炸。

★库拉湾海战

1943年7月4日，日军为增援新乔治亚群岛守军，抽调4艘驱逐舰载运4,000名陆军士兵，企图利用夜色昏暗将这些部队送上新乔治亚群岛，后来由于在途中遭到盟军巡洋舰和驱逐舰的拦截而被迫返航。7月6日夜，日军再次派出驱逐舰向新乔治亚群岛进发，在库拉湾与盟军的3艘巡洋舰和4艘驱逐舰遭遇。双方展开激战，日军1艘驱逐舰被击沉，另一艘被逼上海滩搁浅，此次战斗，为美军进一步扩大太平洋战略优势奠定了基础。

当"海伦娜"号遭难时，山城大佐指挥的第二运输小队开始出现在美舰的雷达荧光屏上，安斯沃思马上下令编队紧紧追赶，可是唯独不见"海伦娜"号的回答信号，他顿感情况不妙。但事态紧急，他已无暇顾及"海伦娜"号的命运。他命旗舰首先向山城的旗舰"天雾"号进行了第一次齐射。几次调动，使美军各舰的航侧火力得以集中炮击日舰，山城舰队"天雾"号瞬间就被4发炮弹击中，"初雪"号中了3发炮弹。两舰射击指挥仪、通信系统和舰桥上的操舵装置等处都被打坏。队列后面的"长月"号和"皋月"号，连美舰的影子还没看见就被吓得掉头而逃。

安斯沃思见日舰已无踪影，于2时35分下令结束战斗。并指派驱逐舰"尼古拉斯"号和"雷德福"号留下从事救生工作，自己率舰队沿乔治亚海峡返航图拉吉港。当两舰赶到"海伦娜"号遇难处，发现该舰早已沉没到600米深的海底，水面仅见炸断的舰首部分还在海浪中漂浮。那些幸存的舰员正在漆黑的海面上与波涛搏斗，两舰立即组织救援。正在这时，"雷德福"号发现了日驱逐舰"凉风"号和"谷风"号逐渐逼近，于是被迫停止救援，准备迎敌。

原来，"凉风"号、"谷风"号两舰在1时59分逃脱之后，一直在炮火圈外的海面上忙着重装鱼雷，准备卷土重来。但由于"凉风"号的弹药舱被击中一弹，鱼雷手在这易爆之处心慌意乱地装弹，平时只需20分钟的装雷操作，如今却用了1小时14分，因而当他们重返海

< 与日军夜战的美军舰用舰炮向日军舰开火。

战区域时，美舰早已撤退。黑暗中日舰也并没有发现救援的"尼古拉斯"号和"雷德福"号，扫兴而归。

山城大佐的第二运输小队的驱逐舰从美舰的炮口下逃脱后，驶向维拉海岸，卸下物资和1,600名日军。"天雾"号卸载后则大胆回驶库拉湾。5时15分，忽然听到水面呼救声，原来是秋山少将在维拉以北5海里处搁浅的"新月"号的落水人员在海水中挣扎。"天雾"号立即停车救援，不料被远在1.7万米处从事救生工作的"尼古拉斯"号和"雷德福"号的雷达发现了。美舰"尼古拉斯"号首先打了照明弹，"雷德福"号趁机炮击，"天雾"号中部被炮弹命中，炮火指挥系统和无线电室被击毁，舰长无心恋战，又一次施放烟幕逃走了。因而"新月"号舰队遇救者甚少，秋山少将等总计300余人葬身库拉湾。

此时，"尼古拉斯"号和"雷德福"号已经救起745名"海伦娜"号的人员。眼看天已大亮，两舰怕继续耽搁下去将会遭到日机空袭，于是留下4艘小艇继续救生，于6时17分转向东南，高速驶返图拉吉港。

至此，库拉湾海战结束。但日驱逐舰"长月"号的厄运还没有完结，它自搁浅后，舰上人员分14次用小艇运载完毕。该舰则成了活靶子，天亮后遭到美机轰炸，成了一堆废铁。

美"海伦娜"号其余待救舰员分两批在库拉湾海面上漂浮。第一批88人被美驱逐舰"格温"号、"伍德沃思"号救出。第二批约近200人，在海水中泡了两天多之后，于8日凌晨于瓜岛上陆，并从当地人那里弄到少许武器、粮食、衣服和药品。

美国人绞尽脑汁，决定利用暗夜一次性从日本人眼皮底下救出这批人员。7月15日黄昏，麦金纳尼上将率领4艘驱逐舰悄悄地离开了图拉吉港，驶入新乔治亚海峡。另有2艘快速运输舰在4艘驱逐舰掩护下，早于它们3小时出发，经新乔治亚海峡向北进发。7月16日凌晨

2时，快速运输舰群在黑暗中到达目的地，与岸上取得联系，165人迅速登舰。凌晨4时50分，美舰群全速经新乔治亚海峡返航，成功地完成了救援任务。

这次战斗结束后，美日双方都宣布自己获胜。美方宣称，击沉日舰多艘，达到了作战目的。日方更是夸大战果，除报称击沉了"海伦娜"号，在沉舰名单中还多报了2艘驱逐舰，伤4艘驱逐舰。日舰主将战死，美方1艘巡洋舰被击沉。就战术而言，日本人略胜一筹，他们在炮火连天之中历尽艰辛，终于把援军和物资运到了维拉海岸，达到了此行的目的。

库拉湾海战后，美军决定进一步扩大太平洋战略优势，拟定了在11月15日前后占领马绍尔群岛的中太平洋海战作战计划。按照该计划美军首先要占领吉尔伯特岛——它是取得进攻马绍尔群岛所必需的海空军基地，以建立新的海上跳板。鉴于此种考虑，美参谋长联席会议同意了尼米兹提出的意见，并于1943年7月20日发出指令：首先攻占吉尔伯特群岛，然后攻占马绍尔群岛。

当尼米兹上将从参谋长联席会议那里接到命令时，他吃惊地发现，他们还需要攻占距塔拉瓦岛将近400海里的瑙鲁岛。这两个岛相距如此遥远，而在攻占它们的作战时进行支援会有分散舰队力量的危险。而且，一旦攻下瑙鲁岛，从地理位置来看对美军毫无用处。尼米兹说服了参谋长联席会议，从原计划中取消攻占瑙鲁的计划，改为占领塔拉瓦100海里的马金岛。在马金岛环礁岛上，有地方可以建造一个简易轰炸机场，它距马绍尔群岛由少量敌军控制的南端还不足200海里。

对塔拉瓦和马金发起进攻的时间定为1943年11月20日，作战计划增加占领阿贝马马岛，准备在那儿再建一个机场。

中太平洋此时的主要作战部队是美国第5舰队。它是一支可在远距离发挥作战威力的综合武装力量。到了秋天，这支部队已拥有6艘巨型航空母舰，其中主要是新建造的2.7万吨、32节航速的"埃塞克斯"级航空母舰，5艘轻型的1.1万吨"独立"级航空母舰；8艘护航航空母舰；5艘新型和7艘老式战列舰；9艘重型和5艘轻型巡洋舰；56艘驱逐舰；29艘运输船和大量登陆船只。

这支规模可观并继续增长的舰队由海军中将雷蒙德·A·斯普鲁恩斯指挥。

第5舰队的先锋是第58特混舰队，这是一支快速航母编队，通常以

< 美军舰队行驶在碧波无垠的海面上。

> 美军舰载机升空执行战斗任务。

> 夜间在海上航行的美军舰艇编队。

∨ 日军舰艇在海上被击中后起火燃烧。

∧ 美军舰被击中后，舰上人员沿绳索撤离。

4个特混大队成环形队形行动。每个大队通常包括2艘大型和2艘轻型航空母舰，由1至2艘快速战列舰，3至4艘巡洋舰和12至15艘驱逐舰为它们护航。由于它们行动高度灵活，这些特混大队既能联合行动也能独立作战。

切斯特·尼米兹对妇女和战争有一种个人特有的看法。他从来不喜欢妇女到战区，曾多次拒绝国内派妇女来，不论是女演员或是家属。如果有人要求派妇女来珍珠港工作，他不加任何解释即行拒绝。他还会说，如果形势对妇女安全时，他会通知她们的。

1943年夏，尼米兹将军收到罗斯福总统的一封信，开头写道："亲爱的切斯特，埃莉诺决定要去太平洋。我不同意她去。如果你不同意，请即告知。"来信继续说明，罗斯福夫人此行的主要目的是代表红十字会去慰问伤病员。尼米兹不知所措，他实在不能拒绝国家第一夫人，只好客气地欢迎罗斯福夫人前来。

8月23日上午，罗斯福夫人在极其严密地保护下，秘密来到珍珠港希卡姆机场。当地司令瓦特·瑞安少将计划在第一夫人到达后，在他家里请总统夫人吃早餐。他邀请了驻地包括尼米兹将军在内的高级军官作陪，这就使尼米兹有时间先在思想上做些准备。

当天晚上，尼米兹在马拉帕卡的寓所中宴请罗斯福夫人。席间，尼米兹上将与夫人交谈，向夫人表现出既有男人气概又有主人的礼貌。他对于埃莉诺的严肃工作精神和她对医院伤病员关心的精神，有了深刻印象。他们不久就说起笑话，尼米兹非常轻松、愉快地认为她同他一样具有一种幽默感。他向总统夫人讲了一些得克萨斯州的故事，她也陪着讲一些很少有人听说过的有关她和总统的好笑的事。

当时在场的斯普鲁恩斯将军在给夫人的信中，描述了总统夫人给他留下的美好印象："我很荣幸坐在她旁边，她为人直率，姿态媚人，富于幽默感。我们随便问她什么问题，她都愿意谈她的看法。她对普通人内在的善行抱有深刻的信念。她的确是一个非常善良的人。"

次日，罗斯福夫人飞往努美阿的各总部，由哈尔西上将

> 1943年8月，尼米兹等海军高级将领与前来慰问伤员的罗斯福总统夫人埃莉诺合影。

款待她。哈尔西是怀着不安的心情接待埃利诺的,但她不知疲倦的工作精神改变了他的想法。她访问了好几个医院,走遍每一个病床慰问病号,把每个病号的名字和地址记下来,以便给他们的家人写信,后来她确实这样做了。

总统夫人从努美阿回到夏威夷时,尼米兹兴高采烈地同她乘上他深蓝色的专用艇,围着该岛游览。艇上的水兵们知道第一夫人要来,精心把专用艇擦洗得干干净净,还把甲板重新油漆了一遍。罗斯福夫人并不知道水兵为她做的这些准备,当她穿着高跟鞋走到艇上,鞋跟把油漆踩掉了。尼米兹看到艇员们望着他们精心的手艺被糟踏的地方做鬼脸时,故意分散夫人的注意力,让她把思想和眼睛都集中在艇外景色上。

总的说来,埃利诺此行是一次鼓舞士气之行,而此行所建立起来的公共关系使尼米兹深为感动。他送总统夫人上飞机离去时的表现,与迎接她到来时相比,已判若两人,她给尼米兹留下良好的印象。

第八章

得克萨斯人的盛会

1885-1966 尼米兹

飞机降落在环礁湖中，尼米兹刚一上岸，就被一群记者围住。他们提出的一个问题是："你对这个海岛有什么想法？"尼米兹回答说："除了那次得克萨斯人的野餐会以外，这是我看到过的最严重的浩劫……"

> 美军舰炮向日军目标轰击。

>> 血战吉尔伯特

　　吉尔伯特群岛位于马绍尔群岛东南、所罗门群岛东北，由16个珊瑚岛组成，其中以塔拉瓦岛最大，马金岛次之。塔拉瓦岛横跨赤道，介于美、澳两洲交通线上，战略地位十分重要。太平洋战争爆发后，日军占据该岛，并在岛上修筑了坚固的防御工事。至1943年11月，守岛日军总数为4,836人。在岛上，整个海滩布满混凝土制成的三角体、地雷、珊瑚石礁、蛇蝮式铁丝网等障碍物。海滩后面是由100多个碉堡、机枪阵地、坦克固定火力点组成的交叉火力网。所有工事都构筑在地下，上面铺着厚达2米的砂石、柳木和波纹钢板。日军驻岛部队司令官柴崎海军少将宣称："美国人用100万人的兵力花100年的时间，也拿不下塔拉瓦岛。"

　　在战役开始之前，美国人就积极进行作战准备。美快速航空母舰广泛地对日军基地进行了空中轰炸。9月18日，鲍纳尔少将率领一支由3艘航空母舰组成的特混大队，空袭了吉尔伯特的塔拉瓦和马金岛，先给日本人来了一个下马威。日军在塔拉瓦的飞机有一半被炸毁，大量日军被炸死、炸伤。

　　一星期后，美潜艇"舡鱼"号在潜望镜上装了一个照相架，用18天的时间，把海岸线的连续全景都拍摄了下来。由于对日军的防御状况知之甚少，美军战役计划的制定者尼米兹将军决定先在塔拉瓦前沿小岛贝梯沃岛登陆，占领飞机场，然后横扫全岛，最后占领整个塔拉瓦环礁。

　　从10月份起，美舰载机和岸基重型轰炸机就对登陆目标进行了不定期的轰炸。每天投到贝梯沃岛上的炸弹达100余吨。计划在登陆之日，美舰炮和航空兵将向该岛发射3,000吨炮弹，投掷1,000吨炸弹。

10月底，美陆、海军的飞机和海军陆战队开始向富纳富提岛、纳诺梅阿岛等地集结。11月17日，斯普鲁恩斯又召开了全舰队首脑会议，详细地规定了舰队、特混编队和特混大队的编成及任务。

18日，希尔海军少将向陆战队士兵们宣布了作战任务和火力准备的计划。陆战队员们听完传达，备感轻松，他们认为，岛上已不会有一个活着的日本兵。但他们大错而特错了，岛上不仅有大批活着的日本兵，而且这些日本兵只要还有一个活着，就会顽强战斗到底。

20日0时30分，美运输舰队逼近贝梯沃海岸。5时7分，岛上的日军向最近的美舰开炮了。负责掩护登岛的美战列舰"田纳西"号、"科罗拉多"号、"马里兰"号用406毫米的主炮猛烈回击，战役正式打响了。

凌晨，舰炮暂停射击，可是预计的美舰载机却没有出现，向岸边挺进的美运输舰暴露在日军岸炮炮口下，遭到肆无忌惮的轰击。约20分钟后，一批美鱼雷机才载着重磅炸弹前来支援，顷刻间岛上弹片呼啸，沙土飞扬。空中轰炸结束后，美军舰炮火力又倾泻而下，历时80分钟，共打出炮弹约3,000吨。可怜的贝梯沃岛消失在硝烟弥漫之中。陆战队士兵眼睛盯着这座平均每平方米"享受"了一吨多炸药、被炸得支离破碎的小岛，几乎每一个士兵都禁不住会问："日军岸炮难道还会向我们开炮吗？他们还没有死光吗？当我们抢滩时，他们会不会向我们开炮？"正当他们提心吊胆之际，一排排的炮弹从被焚烧、被摧毁的贝梯沃岛上呼啸而出，美军官兵个个目瞪口呆，难以置信！

美军分为三个梯队开始登陆。由于潮汐预测发生错误，突击队员们只得在深及胸部的海水中向荒芜、阴森和浓烟弥漫的海滩进发。他们手持步枪，背着手榴弹，在日军的火力网中冲击，伤亡不断增加。直到中午，混乱不堪的登陆部队才慢慢恢复了秩序。

接近黄昏，美军又对贝梯沃岛实施了舰炮轰击和飞机轰炸，美驱逐舰竟一直驶近到离海滩不到1,000米的地方向日军阵地射击。飞机则进行低空扫射，发出一种就像油锅里炸东西那样"噼噼啪啪"的响声。天黑下来时，美军已有5,000人上岸，死伤约1,500人，但仅在登陆滩头向纵深推进了100米左右，整个美军就像一群压在滩头的海豹。

天一亮，战斗又打响了，而且很快就达到白热化。根据呼唤，舰载机的轰炸和舰炮火力的命中率在不断提高。这种支援使得陆战队在贝梯沃西岸得以全线向前推进。在此基础上，陆战队预备队全部投入了战斗。此后，进攻部队的基本任务是清除碉堡及掩体内的敌军，虽然坦克和火炮在完成这项危险任务时起了很大作用，但目前最艰巨的任务不得不几乎全部由步兵利用火焰喷射器和手投炸药包来完成。

战至22日夜晚，贝梯沃岛所有残存的日军几乎都被赶到机场的东端。这时日军困兽犹斗，发动了一场自杀性的反扑。同瓜岛的丛林战一样，日军从好几个方向朝美军陆战队涌去，他们用手榴弹、刺刀同美军展开了一小时的肉搏战。23日凌晨4时，残余的300余日兵发动了最后一次冲锋。天亮后，美陆战队在舰炮支援下，由坦克开路，后面紧跟着喷火射手。

∧ 美海陆战队士兵与日军展开近战。

↑ 在日军偷袭珍珠港中严重受损的"宾夕法尼亚"号战列舰。

★"宾夕法尼亚"号战列舰

美国于1918年建造。该舰长185.4米，吃水深8.8米，标准排水量为31,400吨，满载排水量3.4万吨。主机动力为26,500匹马力，最大航速为每小时21海里，续航力为8,000海里。1941年12月7日，日军偷袭珍珠港时，该舰正在港内停泊，被日本飞机发射的鱼雷和炸弹炸成重伤。此后经过修复，该旗舰继续参加太平洋海域的诸次对日战争。

24日下午，朱利安·史密斯宣布敌军有组织的反抗已停止，事实上，4,000余名守军已被消灭，100多名朝鲜劳工被俘。但是只有1名日军军官和19名士兵投降，其余的不是战死就是自杀了。在登上贝梯沃岛的1.83万名美军中，死伤3,000余人。接着，美军乘胜进军，一举攻克了拜里基岛、埃塔岛、塔里太岛和布阿里基岛，至11月28日，美军占领了整个塔拉瓦环礁。

11月20日晨，在登陆贝梯沃岛的同时，美军也向马金岛发动了登陆战。最初的登陆点选在布塔里塔里岛北岸。

布塔里塔里是马金环礁中的一个大岛，驻有日本守军近800人。美军登陆马金岛的6,472人由拉尔夫·史密斯陆军少将直接指挥。特纳少将在旗舰"宾夕法尼亚"号战列舰★上督战，这次进攻美军处于绝对优势，平均8个美兵对付1个日兵。战至22日夜，日军所剩寥寥无几，但他们仍在黑暗的掩护下进行反击——他们投爆竹来吸引美军步枪火力；他们将吉尔伯特土著居民赶向美军散兵线，自己夹在里面假装哭叫，让美军以为是吉尔伯特的妇女和小孩，然后他们突然跳进美军散兵坑进行射击与刺杀。然而，这一切都无济于事，美军强大的攻势进展很快。至23日13时，美陆军第24师师长拉尔夫·史密斯向特纳发出电文："已占领马金岛！"

美军在塔拉瓦、马金岛登陆的同时，又向阿贝马马岛进军。阿贝马马岛上仅有25个日本兵。78名美军士兵乘潜艇"舡鱼"号于11月20日午夜从肯纳岛出发，开始了登陆行动，25日午后占领该岛。日本兵10人死于潜艇炮火，其余全部被歼，美方损失1人。

1943年12月22日，日本首相东条英机在临时地方长官会议上不得不承认："现在美国之反攻，日益炽烈……敌借力量之优势，占据马金、塔拉瓦两岛，该处守军均已'壮烈玉碎'……"

吉尔伯特战役以美军胜利而告终。为了获得胜利，美方也付出了高昂的代价。海军损失一艘护航航空母舰，另有一艘航空母舰受重创，损失若干其他类型舰只及履带登陆车90辆。美军在塔拉瓦死亡1,009人，伤2,101人，在马金岛损失达800人。

吉尔伯特之战刚刚结束两天，美海军部长诺克斯宣布说，美军在塔拉瓦之战中所遭受的重大损失，是美国海军成立168年来所不多见的。尼米兹决定亲赴塔拉瓦岛视察，以了解这一战役惨重伤亡的具体情况。斯普鲁恩斯劝他待清扫战场之后再去，因岛上尚有残留日军，机场还不能降落大飞机，尸体也尚未掩埋。尼米兹没有听从斯普鲁恩斯的劝告。在富纳富提岛视察后，转乘胡佛将军提供的海军陆战队的空投战斗机启程

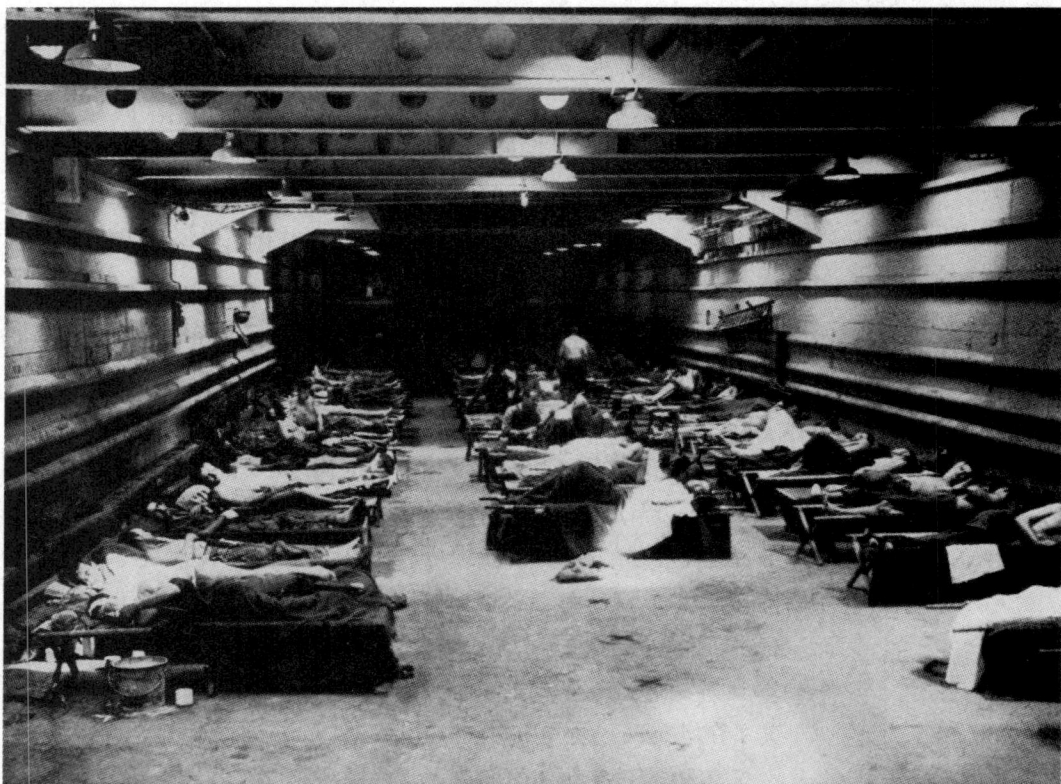

∧ ∨ 吉尔伯特战役结束后，美军伤员等待被运往后方医院。

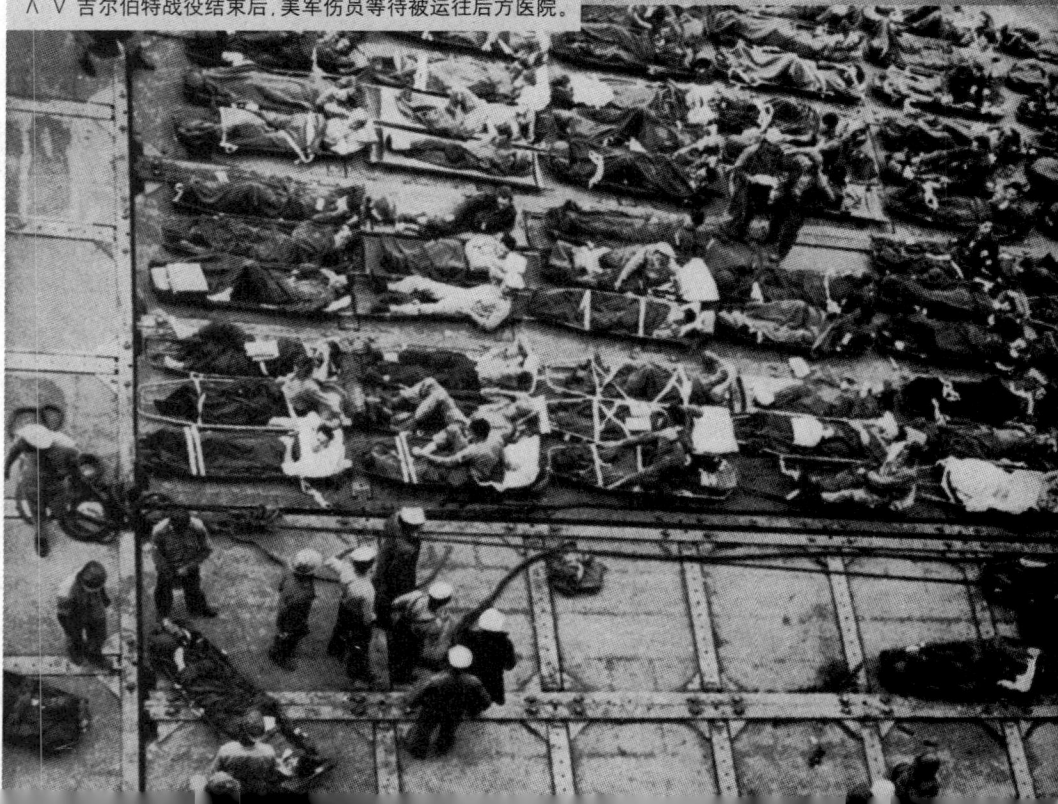

了。同行的有理查森将军、谢尔曼将军及贴身副官拉马尔等人。

飞机在机场上几经颠簸才停了下来。机门一打开，舱里的人便闻到了一股烧焦和腐烂尸体的恶臭味。掩埋队主要把美军的尸体掩埋在炮弹坑或推土机挖的壕沟里，而数以千计被烧焦和炸成碎块的日军尸体还没有掩埋。岛上树干焦枯，乱石成堆，到处都是战争之后的破败景象。炙热的阳光照射在这片废墟之上，到处可见残肢断臂，真是一片令人惨不忍睹的景象。

尼米兹在斯普鲁恩斯和朱里安·史密斯将军的陪同下，视察了尸横遍野的战场。在滩头阵地上，被打坏的两栖坦克中间，海军陆战队员的尸体还泡在水里。尼米兹为眼前的残酷景象而震惊，他轻声地说道："这是我第一次闻到死亡的味道。"

尼米兹一行看到活着的海军陆战队员经过几天的激战，身上还留着战斗的痕迹：衣服污秽、面容憔悴、疲惫不堪、表情呆滞。一些年轻士兵，却似老头一般。尼米兹动情地对士兵们说："亲爱的孩子们，你们以沉重的代价换来了一次宝贵的胜利，我为你们骄傲。你们以自己的行动向世界宣告，美国人是不可战胜的！"

回到指挥部，尼米兹已经无心食用朱利安·史密斯为他专门准备的午餐了。

曾在法国参加过第一次世界大战的理查森将军说："这里的情景使我想起了历时数周的伊普雷战场的拉锯战。塔拉瓦岛成千上万的椰子树均遭破坏。日军防御坚固，负隅顽抗，只有极少数人被生擒。岛上尸首狼藉，恶臭熏天，令人作呕。只有当我离开这个地方之后，才能勉强进食、休息，也只有在风向改变时，我们才能吸到一点新鲜空气。尽管如此，我们大家都在积极巩固战果，为不可避免的一场进攻战做准备。上帝保佑，我们不仅巩固了胜利，而且将以此为基础向日军发动进攻。"

在这场令人不堪回首的视察结束时，尼米兹对斯普鲁恩斯说："战役造成如此巨大的损失，前线指挥官无法承担责任。我担心美国公民们不会谅解我们。"

吉尔伯特群岛登陆战所造成的损失，确实使美国公众舆论一片哗然，太平洋舰队司令部成为人们指责和谩骂的对象。悲愤的阵亡人员家属甚至直接给尼米兹写信，对他进行抨击。一位失去儿子的母亲写道："你在塔拉瓦岛上杀死了我的儿子。"尼米兹的部下为此纷纷替他打抱不平。但尼米兹却坚持每信必看，并亲自回信表示哀悼。他说："母亲失去儿子会痛苦的，应给她们以合适的安慰。至于我的进退荣辱，相信历史会给予公正的评价与选择。"拉马尔看到信件实在太多，担心过分影响将军的精力，只送了少数几封给尼米兹，其余的都由他和其他助手代为答复了。

美国国民不能马上理解的是，吉尔伯特登陆战是集中在几天之内完成的，所以付出的代价较大。事实上，速战速决的这场战斗所造成的损失，比在瓜达尔卡纳尔岛苦战6个月所造成的损失要小得多，却赢得了同等程度的胜利。美军占领了吉尔伯特群岛，消除了日军对南太平洋、西南太平洋和中太平洋海上交通线的威胁，并为即将开始的马绍尔群岛登陆战提供了一个实施空中支援的基地。

毋庸讳言，美军损失重大的主要原因，还在于他们无论从理论上，还是实践上，都缺乏

∧ 美军运输船向准备登陆的部队运送作战物资。

攻占坚固设防的珊瑚环礁的认识和经验。在指挥上又出现众多失误，譬如，登陆部队与航空火力配合不当，对潮汐判断失误，等等。然而，美军用血的代价换取了许多教训，为以后中太平洋的进军避免了更大的牺牲。

罗斯福总统得知尼米兹承受的压力后，立即打电话给金上将："告诉尼米兹放手作战，国内的事情由我去办。"在总统的干预下，这场风波渐趋平息。

尼米兹等人开始集中精力，思考下一步进攻马绍尔群岛的作战计划。

尼米兹原打算在马洛埃拉普环礁、沃特杰环礁以及夸贾林环礁同时实施登陆。前两个环礁是马绍尔群岛离珍珠港最近的两个日军基地，后一个环礁位于马绍尔群岛的中心，是日军司令部的所在地。

鉴于塔拉瓦战斗的惨痛教训，斯普鲁恩斯建议采取审慎的作战方案。他主张战役分两步走，首先攻占马洛埃拉普和沃特杰，然后利用两岛的轰炸机基地，对位于列岛中心的日军指挥部所在地夸贾林岛实施进攻。特纳和霍兰·史密斯都支持这一想法。

尼米兹肯定了两步进攻的建议，同意取消三管齐下的进攻，但他又设计了一个不同的方案——绕过沃特杰和马洛埃拉普岛，直接进攻夸贾林岛。攻下夸贾林岛后，将能得到两个机场和一个第一流的锚地。

斯普鲁恩斯、特纳和史密斯都强烈反对尼米兹的意见。他们认为，夸贾林环礁一旦被美军占领，这个环礁就会变成在马洛埃拉普、沃特杰等地日军岸基航空兵的袭击目标。而且，日军还可依托这些基地来破坏夸贾林与珍珠港、吉尔伯特之间的交通线。

但尼米兹坚持自己的主张。电台接收的情报证实，尼米兹的决定是正确的。日军正在其他岛上加强工事，独独忽略了位于马绍尔群岛中心的夸贾林岛。显然，日军设想的是在外围的一个或几个岛屿将要受到攻击。

在12月14日的会议上，尼米兹最后一次征求斯普鲁恩斯等人的意见。

"斯普鲁恩斯，"他问，"你现在怎么考虑？"

"打外围岛屿。"斯普鲁恩斯回答。

"特纳，你呢？"

"打外围岛屿。"特纳回答。

"霍兰，还有你呢？"

"打外围岛屿。"史密斯答道。

尼米兹询问一圈，在场的每位指挥官都建议先打外围岛屿沃特杰和马洛埃拉普。征求意见后，会场上出现一段短暂的沉默。接着，尼米兹

以不容置疑的口吻说："但是，诸位，我们的下一个目标还是夸贾林岛。"

特纳仍然固执己见，他坚持认为直接进攻夸贾林岛是冒险和鲁莽的。尼米兹温和地说："情况就是这样，如果你们不想干，防卫区就换人。你们愿干还是不愿干？"

凯利·特纳皱起眉头，终于还是说："我当然愿意干。"

斯普鲁恩斯见无法改变尼米兹的决定，于是提出了一个补充性的新建议，在攻占夸贾林岛的同时，占领日军防御力量薄弱的马绍尔群岛中的马朱罗岛。这样，可在作战海域为舰队提供一个基地，并处于对夸贾林岛支援的范围之内。

尼米兹同意了这一建议。

>> 攻取"联合舰队"巢穴

在拟定突破吉尔伯特群岛和马绍尔群岛作战方案期间，尼米兹决定举行一次盛大的得克萨斯州式的野餐，并定于星期日下午在檀香山的摩亚纳公园举行。野餐有烤猪、豆子、玉米面包。军队中所有的得克萨斯人都应邀参加，估计出席的士兵、水兵和海军陆战队员达4万人，陆军的理查森将军也应邀出席。他们如同过自己的节日一般，尽情狂欢。公园一隅的电唱机里播放着士兵们爱听的歌曲《上帝保佑，快传递炮弹》、《插上翅膀带着祝福来》、《我的心留在后台入口的小酒店》以及著名男中音歌唱家平克劳斯贝演唱的《圣诞雪夜》。

午后三四点钟，尼米兹上将在掌声、口哨声和欢呼声中走上临时搭设的讲台，向自己的同乡士兵们发表热情洋溢的演讲，这是一篇令在场的所有得克萨斯州人终身难忘的演讲。

听众中不时爆发出阵阵得克萨斯式的欢呼，陆军、海军和航空兵们把帽子掷向天空。尼米兹成为野餐会上最受欢迎的人物。他同官兵们一起游戏、交谈，给每一位提出要求的人送上签名照片。这个野餐会是十分成功的，记者们对此进行了有声有色的报道。

然而，檀香山的警察当晚报告说，聚会活动结束后，公园里一片狼藉。花坛被践踏，到处都扔着饭篓、军用干粮罐头盒、夏威夷花环以及军服衬衣等。违反军纪的行为使这个公园像遭受过台风浩劫一般。警察们捡回12万个瓶子，从草丛和灌木丛中收集了大量的垃圾，他们从未干过如此大规模的清扫工作。尼米兹也承认这是他所见到过的罕见的破坏之举。

尼米兹微笑地容忍了这一切，因为他的同乡们即将渡过波涛汹涌的海洋，向马绍尔群岛发起猛攻。

进攻马绍尔群岛的作战计划，代号为"燧发枪行动"，发起攻击的日期曾两次推迟，最后确定在1月31日。第5舰队司令斯普鲁恩斯中将坐镇旗舰"印第安纳波利斯"号，担任远

∧ 美军舰队向目标进发。　　　　∧ 美军部队正涉水上岸。　　　∨ 美军战机向登陆部队提供空中支援。

征军总指挥，第5舰队下属的快速航空母舰编队，由海军少将米切尔任编队司令，特纳指挥两栖作战舰队。

"燧发枪行动"再次引起航空兵和两栖作战部队之间的矛盾。尼米兹对这种争论持超脱态度，他尽可能遵循正确合理的原则：只对部属提出"何时""何地"作战，而从不提"如何"去打的问题。

1月22日清晨，尼米兹站在马卡拉帕山上他的司令部里，目送出战的舰艇驶离港湾，向马绍尔群岛进发。当舰艇的队列远去，海面上风平浪静的时候，珍珠港突然变得一片空旷，仿佛一座城池消失了一般。第58特混舰队和为数众多的护卫舰，在战争结束前再没有回过珍珠港，它们在浩瀚无垠的太平洋战场上东征西讨，建立了显赫的功勋。这支向马绍尔群岛进发的第5舰队，包括375艘舰艇、5.3万名进攻部队士兵和3.1万名守备部队士兵。米切尔统率的第58特混舰队，包括6艘重型航空母舰、6艘轻型航空母舰、8艘快速战列舰、6艘巡洋舰、36艘驱逐舰和700架舰载飞机。

这个阵容比进攻吉尔伯特群岛的兵力强大得多。

美军直取马绍尔群岛的中枢海岛，这一决定不仅使尼米兹的部属们感到震惊，也出乎日军的预料。日军大本营判断美军下一个攻势，不是从吉尔伯特群岛指向米利和贾卢伊特，就是从珍珠港指向沃特杰或马洛埃拉普。因而，忽略了对夸贾林岛的防御。

美军从1944年1月初开始对上述外围岛屿实施空袭，一方面压制日军，另一方面也为了造成假象。经过几次空袭，马绍尔群岛的岸防设施遭到一定程度的破坏。1月30日，北路和南路进攻部队分别驶抵夸贾林环礁。继快速航空母舰实施3天密集轰炸之后，美军又以舰炮和护航舰载机进行突击。美军吸取了塔拉瓦登陆的经验教训，首先实施高强度的炮火扫除工作，在马绍尔各岛投放的炸弹和炮弹数量相当于进攻贝梯沃岛时的4倍。这种攻势战略取得了明显效果。

正当尼米兹怀着惴惴不安的心情期待战争消息的时候，捷报频频传来。1月31日，希尔将军指挥的一支部队攻占了马朱罗岛。2月1日，柯诺利的陆战队第4师占领了罗伊岛。敌军重点设防的那慕尔岛也于次日被攻克。

担任夸贾林主攻的陆军第7师，曾在阿留申群岛浴血苦战过，有着夺取阿图岛和基斯卡岛的光荣战绩。该部队于2月1日下午按计划在"红滩"1号和2号阵地登陆，出乎意料地顺利，只用了12分钟就有1,200名官兵上岸。一位年轻的军官后来回忆说："这简直像是一次演习！我们没有耽误1秒钟。我们的士兵携带着喷火器和炸药包前进，去摧毁那些在美军火力攻击时侥幸未遭破坏的军事设施和未被炸死的日军，我方损失一些人，但日军却大批地被击毙了。"

美军采用稳扎稳打逐步搜索的方式前进，战斗机掠地而过，并首次使用了火箭。日军自3日起发起了一次又一次反攻击。双方在夸贾林岛上猛烈交火。至3日黄昏，美军攻到了日本"海军作战基地码头"附近。

4日夜幕降临前，夸贾林岛上所剩下的549米长的地段终被美军占领，科利特少将宣布日军有组织的抵抗到此结束。至2月7日，美军先后攻占了夸贾林环礁中的大小30余个岛屿。特纳将军的联合远征军取得了"燧发枪"战役的最后胜利。

美军这一辉煌的胜利所付出的代价，大大小于吉尔伯特战役。登陆部队在夸贾林环礁北部仅以阵亡195人的代价，歼灭日军3,472人；在夸贾林环礁南部，美军阵亡177人，日军死亡4,398人。

美军高级指挥官一致认为，"燧发枪行动"可能是打得最漂亮的一次两栖进攻战，应当成为未来进攻战的模式。

早在攻克夸贾林岛之前，尼米兹就发报征求斯普鲁恩斯对继续挺进埃尼威托克岛的意见。斯普鲁恩斯看到特纳和霍兰·史密斯准备充分，士气正旺，对尼米兹的新的战斗号令，当然是积极响应。

为了给新一轮战役助威，尼米兹于2月4日晚乘B-24型飞机"解放者"号离开珍珠港前往塔拉瓦岛。飞机降落在环礁湖中。尼米兹刚一上岸，就被一群记者围住。他们提出的一个问题是："你对这个海岛有什么想法？"

尼米兹回答说："除了那次得克萨斯人野餐会以外，这是我看到的最严重的浩劫。"

尼米兹同斯普鲁恩斯、特纳等人商讨即将开始的进攻埃尼威托克岛的问题。由于埃尼威托克岛离特鲁克岛仅669海里，第58特混舰队（即原第55特混舰队）将分两路支援此次进攻战。1个特混大队在埃尼威托克岛附近进行直接支援，另外3个特混大队前去袭击特鲁克岛。美军希望对特鲁克岛的威胁，能迫使日军联合舰队出来迎战。斯普鲁恩斯拥有9艘航空母舰和6艘战列舰，无疑能打败敢于迎战的日军。

然而，美军未能实现尽早与日联合舰队决战的愿望。山本五十六的继任者古贺峰一对美军的战略意图极为敏感，当他发现美军飞机对特鲁克的

侦察行动后，便急令联合舰队撤离，向西退至加罗林群岛的帕劳群岛。

2月17日，美军对埃尼威托克发起进攻。多日的空中轰炸，早已使埃岛饱尝炸弹之苦，岛上除混凝土的地堡和指挥所之外，地面上能够看到的军事设施已寥寥无几。

美军用两天时间攻下外围岛屿恩吉比岛之后，第一波登陆部队冒着弹雨直插埃岛蜂腰部的"黄滩"，然后兵分两路，向南北两个方向推进。当夜，美军不断向埃岛的南端和北端猛烈炮击，照明弹和海军探照灯把小岛上空照得雪亮。日军不断地向美军阵地渗透，误射事件不断发生，登陆美军如同进入地狱一般。到21日，激战结束，北部日军终被清除。

在埃岛南端，美军沿着靠海和礁湖的岸边打击日军，把每个能搜索出来的日军一一击毙。战至21日16时30分，希尔将军宣布：美军已完全歼灭埃岛上的808名日军，占领了埃尼威托克岛。

就在美军向埃尼威托克岛发动攻击的同时，米切尔统领的第58特混舰队的9艘航空母舰和大批护卫舰只，悄悄离开新占领的马朱罗基地，向被日军称为"不沉的航空母舰"的特鲁克基地驶去。

集海、陆、空为一体的特鲁克岛，是日军深藏潜水艇、战舰和飞机的强有力的军事要地。1942年7月中途岛海战之后，山本五十六将他的联合舰队迁至该港，从此这里成为日本帝国海军的大本营。因此，特鲁克港对于日本，如同珍珠港对于美国一样，具有重要战略地位，有"日本的珍珠港"之称。特鲁克港又是日本所谓"绝对国防圈"链条上重要的一环，因而，若称其为"太平洋上的直布罗陀"，也是当之无愧的。

然而，古贺率日联合舰队主力撤离之后，该港驻防已与其重要地位极不相称了。以中林仁中将为首的第4舰队已经残缺不全，西南舰队航空兵们无心恋战。岛上守军人心惶惶、士气低落、疏于戒备。

当100余架美机在晨曦中急速扑向特鲁克岛的时候，掉

207

★古贺峰一

日本海军大将。早年入日本海军学校、海军大学学习。后长期在日本海军部队中服役。曾任实习官、副舰长、舰长、海军军令部次官、第2舰队司令等职。第二次世界大战爆发后，曾参加日本海军的多次对英、美及其他盟国海军的作战。1943年4月25日，在日本海军大将山本五十六被美军击毙后，继任日本海军联合舰队司令。1944年4月，古贺峰一在飞往菲律宾南部棉兰老的途中，因飞机失事而亡。

∧ 山本五十六（左）与古贺峰一（右）在一起。

> 美军飞机轰炸日占岛屿。

以轻心的日军官兵还蒙在鼓里。历史出现了惊人的相似：此时此刻的特鲁克港恰如当年的珍珠港。美机群已经兵临城下了，特鲁克的日军广播才惊惶失措地发出战斗警报。

日"零式"战斗机匆忙起飞应战，双方在特鲁克上空展开激战。无论是飞机性能，还是飞行技术，美军都占了绝对优势。几个回合的闪转腾挪、火击电应，美机群先后将127架日机击落，停在地面上的60架日机也都被击毁。与此同时，呼啸而下的炸弹将特鲁克岛上的防御设施炸得支离破碎，一片狼藉。

下午，美舰载机再次出击，幸存的数架日机起飞迎战，很快被击落。17日凌晨2时，美军首次使用装有雷达的TBF"复仇者"式鱼雷机，在无护航飞机掩护下，对特鲁克进行夜间空袭，取得了比白天更大的战果。17日上午，美机又对特鲁克进行第三次轰炸，岛上日机几乎全部被摧毁，无任何战斗力可言了。

事实证明，所谓"坚不可摧的特鲁克"不过是一个神话而已。日军损失舰艇9艘、飞机270架，人员总伤亡达1,700人。特鲁克这个联结南北要冲，曾为日军联合舰队泊地的海上军事基地，顷刻之间已面目全非，化为一片废墟。

特鲁克的损失使东京大为震惊，日方认为这一空袭"可称为第二次珍珠港事件"。东京广播电台惊呼："战局变得空前严重，敌人作战的速度表明，进攻的力量已经威胁到我们本土了。"

当古贺峰一★获知"绝对国防圈"上的要冲特鲁克处境垂危时，立即命令拉包尔的航空兵前往特鲁克支援。这样，就减少了在俾斯麦群岛的海军飞机数量，从而使拉包尔也丧失了它的战略价值。显然，空袭特鲁克从客观上有力支援了在西南太平洋进行反攻作战的

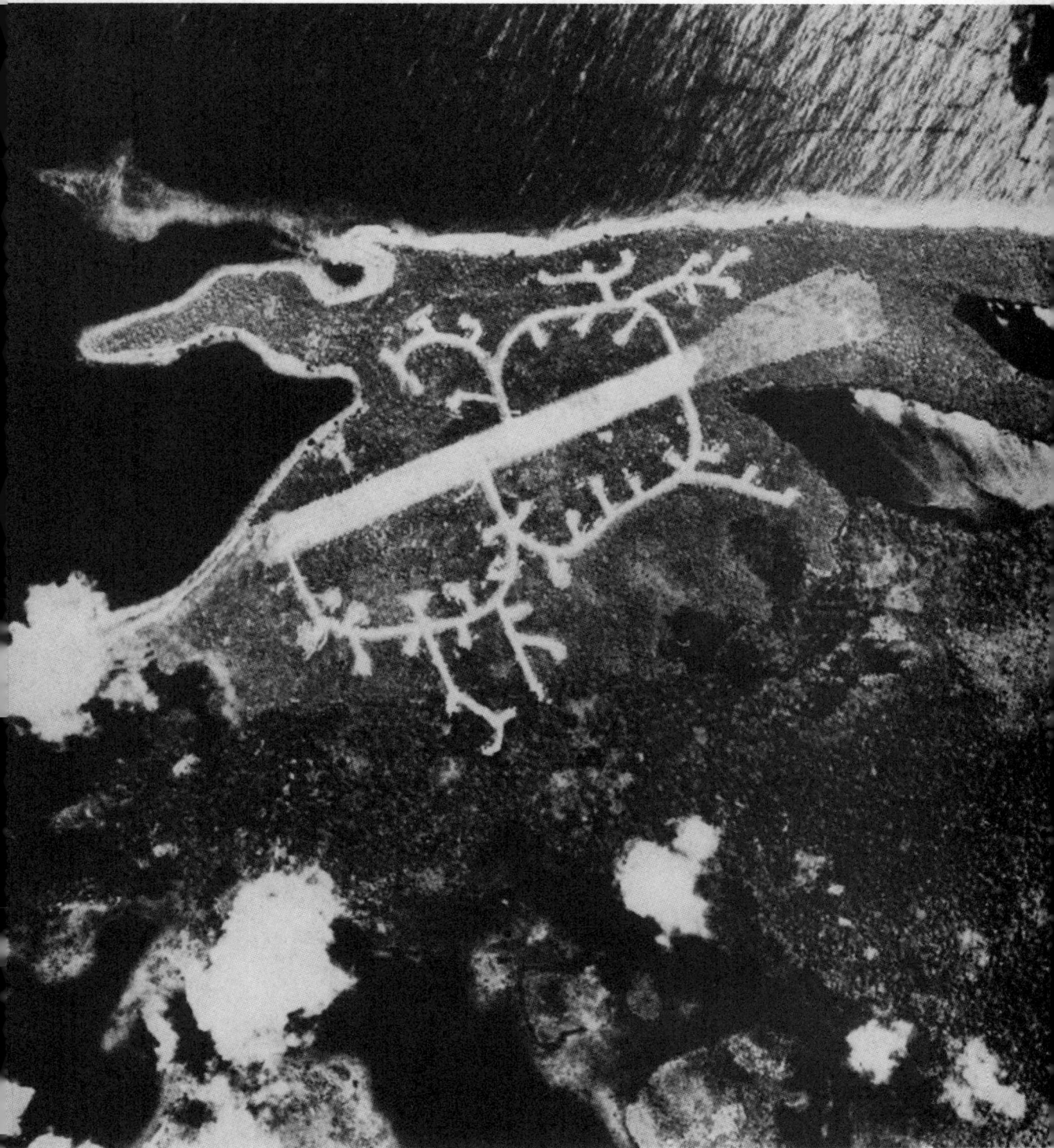

麦克阿瑟和哈尔西的部队，也阻止了日军对美方即将开始的马里亚纳战役可能进行的干扰和破坏。

为了表彰米切尔、霍兰·史密斯、特纳和斯普鲁恩斯在马绍尔群岛战役中的功勋，尼米兹上书金上将，为自己的杰出部下晋级。美国参议院批准了这一请求。斯普鲁恩斯晋升为四星上将。特纳、史密斯、米切尔晋升为海军中将。马克·米切尔还被任命为太平洋舰队快速航空母舰舰队司令。

∧ 为保持充沛的体力，美军士兵在甲板上锻炼。
∧ 太平洋岛屿作战中，美军登陆艇浩浩荡荡地向日占岛屿进发。
< 日军将领在一起研究作战计划。

日军侵华作战 4 条指导方针

太平洋战争爆发前，日军大本营为集中军力用于东南亚及太平洋战场，于 1941 年 1 月 25 日向日军"中国派遣军"下达《1941 年对华长期指导计划》，日军"中国派遣军"根据这一指示所制定的本年度侵华作战 4 条指导方针，其内容为：加强封锁；"恢复治安"；继续发动空中进攻；进行灵活的短线作战以消耗中国军队的抗战力量。

05

> 在中国境内作战的日军。
> 罗斯福在美国国会发表演说，要求对日宣战。

"罗索伯爵"号被击沉事件

1941 年 5 月 25 日，由意大利海军的 2 艘驱逐舰和 6 艘鱼雷舰担任护航，另由 1 艘巡洋舰和 3 艘驱逐舰担任远距离警戒的一支由意大利 4 艘客轮组成的运输船队，担负着从意大利向利比亚的黎波里远送补给物资任务。行使到西西里岛东部海域时，遭到正在该海域巡航的英国海军"支持"号潜艇的攻击。该潜艇发射的鱼雷击中意大利 4 艘货轮中最大的客轮"罗索伯爵"号，不久该货轮沉没。

罗斯福国会演说

1941 年 12 月 7 日太平洋战争爆发后，美国总统罗斯福于 12 月 8 日在美国国会发表的一篇重要演说。题目是《要求国会对日本宣战》。罗斯福在演说中指出，1941 年 12 月 7 日"将成为美国的国耻日"。日本对珍珠港的突袭，以及对亚太地区的大规模进攻，已经构成对美国存亡安危的严重威胁。美国将设法保证自己的安全，确保不再受到这类背信弃义行为的危害。在演说末尾，罗斯福要求美国国会正式对日本宣战。

日军入侵泰国事件

1941年11月24日，日军大本营授权日军南方总司令官寺内寿一就日军进入泰国的一切军事问题与泰国当局谈判。并决定谈判应于1941年12月7日18时开始，必须在12月8日零时以前结束。不论谈判结果如何，日军都将按计划"进入"泰国。1941年12月8日凌晨，日本驻泰国大使将日方的要求交给泰国外长。8日3时日本第15军越过泰国东部边界，9日凌晨日军进入曼谷。12月21日，日本强迫泰国政府签订了"同盟条约"，此次事件使泰国人民遭受了无穷的灾难。

《中国共产党关于太平洋战争的宣言》

第二次世界大战时期，中国共产党于1941年12月9日对太平洋战争发表宣言。宣言指出，太平洋战争是日本法西斯为了侵略美国、英国及其他各国而发动的非正义的掠夺战争，而在美国、英国及其他各国奋起抵抗的一面，则是为了保卫独立自由和民主的正义的解放战争。宣言表示，中国政府与中国人民坚决站在反法西斯国家方面。宣言还提出了为实现这个目标必须实行的8项任务。

retrieval 06

美国划分太平洋战区事件

1942年3月30日，鉴于美、英、荷、澳组成的西南太平洋盟军司令部解散，美国和英国开始重新划分作战地区，美国负责整个太平洋战区。此后美国将太平洋地区划分为两个战区，即由太平洋舰队司令尼米兹海军上将任总司令的包括东经160度以东的广大区域在内的太平洋战区和以陆军上将麦克阿瑟为总司令包括澳大利亚、新几内亚、菲律宾群岛、俾斯麦群岛、所罗门群岛及荷属东印度群岛的大部在内的西南太平洋战区。

07

罗斯福"四大自由"政策

面对希特勒横扫欧洲大陆的猖獗之势,美国总统罗斯福力排国内的孤立主义势力,于1941年1月6日在国会两院联席会议的国情咨文中提出"四大自由"政策。具体内容为,只有彻底战胜独裁者,才能出现一个到处都以四项基本人类自由——言论自由、信仰自由、不虞匮乏的自由、免于恐惧的自由为基础的世界。并再次要求把美国变成民主国家的兵工厂,否则欧洲的今天就是明日的美国,表明坚决反法西斯的决心。

日军1943年度《对华作战指导大纲》

日军大本营于1943年2月27日制定出《对华作战指导大纲》,该作战指导计划要求日军"中国派遣军"在1943年度首要任务是确保山西北部、河北、山东、江苏北部以及上海、南京、杭州之间地区的"迅速安定",以及重要资源开发地区、中心城市和主要交通线的"安全"。并以伪军接替部分日军担任守备,以抽出日军用于太平洋战场和执行机动作战任务等。

盟军太平洋战区

1942年3月在美国的夏威夷组建盟军战区。作战区域大致在东经160度以东、赤道以南地区和东经130度以东、赤道以北地区以及东经130度以西、北纬20度以北地区。盟军战区最高司令部主要由太平洋舰队司令部担当,统一指挥该区的盟国陆海空军部队。战区最高司令为尼米兹。该战区实施的主要战役包括珊瑚海战役、中途岛、瓜达尔卡纳尔岛战役,吉尔伯特群岛战役等。该战区于1945年9月撤销。

∨ 在太平洋岛屿作战中准备实施登陆的美军登陆艇。

∧ 准备实施"一号作战"的日
军部队。

山本五十六被击毙

山本五十六指挥日本海军突袭珍珠港，因此成为美国军民痛恨的对象。由于日军在中途岛、瓜岛的惨败，山本五十六为给南洋日军打气，计划于1943年4月18日亲自飞往所罗门群岛北部视察。美军情报部门破译了日本海军密电，掌握了山本五十六的行踪。4月18日，山本五十六座机飞到布因上空时，被美国空军第339中队米切尔少校率领的16架伏击的美军机群成功拦截。其座机被击落，山本五十六丧命。这一事件沉重打击了日军的士气。

日本最后打通"大陆交通线"事件

第二次世界大战时期，日军因海上运输线遭受到盟军威胁，决心打通中国"大陆交通线"，以使在东南亚各战区的日军与中国大陆上的日军结为一体，增强应战能力。1944年4月17日起，侵华日军集中51万部队，发动了旨在与打通"大陆交通线"的"一号作战"。至11月上旬相继攻占了河南、湖南、广西、广东、福建等省大部及贵州部分地区。对日军而言也打通了平汉路、粤汉路和湘桂路。1944年11月24日，日军攻占南宁，后向西推进。11月20日，在越南西贡的日军自越南攻入中国。12月10日，两路日军在广西扶绥县南面的公路上碰面，至此日军完成了"一号作战"。

美军收复基斯卡岛

1943年5月30日，美国军队攻克北太平洋上日军固守的阿图岛。而后美军积极准备攻克被日军侵占的阿留申群岛中的另一个小岛——基斯卡岛。从8月2日起，美军开始猛烈轰炸、炮击基斯卡岛。8月13日，美军向基斯卡岛进发。冲上岛后才发现，岛上已空无一人，原来日军在美军登岛之前用潜艇秘密撤走5,183名士兵，岛上的军用设施均被破坏。美军收复基斯卡岛后，日军在北太平洋地区的防线后缩到千岛群岛一线。

第九章

血涛尽染马里亚纳

1885-1966 尼米兹

尼米兹将他的舰队分成两套指挥班子：当庞大的太平洋舰队归斯普鲁恩斯指挥时，称为第五舰队；而当哈尔西统率时，则称为第3舰队。这样，一套班子进行整训，另一套班子实施作战，两套班子交替进行，两个战役之间的间隔时间也就缩短了……

>> 关于大战略的分歧

在太平洋战争中，陆、海军之间的竞争和摩擦时有发生。早在1943年底，根据参谋长联席会议确定的在太平洋的两路进军方针，麦克阿瑟的西南太平洋部队将沿新几内亚北部海岸前进，从南部棉兰老岛进入菲律宾。尼米兹的中太平洋部队，即第5舰队在攻占马绍尔群岛、特鲁克岛之后，将越过中部的加罗林群岛，直接向千里之外的马里亚纳挺进，攻占塞班岛、提尼安岛和关岛。然后，两路进攻部队将在菲律宾吕宋—中国一线会合，在那里对日军进行轰炸、封锁，并在必要时进攻日本本土。

金将军一直希望攻占马里亚纳群岛，因为攻占该群岛可以封锁日军向南运输物资和补充兵员。麦克阿瑟没有强烈反对攻占吉尔伯特和马绍尔群岛的计划，因为这些战斗可以消除日军对他与美国之间交通线的威胁，也可以牵制日军对西南太平洋地区部队可能造成的干扰。但是，他坚决反对进一步以中太平洋为主轴发动进攻，因为他认为如果没有陆基航空兵的支援，向日本本土靠近，将会使人员、舰艇和飞机遭到巨大损失，甚至可能导致美军失败。而且，尼米兹在中太平洋扩充部队，势必影响他的部队增援，迟滞他从南路进军的行动。并且，如果中太平洋部队的攻势迅猛，可能会使得麦克阿瑟经新几内亚迂回进攻菲律宾失去必要性。

为了报复被日军驱逐所受的屈辱，麦克阿瑟念念不忘重返菲律宾。他派萨瑟兰将军去华盛顿，敦促参谋长联席会议要尼米兹在攻克马绍尔群岛之后，放弃对中太平洋发动攻势，把中太平洋部队调到南面支援他进攻棉兰老岛，使中太平洋部队的直接进攻成为配合他的一次行动。结果，参谋长联席会议拒绝考虑他的意见。麦克阿瑟无奈，只好另想办法。

1944年1月中旬，国防部高级参谋弗雷德里克·H·奥斯本准将到西南太平洋地区视察，麦克阿瑟趁此机会把他的意见写成材料请奥斯本转交陆军部长斯廷森，并转报罗斯福总统。麦克阿瑟在这份材料中大谈其保存自己、扼制敌人的战略优点。他说，只要他拥有太平洋海、陆军部队和武器装备的指挥权，他就有信心使他的部队在年底攻占棉兰老。

1944年1月27日至28日，尼米兹邀请太平洋战场的高级军官来珍珠港商讨战略问题。他的代表团由他率领，成员包括麦克·莫里斯将军、福雷斯特·谢尔曼将军、托尔斯将军、卡尔霍恩将军和理查森将军。哈尔西将军因事留在美国，由他的参谋长卡尼将军和陆军部队司令哈蒙将

∧ 尼米兹与莫里斯中将（左）、谢尔曼少将合影。

军代表出席。麦克阿瑟将派他的参谋长萨瑟兰将军、航空兵司令肯尼将军和海军司令金凯德将军出席会议。

在尼米兹召集的太平洋战场高级军官会议上，麦克阿瑟的代表团提出经新几内亚和菲律宾一路进攻的方针。令太平洋舰队军官们感到惊异的是，尼米兹也提出以新几内亚—棉兰老为轴心单路作战的建议，支持麦克阿瑟为主攻方向统帅，并指定谢尔曼将军前往华盛顿向参谋长联席会议汇报。

尼米兹的想法发生变化，主要是接受了在塔拉瓦战斗中美军伤亡惨重的教训。他认为，马里亚纳群岛远远超过盟军陆基航空兵支援的范围。攻占南马里亚纳的那些崎岖大岛，碰到的困难可能会更多，代价会更大。攻打平坦的仅3公里长的贝梯沃岛就付出千余人生命的代价，那么进攻多山的且40公里长的关岛，将不知要付出多大的牺牲。何况日本在硫磺岛、冲绳岛、塞班岛仍有很强的轰炸实力。

麦克阿瑟对会议的结果感到惊喜，但他的骄横之心是不会轻易得到满足的。他进一步要求把现有的B-29型飞机调到西南太平洋地区，把所有的海军部队全部置于盟军海军司令哈尔西指挥之下。他请求让英国指定一支皇家海军特混舰队归他指挥。显然，他想使自己成为太平洋抗击日军的最高统帅。如按他的要求全面移交部队，势必会把尼米兹降到次要地位。但是，他忽略了一点，即战争期间，参谋长联席会议不可能同意这种大规模转移权力的建议。何况，尼米兹在海军的威望以及他的指挥才能都是无可替代的。

连麦克阿瑟的参谋长萨瑟兰都表示不满："阁下，这样做是否太过分了？"麦克阿瑟不以为然地挥动着玉米芯烟斗："你尽管代我去汇报好了，我不懂什么过分不过分，只知道要争回美国的荣誉。"

麦克阿瑟还不无得意地向哈尔西大夸海口："我要告诉你一些你可能还不知道的事情。他们将调给我一支完全由我指挥的大舰队。我还要告诉你，英国也要调一支舰队给我。我希望海军的作战由一个美国人来指挥，无论由谁来指挥，他的职位都得比英国人高，至少也得同级。哈尔西，你来干怎么样？如果你跟我干，我将使你成为一个连纳尔逊也做梦都没有想到过的大人物。"

哈尔西未置可否。但他毕竟是海军的一员，离开麦克阿瑟后，他立即用电报向金和尼米兹作了汇报。尼米兹对麦克阿瑟狂妄的态度大为恼怒。事实上，当斯普鲁恩斯轻取马绍尔群岛之后，他已经后悔提出以新几内亚—棉兰老岛为主轴的进攻路线了。他脑中又产生了取捷径直跨中太平洋发动攻势的想法，即使还得打南马里亚纳群岛也在所不惜。麦克阿瑟为此勃然大怒，认为尼米兹出尔反尔，并企图侵占他的地盘。他写信给马歇尔，要求"尽早让他亲自去向陆军部长和总统陈述他的意见"。

马歇尔回信时有些厌烦地告诉麦克阿瑟："在你地区内的所有基地设施都归你指挥，除非你自己放弃指挥权……你在指挥上的完整性和个人面子都没有问题……"

3月2日，参谋长联席会议把尼米兹和麦克阿瑟召回华盛顿，当面解决他们的分歧，以赢得确定战略决策的最佳时机。麦克阿瑟和往常一样表示抱歉他不能离开职守，派他的参谋长去。麦克阿瑟的代言人萨瑟兰将军直截了当地坚持进攻新几内亚，然后于11月进攻棉兰老，他认为这是为进攻日本而在菲律宾建立一个出发点的最快途径。

麦克阿瑟的计划同金将军拟定的战略是矛盾的。金赞成攻占台湾和其他中国沿海港口，认为从菲律宾出发没有优势。参谋长联席会议迄今避免做出会使陆军和海军的战略完全分裂的许诺。因此，当麦克阿瑟的参谋长极力要求解决攻打吕宋*的问题时，尼米兹谨慎地避免与他公开争论，但是他仍坚持，攻打菲律宾的行动必须与他的预定计划相吻合。他的计划规定6月攻占特鲁克，9月攻占马里亚纳群岛，11月攻占帕劳群岛。他为加速进军制定的另一种方案是6月绕过特鲁克，在马里亚纳群岛登陆，然后经雅浦岛前去攻占帕劳。他指出，无论是哪一种方案，照麦克阿瑟设想的办法同时进攻菲律宾南部，都有助于他的战役，因为那样可以吸引和分散日军兵力。

*吕宋

吕宋是菲律宾最大的岛屿，位于菲律宾群岛的北部。此岛地形险要，多为断崖绝壁。面积为105,600平方公里。1941年底，日本军队开始进攻吕宋岛。12月21日，日军以强大的攻势在吕宋岛登陆。1942年1月，日军全面控制吕宋，岛上美军被迫撤离。在吕宋被日军占领期间，美国空军多次派出轰炸机群对该岛日军目标实施猛烈轰炸。1944年10到11月，美国第38特遣队对吕宋发动猛烈进攻。1945年初，美军收复吕宋。

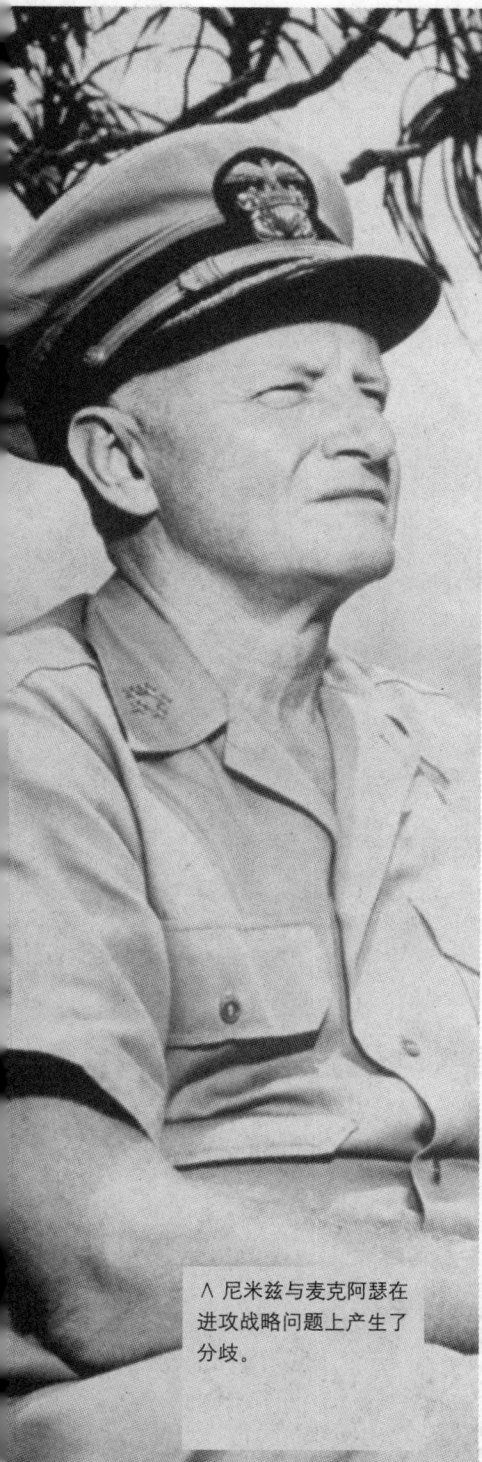

∧ 尼米兹与麦克阿瑟在进攻战略问题上产生了分歧。

尼米兹在华盛顿期间，提交了几个内容广泛的备忘录，由大会讨论后修订。萨瑟兰要求取消进攻汉萨湾的计划，改为向西400海里进攻新几内亚北海岸的霍兰蒂亚，并提出需要第5舰队的支援和配合。尼米兹当即拒绝了这一要求。因为第5舰队已担负了进攻卡维恩岛的任务，若同时支援两个战斗，就将占用他所有的快速航空母舰部队，影响他在台风季节到来之前完成进攻马里亚纳群岛的目标。

3月11日，参谋长联席会议确定了最后的战略方案：批准了4月15日进攻霍兰蒂亚；尼米兹的部队6月15日进攻马里亚纳群岛；9月15日进攻帕劳群岛；特鲁克将被绕过去，因而第5舰队将于11月15日开始支援麦克阿瑟部队进攻棉兰老。此外，是进攻吕宋还是台湾，留待以后再定，但时间定在1945年2月15日。

可以说，这一方案带有折中性质，但基本上符合金和尼米兹的战略构想。参谋长联席会议虽然对这一行动之后的方向仍然不愿轻易做出决定，但是他们指示尼米兹为1945年2月25日进攻台湾制订计划，指示麦克阿瑟为同一个月在吕宋登陆做好准备。参谋长联席会议把进攻台湾置于吕宋之前，令麦克阿瑟颇为不快。虽然他至少能开始解放菲律宾的一部分，并可以指望得到第5舰队的支持，但是参谋长联席会议没有把一切力量集中在他的进攻轴心上。

尼米兹在华盛顿期间，海军部特地为他安排了一个办公室和一个秘书班子，成员是清一色的女兵，均来自海军和海军陆战队。她们主动要求为尼米兹服务，其用意是不言而喻的，即希望在尼米兹身边表现出勤恳和才干，能使尼米兹改变成见，派她们去南太平洋工作。但是，她们的希望落空了。尼米兹固执己见，因为他受不了年轻女人在经过他身边的时候向他"喀嚓"一下立正、敬礼。虽然他赞扬她们的帮助，却"不发善心"，不允许女军人上前线。在他任职期间，他始终坚持这种态度。无论是总部在珍珠港还是在关岛，都没有妇女随行。

3月11日早晨，尼米兹拜谒了罗斯福总统。罗斯福在白宫椭圆形办公室里向他伸出了微微颤抖的双手，脸色苍白、

∧ 尼米兹在华盛顿期间拜会了罗斯福总统。

身体虚弱，不像尼米兹在1942年见到他时那样健康、敏锐。罗斯福指出，计划还没有提到把敌人彻底摧垮的内容。他提醒尼米兹，只要盟军有足够的兵力，就要尽快在太平洋击败日军。

尼米兹知道总统并不想过问太平洋战争方案的细枝末节，因此尽可能使会见轻松愉快。当总统递给他一支丘吉尔赠送的黑色大雪茄时，他说希望带一支回去，送给同他住在一起的安德森医生。

罗斯福询问了一些无关紧要的问题。他明知故问道："为什么在袭击特鲁克岛之后，又派航空母舰去进攻马里亚纳群岛？"

尼米兹立刻感受到总统不动声色的幽默。他说这个问题使他想起了一个故事：一个肥胖的患者要求割除阑尾，后来终于找到一位高明的医生为他主刀。当这位病人手术后苏醒过来时，就向医生询问病情。

"你的情况很好。"医生告诉他。

"但是，医生，"病人说，"我有点不明白，我的嗓子痛得厉害，这是为什么？"

"好，"医生说，"我告诉你，你的病情很特别，因此我的许多同事都来看我动手术。当手术做完后，他们向我喝彩。为了再表演一次，我就把你的扁桃腺割掉了。"

"所以，总统先生，你知道，"尼米兹说，"我们打提尼安岛和塞班岛就像那位医生一样，要再表演一次。"尼米兹的一席话引得罗斯福仰头大笑，接见到此结束。

尼米兹15日回到太平洋舰队总部，见他的办公桌上放着一份电报，是麦克阿瑟发来的，这令他感到有些惊讶。电文称：

我久有此意，向阁下略尽地主之谊。通过我们之间的私人会晤，增进双方司令部的紧密协作。因此，阁下如有时间来布里斯班做客，我将深为高兴，定予热诚欢迎。

这是一个非同寻常的讯号，它意味着麦克阿瑟也希望在一定程度上改变长期以来形成的两大军种间矛盾重重的关系。在此之前，尼米兹曾多次试图与麦克阿瑟会晤，但对方始终予以拒绝。而此次麦克阿瑟却主动发出了邀请，尼米兹知道事出有因：麦克阿瑟已经意识到由于自己的傲慢无礼，可能得罪了参谋长联席会议的高级官员，他担心指挥权旁落海军之手。有关指挥权的讨论，一直是华盛顿争论中棘手而敏感的问题。参谋长联席会议最后决定采取审慎行事的态度，对作战指挥的界限维持现状。

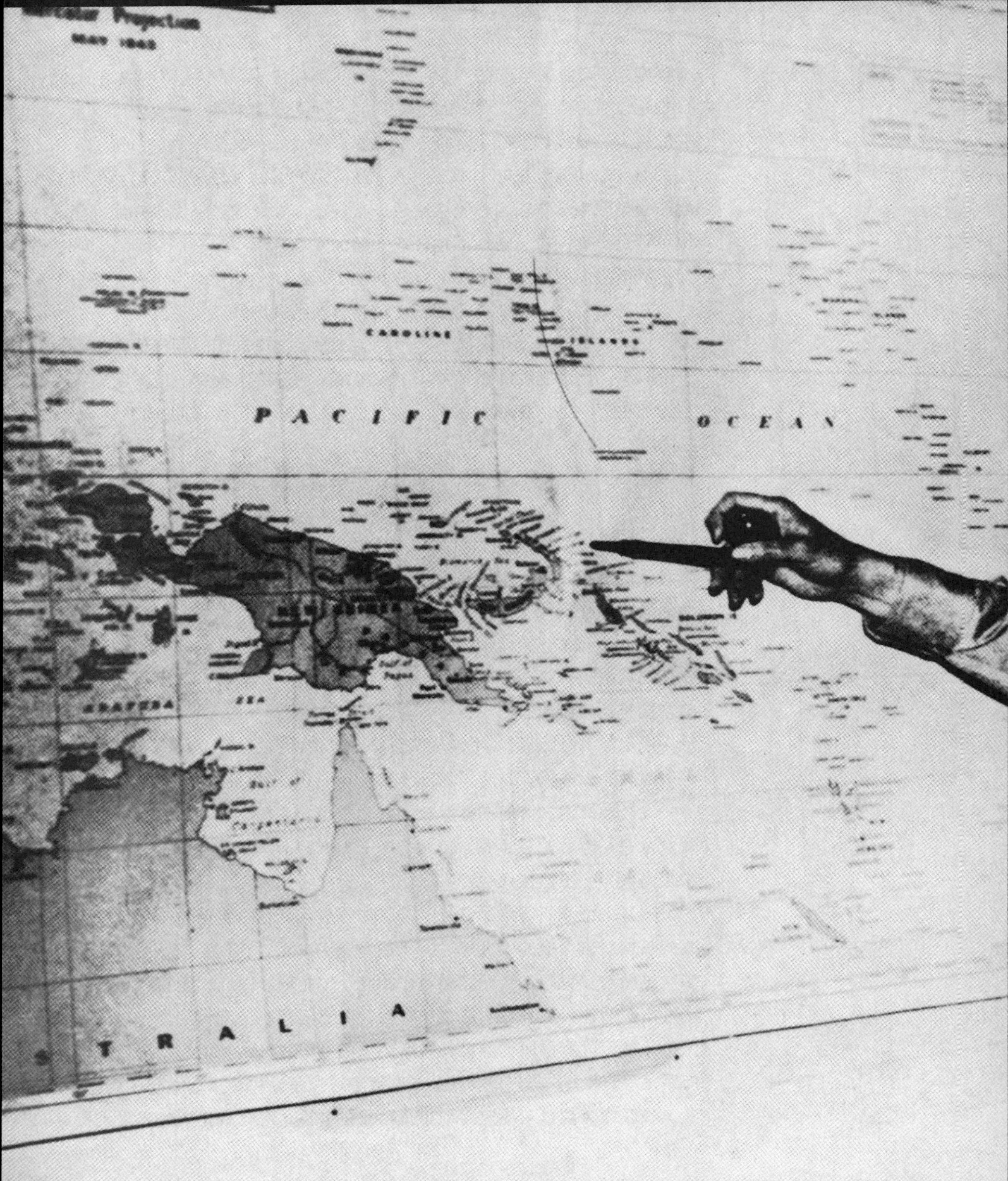

Projection
CAROLINE
ISLANDS
PACIFIC
OCEAN
SEA
T R A L I A

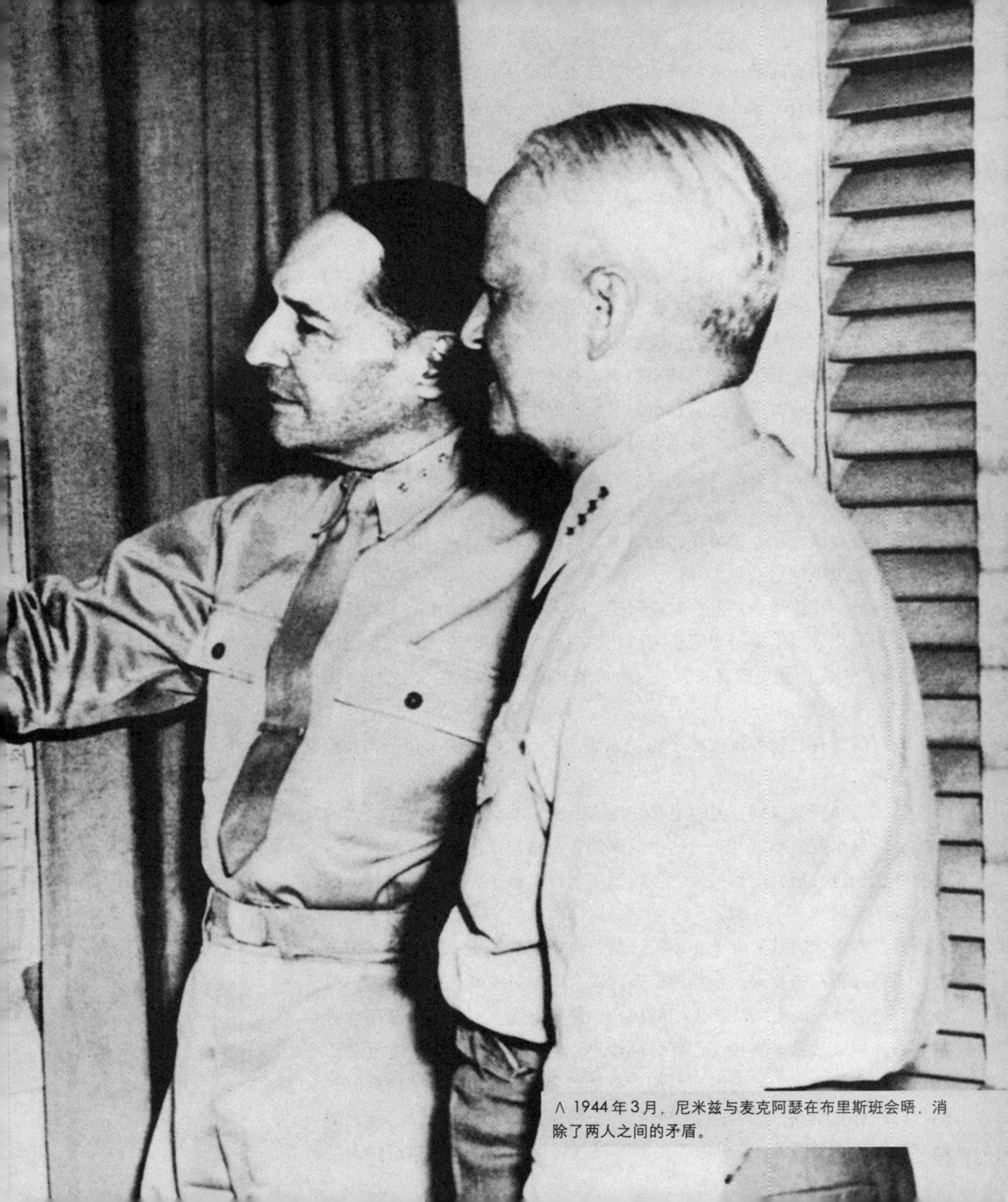

∧ 1944 年 3 月，尼米兹与麦克阿瑟在布里斯班会晤，消除了两人之间的矛盾。

尼米兹对麦克阿瑟争夺指挥权的做法当然是不满的。麦克阿瑟此时在雷伊泰海面拥有未投入战斗的舰艇221艘，他这样做完全是出于要控制力量的目的。尼米兹认为这种做法完全没有道理，是一种使任何人都感到愤慨的浪费，他有义务去减少这种浪费。他认识到两个指挥部的协作，将有利于战事的进展，更早地带来和平。因此，尼米兹决定克制心中的怨愤，接受麦克阿瑟的邀请。

3月23日，尼米兹和他的几名参谋人员离开珍珠港前往布里斯班。为了这次会晤，尼米兹做了精心准备，他从朋友那里弄到珍贵的兰花品种，打算送给麦克阿瑟夫人；派人到檀香山为小阿瑟买了印有夏威夷文的丝质运动衫；另外还买了几盒夏威夷糖果准备送给麦克阿瑟全家。

3月25日，当太平洋舰队总司令尼米兹的水上飞机滑行到布里斯班的码头时，麦克阿瑟和他的参谋人员早已在此等候迎接。这多少令尼米兹感到有些惊讶。尼米兹一行下榻在华丽的伦南斯旅馆一套舒适的房间里，从这个旅馆经过广场就是昆士兰最高法院大楼。麦克阿瑟的副官向尼米兹呈上当晚在旅馆设宴招待的请柬，尼米兹收下请柬，但坚持要在赴宴前先去麦克阿瑟的住处拜访。

这种外交礼仪是成功的。麦克阿瑟和夫人极为愉快地接受了外岛来的兰花。尼米兹提出要给小阿瑟赠送礼物时，麦克阿瑟说他的儿子已经睡觉了。"将军，"麦克阿瑟夫人说，她总是这样称呼她的丈夫，"应该把他叫起来一会儿。"

麦克阿瑟有些勉强地把孩子叫了起来，尼米兹把运动衣和一大盒糖果送给他。

第二天举行会议前，美国宪兵在伦南斯旅馆前的街上布置了严密的岗哨。拉马尔看到小阿瑟和他的中国保姆穿过最高法院外的空地，等房门打开他们进去后，门又被锁上。拉马尔听说，孩子和他的保姆每天都要在院子里散步一个小时。

会议在麦克阿瑟的办公室举行，两位将军都拘泥于正式礼节，由于彼此心存戒备，难免有些距离感。但这次会晤还是有意义的，进行得很顺利。最后达成的有关战备方面的决定，是相互谅解的。尼米兹同意对霍兰蒂亚进攻战给予支持，但将分两步进行：4月1日，第58特混舰队的快速航空母舰袭击帕劳群岛及加罗林群岛上的日军基地，然后返回马绍尔群岛补充给养。然后再于登陆当天驶往霍兰蒂亚加入战斗，但大型航空母舰须在登陆第二天即撤离，留下8艘小型航空母舰提供近距离空中支援。麦克阿瑟对这一计划表示满意，并许诺将出动轰炸机和P-38远程战斗机袭击附近的日军机场，以保证航空母舰的安全。双方商定，在霍兰蒂亚的登陆日期为4月22日。

尽管双方还存在意见分歧，但尼米兹对这次会晤还是感到满意的。他承认麦克阿瑟是一位杰出的人才，不过这个人喜怒无常，有时突然会表现出与以往迥然不同的气质。那些见过麦克阿瑟的人，有的既赞扬他，又对他有某种说不出的反感。他既才华横溢，又狂妄自大，两者之间常常无法找到折中调和的余地。就个人而言，麦克阿瑟并无多少可以使尼米兹把他当作挚友的吸引力，但是尼米兹尊重这位军事领袖的才干。

>> 马里亚纳战云

3月29日，尼米兹将军回到珍珠港时，斯普鲁恩斯已随第58特混舰队所属的3个特混大队驶往西加罗林群岛，前去袭击撤到帕劳群岛新基地的日本联合舰队。他通过电报向尼米兹报告，舰队已被日机发现，他们将在48小时内进攻帕劳群岛，以防止日联合舰队主力外逃。

3月底到4月初，第58特混舰队袭击了帕劳群岛，击毁了日军用以进行防御的大部分飞机，击沉了日军尚未撤走的几乎全部舰船。在日联合舰队集结反扑之前，美特混舰队又空袭了附近的雅浦岛和沃雷艾岛，然后迅速回撤马绍尔基地。这样，西加罗林群岛的日军至少暂时陷入了瘫痪状态，从而消除了对麦克阿瑟部队右翼的威胁。

在战斗进行过程中，斯普鲁恩斯始终保持无线电静默状态。尼米兹在海军部长诺克斯催促下，不断发报询问，甚至下令停止无线电静默状态，把情况上报。但斯普鲁恩斯猜到这肯定是新闻记者出身的诺克斯的主意，就对穆尔上校说："我现在无可奉告，我必须在做出精确的估计后，才会向上报告。假如他们要派人来这里打一场出风头的仗，就把我撤换掉算了。"

两天以后，尼米兹同几名参谋来到马朱罗岛，商讨即将开始的霍兰蒂亚战役问题。尼米兹是否会对斯普鲁恩斯违抗指令进行指责，旁人不得而知。在战役指挥的过程中，尼米兹通常是放权的，类似的事情也在哈尔西身上发生过，因而有理由相信尼米兹是不会追究斯普鲁恩斯的。但斯普鲁恩斯在尼米兹到来时，已离开了马朱罗岛，大概是避而远之吧！

4月中旬，米切尔指挥的美国快速航空母舰特混舰队及其警戒舰只再次出动，直接支援霍兰蒂亚登陆作战。在返回基地之前，第58特混舰队也派巡洋舰群去炮击中加罗林群岛的萨塔万岛，并派威利斯·李海军中将的战列舰群猛烈炮击东加罗林群岛的波纳佩岛。

4月23日，海军部长弗兰克·诺克斯去世，詹姆斯·福雷斯特尔继任海军部长。毫无疑问，作为一个行政领导，福雷斯特尔比诺克斯，特别是诺克斯生病以后，显得更有活力。但是，诺克斯是一贯支持尼米兹，并推荐他当上太平洋舰队总司令的。而尼米兹在担任航海局局长期间，同福雷斯特尔的关系却有些紧张。那时，尼米兹曾反对过福雷斯特尔把他华尔街的朋友安置在海军的重要岗位上。

1944年5月初，美国舰队——太平洋舰队总部在旧金山举行联席会议，明确了马里亚纳群岛登陆战的作战目的，在于夺取塞班、提尼安和关岛，以便控制住中太平洋海上的交通线，为进一步攻击日军实施支援。会议还讨论了进入中国作战和动用中国军队的问题，但事后并未兑现。这次会议最重要的决议是，太平洋舰队各级司令部将采取两班轮换制。

两班制的产生，是由于对哈尔西的安排引起的。哈尔西所在的南太平洋海区远离战线，逐步降为守备部队的地位。隶属于他的陆军部队和一些军舰已经移交麦克阿瑟，海军陆战队和大部分海军部队也已调给尼米兹。在这种情况下，像哈尔西这样的高级将领便显得英雄无用武之地了。

为此，尼米兹将他的舰队分成两套班子：当庞大的太平洋舰队归斯普鲁恩斯指挥时，称为第5舰队，而在哈尔西统帅时则称做第3舰队。这样，一套班子进行整训，另一套班子实施作战，两套班子交替进行，两个战役之间的间隔也就缩短了。对这次改组，尼米兹曾形象地称为："车还是那套车，不过赶车的人却换了。"这次改组反映出太平洋舰队人才济济的景象，也可给日军造成美舰队进一步壮大的错觉。当然，改组的目的还在于加快太平洋战争的进程。改组后，太平洋舰队所属的全部两栖兵力由特纳中将指挥。米切尔的快速航空母舰编队当隶属斯普鲁恩斯时，称第58特混编队，而当隶属哈尔西时，称第38特混编队。它和大部分炮火支援舰一样，几乎是连续作战的。

正当太平洋舰队积极筹划和演练马里亚纳作战计划的时候，又一个引人注目的事件从日军阵营传来：日本联合舰队统帅古贺峰一神秘失踪。

据报道，古贺是在美第58特混舰队进攻帕劳群岛时，乘水上飞机撤离途中失事的。3月31日晚10点，古贺与其随员以及参谋长一行分乘2架大型水上飞机由帕劳岛起飞，欲飞往菲律宾的达沃，途中遭到暴风雨。参谋长福留繁的座机拼力挣扎，终于在菲律宾的宿务岛附近海面迫降，幸免一死，而古贺的座机却杳无音讯。附近驻防的日机、舰艇全力搜索，结果一无所获。

古贺之死，引来种种猜疑。有人认为是由于特鲁克溃败，致使古贺峰一引咎自杀；也有人判断他与前任山本五十六一样，座机是被美机击落坠亡的。无论如何，在不到一年的时间里，竟两次发生日本联合舰队司令长官座机坠毁事件，确实给日本海军带来一种不祥之兆。另一个巧合是，在这两次坠机事件中，舰队的参谋长都得以幸免一死。

古贺的参谋长被菲律宾抗日游击队俘获，随身携带的一箱绝密文件被送交美军。在缴获的文件中，有一份称为"Z行动"的提纲，显然是日本海军的作战计划。麦克阿瑟把文件译成英文，通过电报把要点发送给珍珠港太平洋舰队总部，莱顿上校和他的部属都看不懂电报

→

★ "阿号作战"命令

1944年5月5日，日军大本营下达给海军"阿号作战"命令。为集中日本联合舰队全部力量，与美国海军决战。该命令内容为：集中大部分兵力，准备在太平洋中部至菲律宾以及澳北海域的盟军主要反攻方向上，捕捉其舰队主力一举歼灭，以挫败其反攻企图；决战时间大致在5月下旬以后，决战海面尽可能选在接近联合舰队机动部队的待命地点。1944年6月19—20日，日本联合舰队按照这一命令，与美军展开海上激战。

内容，因为文件是一个不熟悉海军术语的日裔美国人翻译的。莱顿要求麦克阿瑟的司令部把原文用传真电报发到珍珠港来。

1944年5月5日，日本广播电台宣布丰田贞次郎大将为日本联合舰队司令官。为挽救危局，大本营向丰田发布了"阿号作战"命令★，企图集中大部分兵力，再次决战，一举歼灭美舰队。此时，珍珠港方面根据麦克阿瑟传来的"Z行动"文件中获悉，日本海军把"Z行动"作战计划看作是对敌军具有决定性意义的行动，计划作战的地区一直延伸到马里亚纳群岛—加罗林群岛—新几内亚一线。"阿号作战"计划只不过是"Z行动"的具体翻版。尼米兹看了"Z行动"的译文后，便下令把文件发给集结在马里亚纳群岛附近的所有舰长。

美军一直期望同日军航空母舰舰队交战，并将其彻底歼灭。现在，这一时刻终于要来临了。尼米兹得知日军舰队中有偷袭珍珠港的"翔鹤"号和"瑞鹤"号航空母舰时，心中顿感振奋。他对史密斯将军说："有朝一日，当我在办公桌上看到击沉日军这两艘航空母舰的电报时，那就是我一生中最高兴的一天。"

1944年6月6日，以斯普鲁恩斯海军上将指挥的威武显赫的第5舰队、米切尔统帅的庞大的第58特混编队为开路先锋，从马绍尔群岛的马朱罗基地出航了。跟在特混舰队后面的是拥有535艘舰艇，装载着12.7万名官兵的第5两栖作战部队。

第5舰队在无线电静默的情况下向马里亚纳群岛开进，太平洋舰队总部紧张地等候着来自舰队的消息。

> 日军联合舰队参谋长福留繁与妻子等人合影。他因飞机失事被菲律宾游击队俘虏。

229

∧ 亲往部队视察的尼米兹。

>> 菲律宾海之战

马里亚纳群岛处于横越太平洋的交通线上,日军从日本向南通过海上、空中输送的人员和物资,主要由停在马里亚纳群岛上的飞机保障供给。美海军作战部长金一直希望"砍掉这根在我们向西横渡太平洋交通线上碍手碍脚的芒刺"。美国的战略家们在深思熟虑之后也认为:攻占了马里亚纳,可以引发日军对美军下一步行动猜测不定,加深日本人的恐慌,而美军却由此获得选择进攻目标的主动权。

5月下旬,麦克阿瑟的部队在新几内亚岛北面的比阿克岛登陆。日海军进行比阿克岛战斗之际,美海军部队主力突然出现在马里亚纳海域。6月11日至12日,米切尔的第58特混舰队在关岛以东170海里的海面上,出动了469架舰载机,对塞班岛、提尼安岛、关岛以及罗塔岛等日军基地和机场进行了狂轰滥炸。结果"日军基地航空兵遭到了非常沉重的打击,损失飞机不下500余架"。

空袭给了丰田当头一棒,加之6月11日,米切尔又派出7艘新型快速战列舰去轰击塞班岛和附近的提尼安岛,因而丰田断定美军矛头所向,肯定是马里亚纳方向。6月15日晨,丰田大将下达发动"阿"号作战的决战令。几乎就在这同一时刻,霍兰·史密斯中将指挥美海军陆战队第2和第4师组成的"北路进攻部队",于8时30分对塞班岛大举登陆。因为要攻占马里亚纳群岛,必须开辟塞班岛和关岛作为前进中的海军基地。登陆美军有2万人上岸,与日军展开了殊死激战。

战况传到进击途中的日军分舰队司令长官上泽耳里,他心急如焚,率领舰队兼程赶往塞班海域。

6月15日18时35分,美"飞鱼"号潜水艇发来急电:在菲律宾的贝纳迪诺海峡附近发现庞大的日本舰队。19时45分,美"海马"号潜水艇又在菲律宾的苏里高海峡以东约200海里处发现了日本战列舰北上。

这些情报使斯普鲁恩斯焦虑不安,他预感到一场空前的大海战已不可避免,立即决定改变18日登陆关岛的原计划,即刻下达了攻占关岛的命令,同时又急速从特纳手中抽调了8艘巡洋舰和21艘驱逐舰来加强米切尔的第58特混编队,留下7艘战列舰、3艘巡洋舰和14艘驱逐舰掩护塞班的登陆场。

6月17日,美"棘鳍"号潜艇在北纬12度23分、东经132度26分处发现约15艘日舰正以20节的航速向马里亚纳开进。日军企图把舰队置于阿德默尔蒂群岛和新几内亚盟军侦察机的活动范围之外。美太平洋舰队潜艇部队司令洛克伍德率领4艘潜艇,正在塞班岛以西500海里处约60平方公里的海域内巡逻。他下令潜艇向西南方向移动250海里,挡住敌军舰艇的去路,他还向所有的潜艇下达命令:"现在已遇上敌人,你们要先打后报告。由于海上有自己的部队,一定要判明确系敌舰后再开火。"

斯普鲁恩斯根据潜艇的多次来电确定,海面上至少有两支日舰编队,他担心登陆塞班岛的美军遭受日舰队的"侧背攻击",因而要求米切尔的兵力在未接到命令前,不要离开马里亚纳群岛。

17日14时15分,斯普鲁恩斯对米切尔下达了作战计划:"我航空兵先应摧毁敌航空母舰,然后攻击敌战列舰、巡洋舰,使其减速或丧失战斗力。以后,如敌继续求战,战列舰编队应以舰队行动歼灭敌舰队;如敌人撤退,则击沉其受伤或航速降低的军舰。对敌作战必须全力发动猛烈攻击,务求全歼。"

据美军情报分析,日军机动舰队由小泽治三郎海军中将指挥。他的舰队拥有9艘快速航空母舰,而美军第58特混舰队有15艘。在即将开始的战斗中,无论是舰艇和飞机的数量,还是海员及飞行员的素质,美军都占有优势。但小泽也有一定的有利条件,日本经过改制的轰炸机和鱼雷机已成功地把战斗距离延伸到400海里,而美机仅能在280海里的半径中作战。同时,小泽还可以在关岛、罗塔岛和雅浦岛等处日本机场加油加弹,从而大大提高战斗效率。

尼米兹注意到,由于美第58特混舰队位于小泽舰队和马里亚纳群岛中间,小泽的飞机攻击美军部队后,可以到关岛或罗塔岛上补充弹药和油料,在返回航空母舰途中还能再次攻击美国特混舰队。在这期间,美国飞机却无法对有效活动半径以外的日舰队实施打击。因而,尼米兹特意发报,提醒斯普鲁恩斯警惕敌机可能进行的穿梭轰炸。

日本广播电台宣称,一场大海战即将开始。新闻记者向尼米兹问到这个问题时,尼米兹回答:"我希望他们讲的是真话。我真不知道怎样才能把他们引出来打一场大仗。"事实上,尼米兹以及太平洋舰队了解情况的其他美国军官,考虑到了美军的有利条件和他们经过考验的领导人,都对美国第5舰队定能挫败日军联合舰队充满信心。

但是,在"棘鳍"号潜艇同日军遭遇以后,美军再没发现日本舰队的踪迹。6月18日一整天,双方舰队都在马里亚纳群岛以西的海面上搜寻着对方的踪迹。后来到了18日晚上,小泽治三郎打破无线电静默,美太平洋舰队总部的高频测向台发现了日军舰队的位置。尼米兹马上通报给斯普鲁恩斯:日本舰队在美舰队西南355海里处。

6月19日上午10时,美军雷达发现日机从西面飞来,距离美军舰队150海里。这群飞机是日本机动舰队派出的第一波突击机群,编有45架俯冲轰炸机、8架鱼雷机和16架"零式"战斗机。第58特混舰队向日舰

∧ 在海上游弋的美军潜艇。

方向连续航进20分钟，转向迎风航行，使全部450架战斗机升空。接着，米切尔命令所有的俯冲轰炸机和鱼雷机起飞。美军大部分轰炸机轰炸了关岛机场，使日本机动舰队不能利用该机场实施"穿梭"轰炸。

当日军第一波突击机群在离第58特混舰队70海里空域时，与美机群相遇。美军利用性能优良的电波指示器，居高临下地对缺乏训练的日机编队进行突袭，一举击落日机25架。一位美军飞行员说："日本飞机像树叶一样地往下落。"

那些侥幸未被击落的日机，在武士道精神影响下，凶猛地扑向美航空母舰，但遭到了高炮的猛烈轰击。仅有1架日机击中了"南达科他"号战列舰，炸死美军27人。

11时30分左右，小泽派出128架飞机组成规模更大的第二攻击波。日机在飞出50海里之后，遭到美"恶妇"式战斗机群的截击，飞机损失近半。有20余架日机突防成功，有2架轰炸机投下的炸弹落在"邦克山"号航空母舰近旁，引起了大火。另有1架日机撞到李海军

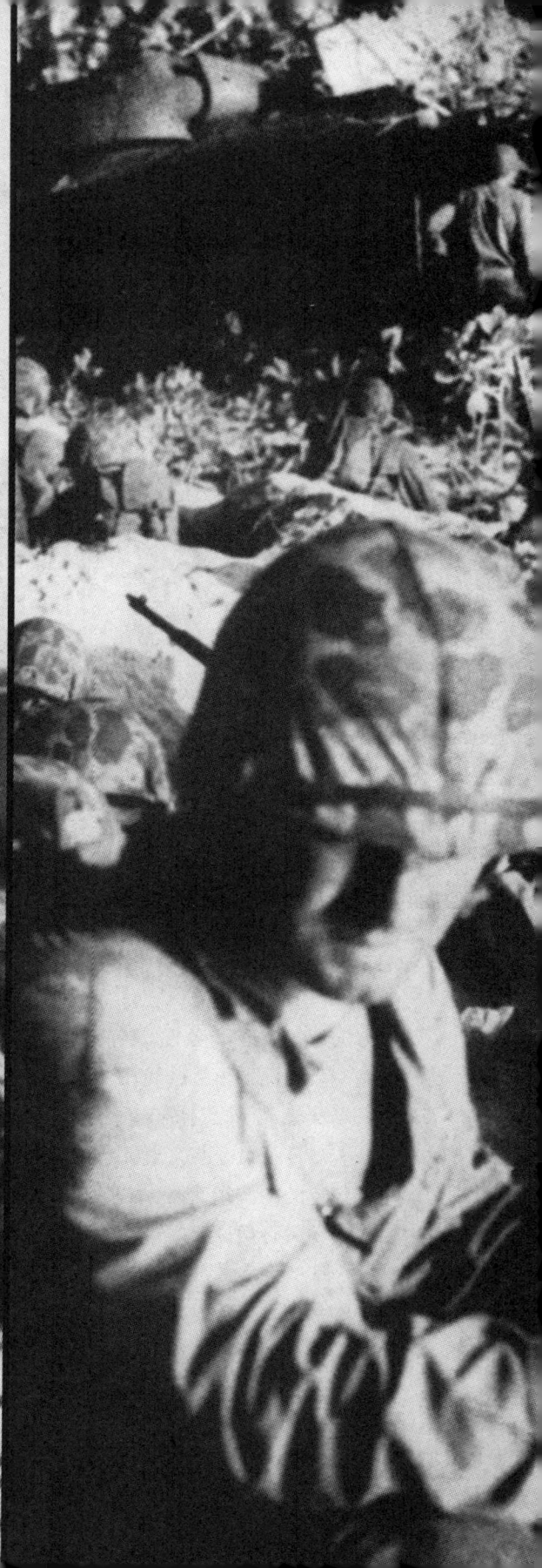

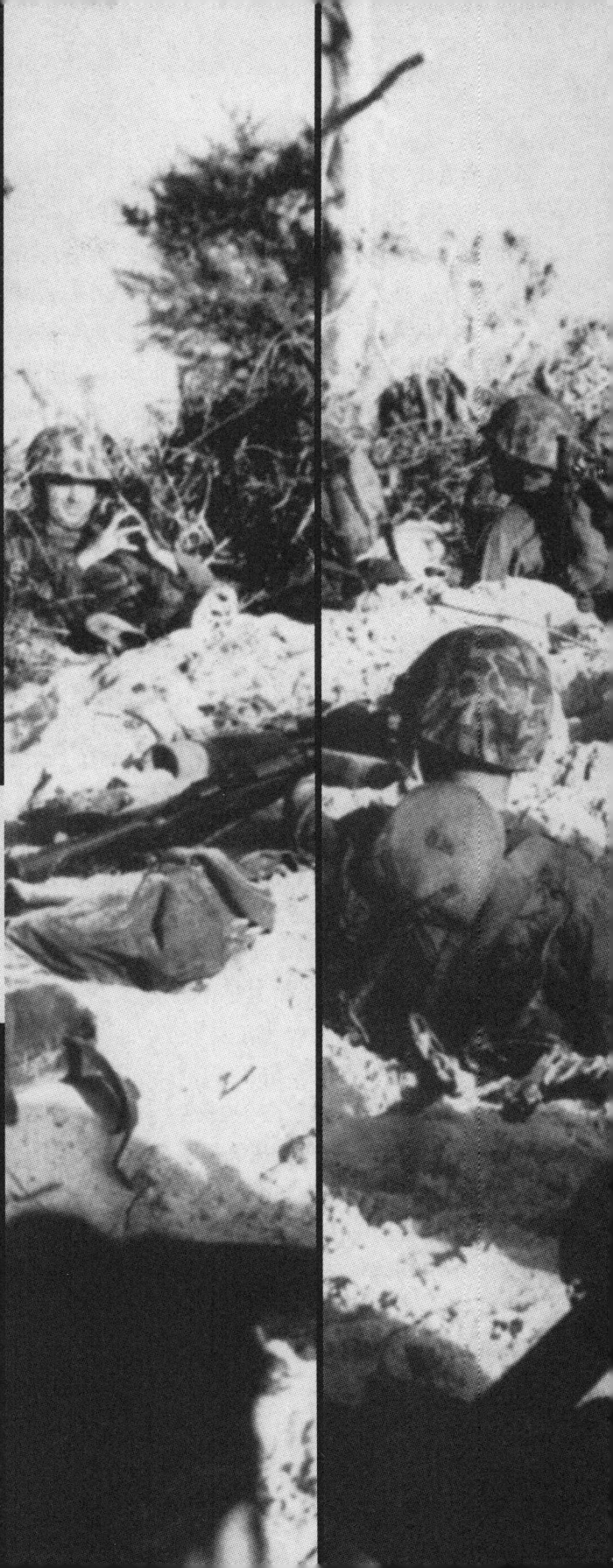

< 美军在塞班岛登陆。
> 美军在塞班岛构筑工事。

中将的旗舰"印第安纳"号的舰舷上。

第三攻击波的47架日机,在预定的目标区内没有发现美舰。大多数飞机不战而归,其余约20架日机在寻找美航空母舰的途中与两艘美战列舰遭遇,7架被击落,其余仓皇回逃。当天下午,斯普鲁恩斯下令停止追击,战斗宣告结束,这次战斗被正式称做菲律宾海战。

菲律宾海战历时8个小时,小泽发动了几次攻击,非但未能破坏一艘美国航空母舰,反使自己的海军航空兵损失惨重,从而使日方的岸基航空兵无力参加这次海战。美国飞行员把这次痛快淋漓的海上空战比做是"猎取马里亚纳火鸡"。

当天晚上,尼米兹和他的参谋部还收到了潜艇部队转发的令人振奋的消息:当空战正酣时,"大青花鱼"号潜艇和"棘鳍"号潜艇悄悄穿越日主力舰队警戒薄弱之处,分别袭击了日旗舰"大凤"号和久经疆场的"翔鹤"号航空母舰。袭击后两个半小时,这两艘航空母舰发生剧烈爆炸沉没,日舰员伤亡惨重。小泽及其参谋们仓皇转移到"瑞鹤"号航空母舰上。

小泽命令所有舰只撤出战斗,驶向西北,准备补给燃料后再寻机报仇。米切尔留下一个航空母舰特混大队封锁关岛和罗塔岛,率其他几个特混大队向南航进。20日16时许,米切尔终于等来了盼望已久的报告。侦察机发现,日本舰队正在第58特混舰队西北偏西220海里处向西航行。米切尔果断地下达了"全部飞机出击"的命令。

日落前,美飞行员炸毁了"千代田"号和"瑞鹤"号航空母舰的飞行甲板,并使之起火。数架"复仇者"式鱼雷机在低空成功地发射鱼雷,炸沉日军"飞鹰"号轻型航空母舰和2艘油船,炸坏1艘战列舰和1艘巡洋舰。战斗结束时,日军机动舰队的舰载机只剩下35架。这是太平洋战争中一场最大的航空母舰之间的决战,日本参战的9艘航空母舰被击沉3艘,另有3艘受伤,日军总共损失了380余架飞机。美国方面的损失,据日大本营发表的公报声称:击沉或重创美航空母舰4至5艘,巡洋舰1艘,击落美机160架。实际上,美方仅有4舰受伤,并无一艘沉没,损失飞机106架。

经此一战,美海军掌握了马里亚纳的制海权和制空权。之后,在舰炮和飞机的大力支援下,美登陆部队沿塞班岛北部的狭窄通道向前推进,日军则利用岩洞阵地和地下工事进行顽抗。日军形势孤危,粮食供应断绝,便以草根树皮充饥度日。

7月6日,曾在太平洋战争初期威震一时、时任中太平洋部队司令的南云忠一切腹自尽。残余的日军于次日凌晨绝望地发起反突击。他们从美第27师的进攻地段打开一个突破口,向前冲杀50公里,打死美军约400人。但是最后这批日军大部被歼,残余者亦被击退。又经过3天激战,美海军陆战师前进到塞班岛的东北端,结束了日军在塞班岛的有组织抵抗。据悉,在美军来临时,塞班岛3.2万日本平民有2/3自杀,大有"举国玉碎"之气概。尼米兹曾为此感叹道:"或许这就是东方人所尊崇的吧。"

7月7日,美军宣告占领塞班岛。由于日军的顽强抵抗,塞班岛之战代价高昂,在总计67451名的登陆美军中,死3,426人,伤13,099人;日军死亡3.2万人,经埋葬的尸体为23,811具,被美军俘虏1,780人。8月1日夜间，美军又完全占领了提尼安岛。8月10日，美军宣布占领了关岛。这样，日本的"绝对国防圈"中的一个关键性链环被砸碎了。

此后，盟军以此为反攻跳板，可以任意选择进攻目标——西进可取菲律宾，北上则可直捣日本本土；在此建立的基地，可以使B-29式远程轰炸机直接空袭日本本土，对日本列岛构成巨大的威胁。

>> 总统的调解

在马里亚纳群岛之战中，美军斩获甚多，然而有关斯普鲁恩斯指挥失当的议论仍时有发生。据说，米切尔19日凌晨，曾一再建议连夜把舰队开到西面靠近日军舰队的地方，以便在19日凌晨与日舰交战。然而，斯普鲁恩斯在与参谋们讨论了1个小时之后，决定不去迎击日舰队。他向部队下达的命令只提出"攻占并守住塞班岛、提尼安岛和关岛"，而没有提到连续进攻敌军的舰队。

米切尔和他的飞行员为此大失所望，认为斯普鲁恩斯使他们坐失良机。米切尔痛苦地抱怨道："敌人跑了，它曾一度处于我攻击范围内。"飞行员普遍埋怨："这是非飞行员指挥飞行员带来的结果。"

斯普鲁恩斯对他本人19日没有下令进攻日军机动舰队感到遗憾。但他写道："就战术而言，我认为追击敌人把它的航空母舰敲掉，比等着敌人来攻击我们更为稳妥，也更符合要求。但当时我们正开始打一场非常重要的两栖登陆战，我们不能去赌博、去冒险。"

金将军支持斯普鲁恩斯的看法，他认为，美军在这个地区的主要任务是攻占马里亚纳群岛。因此，必须不惜一切代价排除敌军干扰，保证塞班岛的两栖作战。斯普鲁恩斯在执行作战计划中把它发展成为菲律宾海战是完全符合这一基本要求的。

直到第二次世界大战结束，才证明斯普鲁恩斯的战术是完全正确的。从缴获的日军档案来看，6月19日那天，斯普鲁恩斯凭他的运气或直觉，把第58特混舰队部署在了最理想的位置上。

当时，小泽已将最强大的高射火炮舰艇组成了3个环形大队，每个大队中间有1艘轻型航空母舰，并置于重型航空母舰100海里之前。米切尔的飞机若要攻击重型航空母舰，必须穿过密集的高射炮火以及敌先头

★麦克阿瑟（1880—1964）

美国五星上将。出生于美国阿肯色州。1903年毕业于西点军校，后在工程兵部队服役。他提升迅速，一战结束时已是师长。1930年11月，作为美国陆军参谋长，多次到菲律宾。二战初期，麦克阿瑟领导菲律宾守军与日军英勇作战，但未成功。此后他策划了美军在西南太平洋的反攻。1951—1953年在朝鲜战争中，担任"联合国部队"总司令。1951年因美军在朝鲜战场失利，被杜鲁门解职。

舰队的空中攻击，然后，再往前飞行100海里；返航时仍要飞行100海里，还要受到上述高射炮火和舰载敌机的拦击。如果米切尔果真实施这种打法，他的飞机损失将会是灾难性的。

面对有人对斯普鲁恩斯战术的批评，尼米兹出面作了大量调解工作，但效果并不明显。直至金上将公开表态支持斯普鲁恩斯的决定，这场风波才渐渐平息。这时，另一场冲击又向尼米兹袭来，起因是在塞班岛战斗中，作战不力的陆军第27师师长拉尔夫·史密斯被海军陆战队的霍兰·史密斯中将撤职，代为指挥。

在进攻塞班岛的战斗中，美军三个师由南向北稳步推进，到7月第1周，已将敌军逼到塞班岛北部1/3的地方。随着美军的推进，日本人的抵抗越来越激烈。在马金岛和埃尼威托克岛吃了败仗的陆军第27师，这一次危险地暴露了同它并肩作战的海军陆战队的翼侧。海军陆战队的霍兰·史密斯将军认为，陆军第27师的主要问题是缺乏进攻精神和领导不力，因此必须撤换师长。岛上陆军高级军官桑德福特·贾曼少将，同意在接替拉尔夫·史密斯的人到来之前，由霍兰·史密斯指挥这个师。

霍兰·史密斯带着地图，乘两栖作战指挥舰"落基山"号去同特纳将军商谈这个问题。史密斯和特纳经过长时间的认真讨论，一起来到"印第安纳波利斯"号巡洋舰上，会见刚从菲律宾海战归来的斯普鲁恩斯将军。他们经过反复考虑，最后由穆尔上校给霍兰·史密斯写了一份备忘录："你有权下令撤销陆军第27师师长拉尔夫·史密斯少将的职务，任命贾曼少将为该师师长。"斯普鲁恩斯在备忘录上签了名。

尼米兹尽量不让这件事传扬出去，但是显然没有成功。当拉尔夫·史密斯回到瓦胡岛陆军司令部时，陆军司令里查森将军为此事勃然大怒。他立即组织了一个由巴克纳将军领导的陆军调查组，调查史密斯被撤职的问题。

新闻记者也为此事推波助澜、大做文章，有的报纸把霍兰·史密斯说成是"塔拉瓦岛的杀人犯，无情地将年轻人推向火坑"。《旧金山调查者报》指责海军陆战队伤亡惨重，呼吁在太平洋战场建立统一的司令部,由"在历次战争中战胜艰难险阻,以轻微伤亡赢得最大胜利"的麦克阿瑟★将军来指挥。《时代》和《生活》杂志则载文批评陆军第27师师长缺乏进取精神、领导不力,并指出:"指挥官在战场上优柔寡断,担心军种间出现矛盾而不敢撤换一个部属,势必贻误战机,造成部队伤亡。"

里查森将军不仅没有为消除部队间紧张关系做工作,反而公开偏袒陆军,制造新的麻烦。他在没有跟斯普鲁恩斯、特纳和霍兰·史密斯打招呼的情况下,专程来塞班岛检阅陆军第27师,并给部队授奖。

里查森还当面斥责前来探望的霍兰·史密斯:"你没有撤换拉尔夫·史密斯的权力。27师是太平洋地区素质最好的陆军师之一,是我亲自训练的。你歧视陆军,偏袒海军部队,我

∧ 美军在塞班岛建立滩头阵地后,军用物资被源源不断地输送上岸。

告诉你,你不能为所欲为地欺负陆军。你和你的军长都没有资格像陆军将军那样指挥大部队。我们指挥部队的经验比你们丰富,你竟然敢撤掉我们陆军的一位将军……无论怎么说,你们海军陆战队不过是只知道打滩头战罢了,你们在陆上会打仗吗?"

霍兰·史密斯出于顾全大局的需要,一言不发,忍受着里查森的谩骂,这令在场的人都感到惊讶。倒是凯利·特纳尖锐地提醒里查森应注意必要的礼节。里查森回答说:"我对马

∧ 1944年7月26日，罗斯福总统与麦克阿瑟、尼米兹在"巴尔的摩"巡洋舰甲板上合影。

里亚纳群岛战役的任何军官都没有什么好说的。"于是，绰号"怪物"的特纳大放厥词，把来访的里查森脸都气白了，他跑到斯普鲁恩斯那里去告状。斯普鲁恩斯想把气氛缓和下来，于是说："特纳的脾气就是那样子，谁也不跟他计较。"

凯利·特纳以泼辣的口气写了一份题为"美国陆军中将里查森滥用职权"的报告，由斯普鲁恩斯转交尼米兹。里查森也给尼米兹送了一份指责特纳蛮横无理的报告，随后又把伯克纳调查小组认为撤换拉尔夫·史密斯职务是不合理的报告送给尼米兹。

尼米兹对这场愚蠢的争论感到厌倦。他接到斯普鲁恩斯关于马里亚纳群岛战役的正式报告后，亲自把贬低陆军第27师的叙述都删去。当他知道里查森将军已把伯克纳调查小组的报告上送马歇尔将军，就把斯普鲁恩斯送给他的那份报告注上"附件（一）"，特纳和里查森的报告注上"附件（二）"，一起以绝密文件的形式送给金将军。

此时，麦克阿瑟与尼米兹又一次陷入了战略分歧之中。尼米兹虽然已决定由单线出击转为双线出击，但麦克阿瑟却不能改变自己顽固坚持的决定，即首先攻占吕宋，然后由南方北上进攻日本。而尼米兹和金则认为要继续实施西进卡罗林群岛，再进攻中部菲律宾群岛、硫磺岛、冲绳岛，然后进攻日本的作战方案。双方互不相让，看来只有总统罗斯福本人，才能对有关海上作战的行动作出最后裁决。

罗斯福总统正准备在民主党年会后，到太平洋沿岸基地视察，以作为他竞选连任总统的一项活动。届时，他将在夏威夷的瓦胡岛上接见麦克阿瑟和尼米兹，并设法消除两人之间的分歧。

尼米兹向麦克阿瑟发出特别邀请。鉴于山本五十六的教训，为了保密，他未提罗斯福来珍珠港一事。麦克阿瑟以"公事太忙，实难成行"为由，加以拒绝。金接着给麦克阿瑟发出请柬，麦克阿瑟以同样的理由回绝。直到马歇尔以参谋长联席会议的名义命令麦克阿瑟赴珍珠港向"大人物"汇报时，他意识到总统可能亲临视察，这才勉强答应了列会要求。

7月21日，罗斯福乘"巴尔的摩"号巡洋舰离开圣地亚哥。出于政治宣传上的考虑，他决定不带参谋长联席会议的成员同行，而只让莱希将军以总统参谋长的身份同往。

麦克阿瑟的行动再次体现了他那难以捉摸的乖戾品性，他在总统巡洋舰靠码头的前一个小时才抵达夏威夷。而且拒不接受作为接待委员会的成员出席尼米兹举行的欢迎仪式，先到了西点军校的老同学罗伯特·里查森家中，以拖延时间，制造晚到的场面。

7月26日午后，"巴尔的摩"号徐徐驶进港湾。桅杆上升起了总统旗，港内的所有舰艇都加强了戒备。码头上，莱希、托尔斯、波纳尔、谢尔曼等高级将领和其他十几位军官，在麦克莫里斯率领下，穿着耀眼的白色制服站成一行，向总统致敬。仪仗小分队穿着华服盛装登上巡洋舰欢迎总统。

罗斯福总统面露微笑地接受了军事荣誉，但当欢迎队列刚刚散去时，他便探询似的问尼米兹："麦克阿瑟在哪里？"正在这时，远处笛声大作、哨声四起，伴随着阵阵欢呼声，开路的摩托车轰鸣着向码头开来。后面跟着一辆有陆军上将标志的黑色敞篷大轿车。当轿车在码头上停下时，麦克阿瑟走了出来。他身穿土黄色卡其布军裤、棕色皮夹克，头戴一顶菲律宾式便帽，叼着玉米芯做的烟斗。在场的士兵和群众都欢呼起来。麦克阿瑟走上甲板时回身对欢呼的群众致以谢意，然后向总统敬了一个军礼。他抢走了其他所有人的镜头，包括总统。

罗斯福不习惯麦克阿瑟的这种戏剧式的表演。两人握手时，罗斯福问："你来见我们时，怎么不穿上合适的制服？"无疑，穿着笔挺的白制服的尼米兹与麦克阿瑟形成了鲜明对照。麦克阿瑟回答说："你没有到过我那里，那里的天气可冷了。"寒暄之后，罗斯福、麦克阿瑟、尼米兹一起坐在甲板的椅子上，让摄影师为他们照相。事后，麦克阿瑟曾对他的副官说："这是一套官场上俗不可耐的丑剧，让我离开指挥岗位来拍这种政治性的照片，简直是耻辱。"

会晤按尼米兹安排的计划进行。这是一出"二人转"，罗斯福和麦克阿瑟进行会商，尼米兹只是旁听。尼米兹认为，麦克阿瑟关于如何进行战略部署、如何进行人事调整的提法，无多少可取之处。但是尼米兹作为主人，只好由他去说。

那天晚上，总统、麦克阿瑟、莱希和尼米兹在总统下榻的地方吃过饭后，一起来到挂着大幅太平洋海图的起居室里。坐在轮椅上的罗斯福指着棉兰老问麦克阿瑟："我们从这里再往哪里去？"

"总统先生，莱特湾，然后再到吕宋岛。"

接下来，尼米兹和麦克阿瑟不时站起来，用竹棍在地图上指着所谈到的地方。罗斯福偶尔插话以缩小他们之间的分歧。尼米兹详尽阐明了台湾对于战略发展的重要地位，却只字不提攻占台湾的建议。因为他经过仔细考虑，认为绕过吕宋岛毕竟不是好办法。麦克阿瑟则继续从政治和道义的角度，强调收复菲律宾的重要意义。

"但是，"总统想到军方关于日军在马尼拉地区已加强了地面部队和航空兵力量的报告，说道，"攻占吕宋岛需要付出的代价，我们恐怕承受不了。我认为我们似乎应当绕过它。"

"总统先生，"麦克阿瑟回答说，"我的损失不会大，决不会比过去大。正面进攻的时机过去了，现代化的步兵武器是致命的，正面进攻不合时宜了。只有平庸的指挥官才会这么干，优秀的指挥官打仗是不会招致重大损失的。"

麦克阿瑟这种明显的含沙射影令尼米兹十分反感。他本可以反唇相讥几句，澄清如果不是中太平洋的攻势牵制了日本大量兵力，麦克阿瑟在南部的进展就不会那么顺利，损失也可能会更大。但是，他却一言不发，只考虑如何以最小的代价换取最大的胜利。

麦克阿瑟进一步指出，美军在台湾不可能得到当地居民的协助，因为那是日本人长期殖民统治的地方。而在菲律宾却可以赢得成千上万民众的支持。讨论一直持续到午夜，并在第二天早晨继续进行。麦克阿瑟的意见逐渐占了上风，不但说服了总统，也说服了尼米兹。

中午，会议宣告结束，大家乘车去珍珠港应邀参加尼米兹为他们举行的午宴。他们抵达马卡拉帕山时，寓所区已清理干净，还专为罗斯福开辟了轮椅通道。

这是一次由36位陆、海军将领参加的盛会。高级官员除麦克阿瑟、莱希和尼米兹外，还有从南太平洋奉召回来的哈尔西将军。拉马尔统计了一下，出席宴会的将军领章上的星共有146颗。

罗斯福问尼米兹："为了国家的荣誉和战略需要，在攻取台湾之前，占领菲律宾怎么样？"

尼米兹表示愿与麦克阿瑟通力合作。于是三人举杯，共饮烈性马丁尼酒。罗斯福举杯对两位统帅说："我希望这是最后一次调解两位的分歧，下次喝酒的地点将在东京的庆功会上。"

麦克阿瑟向罗斯福保证，他和尼米兹之间的所有分歧已消除。他说："总统先生，我们的看法完全一致，我们彼此完全了解。"临上飞机前，麦克阿瑟不无得意地对副官说："我们的意见被采纳了！"

7月29日，罗斯福总统视察了珍珠港海军造船厂。在海军第十四军区司令部大楼前，他向行政军官、士兵和民众发表了演讲。黄昏时分，罗斯福与尼米兹、里查森等人告别，登上巡洋舰，离开了珍珠港。

∧ 在夏威夷，罗斯福总统同麦克阿瑟和尼米兹同乘一车参加欢迎宴会。

第十章

风力已达十二级

1885-1966　尼米兹

尼米兹飞到莱特岛，同麦克阿瑟商讨即将开始的吕宋进攻战问题。麦克阿瑟刚刚
宣告了莱特岛日军有组织的抵抗已经结束，心情十分愉快。不过，当他看见尼米
兹已戴上五星上将的军衔而自己还未戴上，又有些恼怒；命令副官务必在第二天
一早让他戴上自己的五星军衔……

< 罗斯福、丘吉尔与加拿大总理在第二次魁北克会议期间。

*魁北克会晤

1944年9月11至19日，英国首相丘吉尔和美国总统罗斯福在加拿大的魁北克举行第二次魁北克会议。会议的目的在于讨论战争形式和双方的政策。会议首先讨论了军事行动计划，双方决心进一步加强欧洲战场的协同合作，以扩大和发展第二战场的战果。会议批准了在远东争取共同军事行动的计划和日期，决定加强海空的打击力量，并空袭日本工业中心。会议期间，双方还讨论了战后对德国的处理问题。

>> 斩断岛链

1944年9月，罗斯福总统与温斯顿·丘吉尔在魁北克会晤*，这是第二次世界大战以来的第7次重要会晤。金将军也应邀前往。人们终于看到了战争胜利的希望。

丘吉尔对英皇家海军不到菲律宾以北和以东地区作战的协议很不满意。英国在远东有许多政治和经济利益，需要分享盟国的胜利，以挽回在1941年和1942年被日军挫败的影响。他说："现在是亚洲获得解放的时刻，我已决定，我们应充分并均等地分担此任务。"官方对于此项声明的反应持保留态度，有意不冒犯首相，但是在某些场合未公开发表的评论中却表示了不赞同。丘吉尔则进一步坚持他的态度，因而局面无法改变。

"在战争的此一阶段我最担心的是，美国将在今后说，我们在欧洲帮助了你们，你们却在我们打击日本时袖手旁观。"这样，丘吉尔提出派出一部分英国部队去太平洋，在美军指挥下作战——这种情况下当然是归尼米兹指挥。

罗斯福对此事未作充分考虑，也未同别人商量，立即做了宽容大度的回答："我乐于在任何时候任何地方见到英国舰队。"

尼米兹上将对合作的可能性持怀疑态度，因为他认为英国舰队不具备海上持久的续航力，且太平洋战场的后勤供应已十分紧张，不需要再增加海军部队。更为重要的是，尼米兹认为美国此刻已有能力单独击败日本。但考虑到总统已经允诺的事，是不会轻易更改的，尼米兹只得同意在以后的作战中考虑英舰队的参战问题。

正当9月11日盟军联合参谋长会议在魁北克匆忙议定作战日程的时候，勇将哈尔西乘4.5万吨的战列舰"新泽西"号，率领第38特混舰队到达了菲律宾附近海域。此时已值太平洋舰队两班人马换位之际，斯普鲁恩斯、特纳和史密斯几位将军回珍珠港休息，并拟定下一步作战计划。于是，原第5舰队的番号改为第3舰队，由哈尔西任司令官；快速航空母舰第58特混舰队改为第38特混舰队，仍由米切尔任指挥官。

哈尔西是不甘寂寞的，他指挥第38特混舰队对菲律宾中部岛屿进行了一系列预备性的进击和轰炸。空袭轰炸取得了可观的战果，击毁敌机约200架，击沉日货船12艘和油船1艘。而美军仅仅损失舰载机8架和飞行员10名。

然而，大规模空袭之后，哈尔西发现菲律宾中部岛屿不过是"一个设防较差、防御能力较弱的空壳"，立即向尼米兹发出急电，建议取消夺取雅浦岛、帕劳群岛、塔劳群岛、棉兰老岛的计划，尽快集中陆、海军部队进攻莱特岛。由第38特混舰队担任掩护登陆任务，等部队在岛上修建机场后再撤离。

尼米兹不同意取消进攻帕劳群岛的计划，他认为佩勒硫岛机场和科索尔通道的锚地对进攻莱特岛都有用。但他还是将哈尔西的建议向魁北克的美英联合参谋部做了报告。参谋长联席会议就此问题征求了麦克阿瑟的意见，麦克阿瑟答复说，同意尼米兹的上述主张，可取消计划中的在雅浦岛、塔劳群岛和棉兰老岛的过渡性作战计划，早日进攻莱特岛。参谋长联席会议决定麦克阿瑟和尼米兹组成联合部队，提前2个月，于1944年10月20日在莱特岛实施登陆。

这时在太平洋上，运送进攻雅浦岛的陆军第24军的运输舰艇，接到尼米兹的命令后即改变航向驶往马努斯岛。西部突击编队仍继续向预定目标前进，但尼米兹已经命令它的炮火支援舰艇、护卫航空母舰、运输舰船及其警戒兵力，一旦完成帕劳群岛和乌里锡群岛的作战任务后，立即转归麦克阿瑟指挥。

9月中旬，美国航空兵和海军开始对莫罗太岛进行轰击，岛上500名日军匆忙逃到山里，第7两栖作战部队的2.8万名士兵，绕过设防坚固的哈马黑拉岛，出其不意地在莫罗太岛登陆，工兵部队在岛上及时修建了两个轰炸机机场和一条战斗机跑道，为掩护进攻莱特岛的左翼部队做好了准备。

在帕劳群岛的昂戈尔岛，陆军第81师的两个团不费吹灰之力就征服了1,600名日本占领

∧ 美军部队登陆后准备实施攻击。

< 太平洋岛屿作战中，美军正在搜索日军。

< 美军飞机向日军目标投弹。

军，开通了岛上两条150米长的飞机跑道。乌里锡岛未被日军占领，这个环状珊瑚岛为太平洋舰队提供了一个锚地和一个重要的后勤基地。

但是，攻占佩勒硫岛的战斗却打得相当艰苦。岛上1万名日军隐藏在纵横交错的岩洞中进行抵抗。美陆战第1师使用火箭筒、炸药包、远程火焰喷射器等，苦战一个多月，直到11月15日，岛上有组织的抵抗才停止。在攻占佩勒硫岛战斗中，美军伤亡1万人，其中死亡近2,000人。美军付出如此巨大的代价换取这个小岛还是值得的，因为它毫无疑问地消除了麦克阿瑟进军菲律宾的真正威胁。

参谋长联席会议和太平洋海区司令部，对参加莱特岛进攻战的部队能否协调一致极为关注。当时的情况是，美国第7舰队司令金凯德将军直接受麦克阿瑟指挥，麦克阿瑟听命于参谋长联席会议。第3舰队司令哈尔西将军则受尼米兹指挥，尼米兹也听命于参谋长联席会议。两支舰队指挥分散而又任务交错，没有负责军官进行现场协调，显然是危险的。

为了解决协调一致和相互支援的问题，太平洋海区总部参谋部完成了"8-44作战计划"。这个作战计划要求太平洋海区部队"在西南太平洋部队攻占菲律宾群岛中部的作战中，要给予掩护和支援"，要求哈尔西的第3舰队"消灭在菲律宾或威胁菲律宾的敌海军和航空兵"。9月27日，尼米兹在计划上签字。这一切，充分体现了尼米兹和他的太平洋舰队优良的协作精神。

随着莱特湾战役作战计划的日臻完善，一些深谋远虑的军官开始思考攻占该岛之后的行动方向。当时争论的焦点主要集中于进攻台湾还是吕宋这两个方案上。金上将坚持要在中国的台湾登陆，而麦克阿瑟在9月21日向参谋长联席会议提出，两个月以后他有能力在吕宋岛发起登陆作战。

许多将领也纷纷献计献策，试图打破僵局。斯普鲁恩斯主张直捣硫磺岛和冲绳岛；福雷斯特尔、谢尔曼主张根本放弃台湾，12月进军吕宋，1945年初进攻小笠原群岛和琉球群岛。

谢尔曼的方案得到尼米兹、斯普鲁恩斯以及陆军第10集团军司令巴克纳将军、中太平洋航空兵司令哈蒙将军的支持。9月29日至10月1日，金上将在旧金山召集的非正式会议上放弃了自己的主张，同意打硫磺岛和冲绳岛，而不打台湾，并表示将向参谋长联席会议提出建议。

10月3日，参谋长联席会议对麦克阿瑟和尼米兹下达了这次战争中最后一个重要的战略指令：麦克阿瑟于1944年12月20日进攻吕宋岛，尼米兹负责掩护和支援。尼米兹于1945年1月20日进攻小笠原群岛、硫磺列岛中的一个或数个岛屿（如硫磺岛），于3月1日进攻琉球群岛中的一个或数个岛屿。

在莱特湾战役即将开始之际，哈尔西不遗余力地实施了大规模的空中轰炸。他的初步任务是切断日本和菲律宾之间的交通线，尽可能多地消灭敌机。尼米兹通过哈尔西的报告，知道第38特混舰队10月10日袭击了冲绳岛，11日扫射了吕宋机场，从12日起连续3天向台

湾发动了攻击，袭击运输舰只、机场和岛上设施，击落了大批敌机，其中不少是舰载机。

空战和空袭结果，日本损失飞机600余架，损失舰船26艘。而哈尔西仅仅损失89架飞机，另有2艘巡洋舰"堪培拉"号和"休斯顿"号被日机鱼雷击中，失去了自航能力。哈尔西指示一个特混大队将受伤舰只拖回乌里锡岛。

不料第二天，东京广播电台宣布了一条惊人消息："我部队自10月12日以后，连夜猛攻台湾及吕宋东部海面的敌机动部队，击溃其过半兵力，迫使其溃退。"广播电台还报道日本各城市庆祝胜利的情况。

就在日本国民还陶醉在"胜利"的弥天大谎之中时，麦克阿瑟率18万之众，由金凯德第7舰队的738艘舰只的运送与直接掩护，在哈尔西第3舰队的16艘航空母舰、6艘战列舰以及73艘轻重巡洋舰和驱逐舰的支援下，直趋莱特湾。10月20日凌晨，美军在莱特湾大举登陆。

∧ 麦克阿瑟在发表演讲。
< 美军在莱特湾实施登陆。

　　10月20日下午，麦克阿瑟将军在菲律宾总统奥斯梅纳陪同下，涉水上岸。他在骤雨中手持麦克风，向菲律宾国民演讲。演讲通过大功率电台反复播出：

　　这里是自由之声广播电台，麦克阿瑟将军在讲话。菲律宾的朋友们：我回来了！托上帝的福，我们的军队又站在菲律宾这块洒满我们两国人民鲜血的土地上了……团结在我的周围吧。让我们在巴丹和科雷吉多尔不屈不挠的战斗精神的鼓舞下继续前进。站起来战斗吧！抓住一切有利时机进行战斗。为了你们的家园和子孙后代战斗吧！

　　尼米兹听到这一消息，心情复杂。他为收复失地而高兴，但不得不接受偶尔听到的水兵们说的一句话："感谢上帝，也感谢陆战队，麦克阿瑟收复了菲律宾。"麦克阿瑟又一次大出风头，而海军和陆战队虽在战役中浴血奋战却默默无闻。

好在罗斯福总统没有忘记为这次进攻铺平道路和把进攻部队送往岛上的海军舰艇。他在给麦克阿瑟发去贺电的同时，也给尼米兹和哈尔西发来热情的祝捷电报。

美军成功登陆莱特岛，给处境孤危的日本军国主义又一致命打击。对于日本而言，保卫本土固然重要，但是固守菲律宾和琉球群岛等，对日本来说也是同样重要的。只有守住这个外围岛屿链，日本才能把不可或缺的石油资源从荷属东印度运往本土。为了挽救败局，日本将蓄谋已久的"捷号"作战计划付诸实施。这项作战计划含有4种作战方案：

保卫菲律宾为"捷1号"方案；

保卫琉球群岛和日本本土南部为"捷2号"方案；

保卫日本本土中部为"捷3号"方案；

保卫日本本土北部为"捷4号"方案。

"捷号"作战计划企图集中使用舰艇部队和航空兵部队对付来袭的美军，并强调用岸基航空兵给美军以歼灭性打击。然而，在美军进攻菲律宾的过程中，日军实施"捷号"作战的一切有利条件均已丧失。美第3舰队9月和10月对菲律宾、琉球群岛和台湾所进行的多次空袭中，击毁日军飞机1,200余架，切断了日本的输油线。在这种情况下，日联合舰队新任司令丰田副武海军大将只能令舰队分开活动，把大部分水面舰艇部署在可以得到燃料的新加坡地区。丰田为了实施"捷号"作战计划，在菲律宾海域与美军决战，命令泊于新加坡林加锚地的栗田部队开往莱特湾。栗田企图率部经由吕宋岛南面的锡布延海，穿过圣贝纳迪诺海峡，于10月25日拂晓从北面突进莱特湾。但编队在驶抵锡布延海之前就遇上了厄运，遭到美潜艇"海鲫"号和"鲦鱼"号的攻击。栗田的旗舰"爱宕"号重巡洋舰和"摩耶"号重巡洋舰被鱼雷击沉。栗田及其参谋匆忙转到"大和"号旗舰上。

第二次世界大战中的一场大海战——莱特湾海战拉开了序幕。

>> 最后的大海战

10月24日黎明前，栗田舰队由民都洛岛南部进入锡布延海，准备东出圣贝纳迪诺海峡再南下莱特湾。另一支在苏禄海上航行的西村舰队也将穿过苏里高海峡驶向莱特湾。种种迹象表明，这两支日军舰队企图对莱特湾的美军进行一次钳形进攻。哈尔西的第38特混舰队很快发现了日军的动向，哈尔西决定重点打击栗田舰队，同时将敌情转告金凯德，让他留心莱特岛南部的苏里高海峡。

此时，哈尔西的第3舰队在菲律宾以东海面待机，自北向南分别是谢尔曼的第38-3特混大队、博根的第38-2特混大队、戴维森的第38-4特混大队，莱特湾海域是金凯德的第7舰队。哈尔西命令谢尔曼和戴维森的大队向博根大队靠拢，并向3个大队下达了"攻击"的命令。

< 莱特湾海战中，美国第7舰队司令金凯德（左）在指挥战斗。

　　谢尔曼的第3大队遭到日军空袭，他的"普林斯顿"号轻型航空母舰被击中起火而瘫痪，未能及时向博根大队靠近。

　　远在珍珠港的尼米兹密切关注这一海域的两军动向。他认为日军的行动有点令人难以捉摸，除非日军将动用航空母舰，否则它不会把这么多水面舰艇用在美国航空母舰防守的区域。尼米兹估计，这些航空母舰将在小泽治三郎的率领下由北面开来，组成一支北路舰队，配合南路舰队和中路舰队对莱特湾进行三面夹击。尼米兹将这一想法电告哈尔西，引起了哈尔西的高度重视。他立即发报给米切尔，请米切尔注意观察北部情况。

　　傍晚，米切尔发报给哈尔西，说侦察机发现日军北路舰队编为两个小队，位于吕宋岛北端以东约180海里处。哈尔西将这一情况报告了尼米兹。晚上，哈尔西再次发来电报，通报了日军中路舰队的位置、航向和航速，指出日军正驶向圣贝纳迪诺海峡，并在几小时之内通过那里。哈尔西最后提到，他将随3支大队北上攻击敌航空母舰。哈尔西是好战的，一旦选定目标，他总是要追击续航力最远、战斗力最强的敌航空母舰而进行较量。

　　然而，尼米兹关心的是应留在后面镇守圣贝纳迪诺海峡的第34特混舰队的情况。由于哈尔西率部北上，这支由李将军指挥的舰队将得不到任何空中支援力量，而他面对的敌人却可以得到吕宋岛上日机的支援。尼米兹本想提出这一问题，但没有这样做。因为，在美国航空母舰第一次反击战斗中，他已经从哈尔西身上学到了不去干预别人现场指挥的聪明做法。

　　但是，出人意料的事情还是发生了。25日4时12分，金凯德电告哈尔西：第7舰队的水面舰艇部队正在苏里高海峡同日水面舰艇部队交战。接着问道："第34特混舰队是否在守卫着圣贝纳迪诺海峡？"哈尔西2小时之后回电说："不，不是这样，第34特混舰队正与航空母舰群一起同日航空母舰编队交战。"这个答复使金凯德大为吃惊。

此时，尼米兹也在关注第34特混舰队的动向。他甚至开始怀疑第34特混舰队究竟组建没有，或者是组建后根本没有留在后边。他按铃把助理参谋长伯纳德·奥斯汀上校叫到办公室，问他是否漏看了有关菲律宾战局的电报。奥斯汀回答说没有，并问："请告诉我，你想知道哪方面情况？"

尼米兹说："我非常担心，我没有看到哈尔西将军留在圣贝纳迪诺海峡防守日军部队的消息，而日军已进到莱特湾要把我们的舰艇撺走了。"

奥斯汀说："这是你想知道的事，你为什么不去问他呢？"

尼米兹想了一会儿，然后给奥斯汀一个预料之中的回答，说他不想发报直接或间接影响主要战术指挥官指挥作战。

8时20分，哈尔西又收到一份要求救援的电报。这是克利夫顿·斯普拉格海军少将发来的。第7舰队有3个护航航空母舰大队在莱特湾担任警戒任务，斯普拉格是其中一个大队的指挥官。他的大队正在萨马岛附近水域活动，栗田的中央编队突然出现了，并对他进行突击，因而发报向哈尔西求援。在此之后，哈尔西又相继收到金凯德的数份电报，而且其中有一份是明码电报。电报称：情况危急，请求派快速战列舰和航空母舰大力支援。

几个高级司令部都听到了这些呼救。在珍珠港，一向安详的尼米兹在屋里来回踱着步。在华盛顿，金将军也在踱步，并且骂骂咧咧。

上述电报激怒了哈尔西，他说："保护第7舰队并非我的使命。我的任务是进攻，是率领第3舰队实施突击，去突击那种不仅对金凯德和我们有严重威胁，而且对整个太平洋战局都有重大影响的敌人海上兵力。"他电令正在东南海域补给燃料的麦凯恩特混大队急速支援斯普拉格。然后，率领第34和第38特混舰队继续北进，离莱特湾越来越远。

坐卧不安的尼米兹从作战图上注视着战斗的进展情况。往来于第3舰队和第7舰队之间的电报使他心急如焚。奥斯汀以为将军仍然不知道第34特混舰队现在何处。他建议："将军，你可否问哈尔西一个简单问题：第34特混舰队现在何处？"

尼米兹认为这是一个好主意，它包含暗示，那就是：第34特混舰队应该在何处？它是不是最好尽快赶到那里去？他认为哈尔西应该能够领会其中的含意。尼米兹现在认为，这是一个特殊情况，他有理由干预现场指挥官了。

于是，一份带有强调语气的电文发向哈尔西："向水边跳火鸡舞。GG第34特混舰队现在何处？现在何处？RR全世界都想知道。"

尼米兹亲自干预海战指挥，且措辞如此激烈，这使哈尔西十分恼火。他认为这是对他极大的讽刺，使他在金和金凯德面前出丑。他后来回忆说："我好像重重地挨了一记耳光，被打得晕头转向。我抓下帽子，摔到甲板上。麦克·卡尼跑进来抓住我的手臂说：'你怎么啦？冷静些！'我把电报递给他，转过身去，气得连话都说不出来。我真不相信切斯特·尼米兹会发这样的电报来侮辱我。"

★ "瑞鹤"号航母

日本于1938年5月25日开工建造,1941年9月25日竣工。该舰标准排水量25,675吨,与"翔鹤"号属同级舰。舰长257.5米,宽为26米,输出功率为160,000马力,航速为每小时34海里。第二次世界大战时期,"瑞鹤"号参加了偷袭珍珠港的进攻作战。以后的战争岁月中,该舰参加了太平洋上许多重要海战。1944年10月25日,在莱特湾海战中,被美军舰载机击沉。

其实,用"GG""RR"这两个没有意义的字母,分隔开前后莫名其妙的短句,是通信官为迷惑敌人而加的混码。而哈尔西不知其中奥妙,恼怒之中足足磨蹭了一个钟头,才下令米切尔继续攻击小泽舰队,自己率舰返回莱特湾救援,用他自己的话,就是"屈从了压力,挥师南下"。

11时15分,第34特混舰队改变航向,向南航进。当编队从第38特混舰队旁边通过时,哈尔西命令博根率航空母舰特混大队随他同行,以便提供空中保护。

米切尔率领谢尔曼、戴维森的两个航空母舰特混大队和杜博斯的水面舰艇群继续向北追击。将近中午,米切尔派出200余架舰载机组成的突击机群,袭击了残存的日航空母舰。结果,"瑞凤"号被重创,但仍浮在水面;"瑞鹤"号被3条鱼雷击中而沉没。在参加袭击珍珠港的几艘日本航空母舰中,"瑞鹤"号航母★是最后被击沉的一艘,除中途岛海战外,它参加了太平洋战争中历次航空母舰之间的交战。午后,又一组突击机群终于击沉了奄奄一息的"瑞凤"号航空母舰。

∧ 日军"瑞凤"号航母被击中后燃烧。

∧ 日军舰队驶向莱特湾。

　　尽管哈尔西拒绝承认，但实际情况是小泽的北部舰队出色地完成了诱敌任务，取得了出乎意料的成功。小泽不仅使栗田部队免遭全军覆没的下场，而且也使自己率领的"自杀部队"中的大部分舰只除航空母舰外免遭厄运。当时小泽舰队的航空母舰没有舰载机，所以无力进行反击。只是想把哈尔西从莱特湾引开，以便使南路和中路部队进入莱特湾去袭击美军运输舰只。然而，日军未达到所期待的最终目的。由于小泽与栗田的无线电通信联系中断，虽然莱特湾内的美军登陆运输队已经处于日军舰炮有效射程之内，但是栗田突然命令舰队后撤，错过了这一良机。

　　当时，形势对日本人极为有利：当栗田的舰队挥戈直逼莱特湾的时候，所有大炮、鱼雷都处在一触即发的状态之中。美军斯普拉格的舰队已经后撤，金凯德和哈尔西都远水不解近渴。这样，莱特湾内麦克阿瑟的登陆部队以及50余艘运输舰船，只好听凭栗田用巨炮去摧毁。但此时栗田从截获的无线电中得知，美护航航空母舰上的飞机正在莱特岛着陆。这本是由于美航空母舰遭到日军袭击，惊慌中的美军为避免飞机与航空母舰同归于尽而采取的紧急措施，栗田却误认为这是美机要建立一个陆上基地，准备对他进行更集中的攻击。其次，他没有收到小泽发出的已成功吸引了哈尔西舰队这一关键性电报。相反，他从截获到的金凯德的告急电报中，错误地认为哈尔西南下已有3个多小时，从而放弃了进击莱特湾的作战计划。

　　10月25日晚，在尼米兹寓所举行的晚宴上，人们对当天的战斗进行了激烈讨论，其中一位侃侃而谈的海军少校格外引人注目。他就是尼米兹的儿子，小切斯特·威廉·尼米兹。他刚刚从潜艇艇长的岗位上卸任，路过珍珠港回美国休假。

小切斯特当着各位高级官员的面，毫无顾忌地大声责问他的父亲："为什么不知道第34特混舰队是否在圣贝纳迪诺海峡而空等几个小时？为什么不直截了当地问哈尔西第34特混舰队在什么地方，命令他让第34特混舰队开往它应该去的地方？"尼米兹耐心地解释说：哈尔西和他的参谋人员远在战区几千海里之外，自己是遵循不干预现场指挥官的原则办事。

有人提到如果哈尔西发现有消灭敌军舰队主力的机会，那就应成为他的主要任务。小切斯特对此也感到吃惊，他激动地说，尼米兹将军下达这样一个命令，实际上是已授权哈尔西将军可以放弃滩头阵地。他还说，要哈尔西完成支援莱特岛登陆任务，又要他去完成其他任务，这本身就是一个错误。他最后看着他父亲说："这是你的过错。"

这句话说得太重了，屋子里一片寂静。老尼米兹冷冷地看了他傲慢的儿子一眼，说："这是你的看法。"讨论就此结束。

尼米兹采取谨慎的方法对待哈尔西的问题，他不去公开批评哈尔西，也不许留下任何可能使这件事公之于世的记录。太平洋舰队司令部战况分析组组长拉尔夫·帕克海军上校，在总部的正式作战报告中严厉批评了哈尔西。尼米兹拒绝在报告上签字。他把报告退给帕克，并在附上的一张纸条上写道："帕克，你打算干什么，这样写会不会在海军中引起又一场争论呢？你把调子降低，再修改一下。"

1945年1月，哈尔西当面向金将军汇报。他讲的第一句话是："我在那次战斗中犯了错误。"

金拉着他的手说："不要再说了，你的事已经过去了。"但这不表示金对哈尔西的理解。多年以后，在他的自传中，他对哈尔西和金凯德都进行了批评，他认为"在萨马岛之战中敌人的突然袭击能够得逞，不仅仅是因为哈尔西不在北方，而且还由于金凯德在关键时刻没有使用他的中队进行搜索"。

在战争史上，很少有连续进行的菲律宾海战和莱特湾海战具有的很类似的战术特点，也很少有那么多指挥官对战斗持有如此不同的看法。很久以后哈尔西曾伤感地说，如果菲律宾海战是他指挥，莱特湾战斗是斯普鲁恩斯指挥，那就可能会好些。

历史学家给哈尔西以客观的评价，他们认为，由于哈尔西的建议，使进攻菲律宾的时间提前了，对加快战争进展作出了贡献。他在战术上的小失误比起战略上的远见卓识是不值一提的。

>> 海军五星上将

莱特湾战斗是第二次世界大战中最后一次海上主力决战。不过，美国海军在此后支援陆战队以及陆军地面和空中部队完成太平洋战区的作战任务，仍身负重任。

莱特湾战斗后，麦克阿瑟将军曾命令肯尼将军的远东航空兵部队，接替受折损的第7舰队护卫航空母舰担负的支援地面部队的任务。而肯尼将军的陆基飞机对这一任务感到难以胜任，因为莱特岛唯一可供使用的塔克洛班机场和计划修建的其他机场，都因热带雨季的急风暴雨和地基不适于修筑跑道而无法提供保障。日本人却已将飞机分批由日本经台湾飞到他们在吕宋的全天候机场，因而取得了对莱特的制空权，致使麦克阿瑟不得不向尼米兹求助。尼米兹命令哈尔西袭击吕宋机场，不然就去支援莱特岛的美军。同时，他要求麦克阿瑟"在情况允许时尽快把第3舰队的部队调出来"。麦凯恩中将此时接替米切尔中将任第38特混舰队司令。米切尔飞返美国度假。

第38特混舰队飞行员在支援麦克阿瑟部队的一个月时间内，击毁敌人700架飞机，击沉3艘巡洋舰、10艘驱逐舰、许多运输舰和其他辅助舰艇。他们将一个开往莱特岛的日本舰队全部击沉，淹死了日军近1万人。然而，美国人还不能取得莱特岛地区的全部制空权。日军"神风"式飞机击伤了特混舰队的7艘航空母舰和第7舰队的2艘战列舰、2艘巡洋舰、2艘运输舰和7艘驱逐舰。其中1艘驱逐舰被击沉。在11月25日遭受了一次特别严重的自杀性袭击之后，第38特混舰队撤至乌里锡。这支舰队持续不断地在海上作战已近3个月了。

> 美军航母上的舰载机。

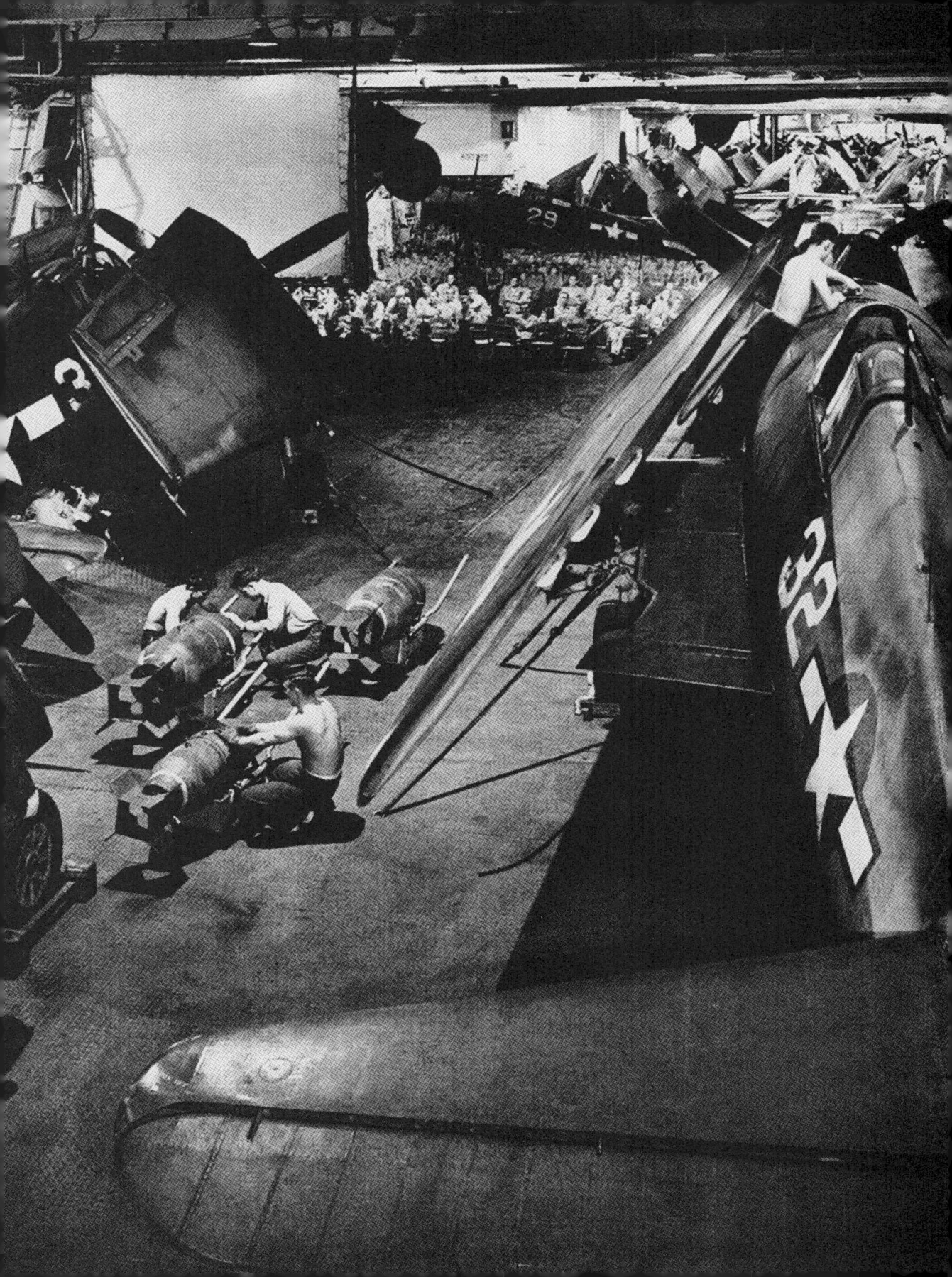

1944 年 11 月底，尼米兹将军和他的参谋人员，在旧金山同金将军和来自华盛顿及其他地方的军官代表团举行会晤。金与尼米兹一致认为，哈尔西及其部属需回国长期休息。尼米兹说，只要能够解除第 38 特混舰队和第 3 两栖作战部队支援麦克阿瑟的任务，他计划立即将这支舰队归属斯普鲁恩斯。这次作战行动比预期的时间要长，因为日本人在莱特的制空权以及该地区的恶劣气候，使进攻吕宋的日期由 1944 年 12 月 20 日改为 1945 年 1 月 9 日。这一改变，意味着进攻硫磺岛的日期必须由 1 月 20 日推迟到 2 月 19 日，进攻冲绳岛则由 3 月 1 日推迟到 4 月 1 日。如再有延误，则将使冲绳作战延至台风季节，势必致使支援舰队陷入危险之中。

陆军计划在冲绳岛作战结束后于秋天发动对日本九州的进攻。金和尼米兹都认为，若对日本发动进攻肯定会有大量伤亡，而且实际上也没有必要。他们确信，实施封锁和轰炸即可击败日本，并确信，为了保证作战行动，在日本对面的中国海岸有一个基地是很有必要的。尼米兹建议，从上海南面的杭州湾附近进入中国。

金将军宣布，一支配备有航空母舰的英国舰队将于 1945 年驶抵太平洋参加对日作战。舰队司令、海军上将布鲁斯·弗雷泽爵士对该舰队拥有全面的行政指挥权，但下达作战命令则要向尼米兹报告。英国人将与美国人共同使用在马努斯、莱特和乌里锡的前进基地，至于其他有关事宜将由该舰队自行解决。他们将采用美国的战术和通讯联络程序，但由于他们缺乏航空母舰作战的经验。金建议他们应独立作战，而不要与美国舰只共同行动。

事实上，英国舰队已在驶往太平洋途中。12 月 10 日，弗雷泽上将在澳大利亚的悉尼建立了司令部。太平洋舰队收到由伦敦和悉尼发来的一系列绝密急电，要求尼米兹上将和弗雷泽上将举行一次会谈，然后宣布弗雷泽和他的参谋人员已前往珍珠港。

12 月 16 日，弗雷泽和他的参谋人员抵达珍珠港。尼米兹与这位英国上将重温旧谊，并邀请他到寓所做客。十年前，尼米兹在远东任"奥古斯塔"号舰长时，曾同他见过面，当时两人都是上校。

英国太平洋舰队辖 4 艘舰队航空母舰、2 艘战列舰、5 艘巡洋舰和 15 艘驱逐舰，实力相当于 38 特混舰队的一个特混大队。虽然英国航空母舰的排水量和美国"埃塞克斯"级航空母舰相近，但他们装载的飞机数量仅为美舰的一半。而且，舰上封闭式的机库，开动起来速度缓慢，在热带海域使用，可能令人不适。不过他们的防弹飞行甲板具有特殊有利条件，比起美国航空母舰的木质飞行甲板和装甲机库来，在遇到"神风"式飞机攻击时可以减少损失。

在双方首次会谈中，尼米兹将军提出了他最关心的问题，即英国舰队在海上的续航力。他被告知，舰队包括油船在内，有自己的后勤部队，尽管他们能在海上加油，但并未掌握美国在海上迅速加油的技术。尼米兹上将要求就某些问题做更具体的说明。弗雷泽估计他的舰队一个月内可以在海上连续航行 8 天。尼米兹认为这根本不行。

尼米兹拒不介入英国作战行动。他建议他们可袭击在苏门答腊日本控制的石油设施，并

> 晋升为五星上将的尼米兹。

CHESTER W. NIMITZ

指出，英国舰队暂随金凯德的第7舰队开往西南太平洋地区作战，可作出重大贡献。

这显然不是英国人预想的方案。当他们提出异议时，尼米兹将军说，他可以把他们的舰队用于进攻冲绳有关的战斗中，他随即把这事交给斯普鲁恩斯将军，由他和他的参谋部去考虑。

为了便于与英军共事，12月11日，美国参议院通过众议院的一项法案，同意任命4名海军五星上将和4名陆军五星上将。总统立即晋升陆军将领马歇尔、麦克阿瑟、艾森豪威尔和阿诺德，以及海军将领莱希、金、尼米兹为五星上将。15日参议院通过了这一任命。

12月19日，尼米兹宣誓就任五星上将时，水兵金属工已经为他准备好了新的领章，他为此惊奇而高兴。他们是把旧领章上的星摘下来，把五颗星排成一圈。

12月下旬，尼米兹从乌里锡飞到莱特，同麦克阿瑟商讨有关第38特混舰队支援即将开始的吕宋攻克战的问题。麦克阿瑟刚刚宣告了莱

★莱特湾战役

美军与日军在菲律宾海域进行的一场重大战役。由于菲律宾群岛对日本战时经济具有举足轻重的地位。所以日本海军早就做出与美国海军决战的"捷1号作战"计划。1945年10月17日美军在莱特湾登陆。日本联合舰队司令丰田副武下令向菲律宾进军。美军在水面舰只和舰载飞机方面占有明显优势。10月23至26日，美军共击沉日本航空母舰4艘、轻重巡洋舰10艘、驱逐舰9艘、战列舰3艘，日本被迫退出战斗。此次战役沉重打击了日本海军，美军控制了菲律宾海域的制海权和制空权。

> 美军舰上的士兵惊恐地看着日军飞机向下俯冲。

特日军有组织的抵抗已经结束，心情十分愉快。不过，当他看到尼米兹已戴上五星而自己还未戴上时，又有些恼怒。当晚，他命令他的副官务必在第二天一早让他戴上自己的五星军衔。

12月28日，尼米兹返回珍珠港途中又在乌里锡停留，向哈尔西传达了他同麦克阿瑟达成的协议。哈尔西要求准许他率领第38特混舰队驶入南中国海，主要是去袭击从莱特湾战役★中逃跑出来、正在该地区活动的日军重型战列舰"伊势"号和"日向"号。其次是保卫哈尔西关心的通往林加延湾吕宋岛滩头的海上供应线。尼米兹表示赞同，但规定在快速航空母舰完成支援林加延湾登陆任务之前，哈尔西不得在菲律宾背后进行突然袭击。

哈尔西提请尼米兹注意太平洋舰队总司令关于在"第34特混舰队现在何处？"的电报结尾处违反规定和令人误解的添加语。这个添加语使哈尔西在莱特湾战斗后一直很痛苦。尼米兹感到震惊，同意查明究竟是谁干的并采取适当措施。根据哈尔西的自传，"当我把这事告诉切斯特时，他大为震怒。他查出了这个自以为了不起的青年，并狠狠地整了他。"这与事实有些出入。

尼米兹返回珍珠港，让杰克·雷德曼调查此事并做出报告。当他了解到这个咬文嚼字的作者是个少尉时，对雷德曼说："如果那个少尉处理作战电报时总是胡思乱想的话，你还是把他调到一个不那么敏感的岗位为好。"于是，这名少尉被调走了。

∧ 日军"神风"飞机向美军舰实施自杀性攻击。

12月30日，第38特混舰队离开乌里锡，开始袭击吕宋和台湾机场，支援即将开始的林加延湾登陆行动。日军"神风"式飞机猛烈袭击正在登陆的麦克阿瑟进攻部队。在巴比和威尔金森的两栖作战部队接近登陆场时，第3舰队快速航空母舰、第7舰队护卫航空母舰和陆军航空兵的飞机协同轰击，使吕宋机场几乎无法使用。

1月7日后，进攻部队再未遇到有组织的空袭。但日军的个别飞机仍不时袭击盟军的运输船只。十天内，日机炸毁了43艘盟军舰船，其中18艘受重创，5艘被击沉，包括1艘护卫航空母舰。他们使进攻部队738名官兵死亡，近1,400人受伤。但是，至1月9日，进攻部队终于按计划如期登陆，实际上未遇到抵抗。

那天晚上，哈尔西率领第38特混舰队通过吕宋海峡，从吕宋北面进入南中国海。"伊势"号和"日向"号已经小心翼翼地向南机动，但航空母舰舰载机仍然找到了大量的袭击目标。他们袭击了印度支那沿岸，台湾南部及香港地区，击沉44艘舰艇，击毁大量飞机。特混舰队21日悄悄通过吕宋海峡时，又派出飞机再次袭击台湾。这次却遭到"神风"式飞机的回击，被击伤2艘航空母舰和1艘驱逐舰。

1月25日，第38特混舰队驶入乌里锡环礁湖。斯普鲁恩斯将军和他的参谋人员正在那里等候接管。第3舰队即将再次改为第5舰队，军官们以复杂心情看着交接仪式。轻巡洋舰"阿斯托里亚"号舰长佐治·戴尔说："斯普鲁恩斯来这里，我充满信心，而哈尔西在时却忧心忡忡……他从来不按计划行事。调到斯普鲁恩斯手下，能按时收到指示，一切行动均有章可循。"

哈尔西将军虽然有缺点，但瑕不掩瑜，舰队喜爱他，士兵尊敬他。他总是平易近人，关心部属，敢作敢为。他从不以"走"的命令形式，而是按"我们走吧"的精神待人处事。他坚持"己所不欲，勿施于人"的信条，也从不推卸责任，逃避责任。他一向关心部队，在每次调职或每次战斗结束时总是对部属表示谢意和嘉奖。

在林加延湾战斗之后，中太平洋部队与西南太平洋部队分兵两路。前者北进硫磺岛、冲绳岛，可能进至中国海岸；麦克阿瑟将军和他的西南太平洋部队则向南去攻占马尼拉，然后是菲律宾其他岛屿，最后攻占婆罗洲的主要港口。

尼米兹早已考虑要移防关岛，主要原因无疑是为了在战区附近建立一个前进指挥部。另一个附带的原因是想摆脱珍珠港这边日益拥挤的环境，以及由于部队不断扩充而被卷入大量的例行公事。太平洋舰队总部大楼顶上已经加盖了一层楼，但办公桌和人员仍然拥挤不堪，工作效率不高，太平洋舰队总司令陷入其中而不能自拔。

尼米兹宁愿带一个精干的参谋班子，而且尽可能只要那些公认与作战计划和指挥有关的人员随行。留守参谋部的大都是行政和后勤工作人员，带头反对并大声抗议的是尼米兹的副手托尔斯将军，他一直想调任下一个战斗部队的职务。留守人员中还有负责陆军训练和日常工作的里查森将军。

由于对关岛的轰击和接踵而至的战斗，岛上为数不多的几个小镇和居民区只剩下残垣断壁。太平洋舰队总部以及所有附属机构不得不在平地建立。尼米兹在8月对关岛的一次视察中，已选定河岸陡壁顶上一块地方作为总部新驻地，后来这里被称为"太平洋舰队总部山"。一经美国舰队总司令部批准建立前进指挥部，海军营建大队立即开动推土机，为总部驻地开出了一块平地。

尼米兹否定了几个人为前进指挥部设计的建筑方案，最后按他自己的设计建造。一幢木质结构的两层楼房，一点不像马卡拉帕防弹堡垒式的建筑。不远处是一圈茅屋，供陆海军将领及来访的高级人士居住。尼米兹将军、麦克莫里斯将军和安德森医生共住一所白色木板房，房中有4间卧室、一间大起居室兼餐厅和一道可供眺望阿加纳港口的门廊。隔壁是参谋部的一栋大茅屋，谢尔曼将军和其他高级参谋住在那里。

在搬迁的准备工作中，一切重要文件复制后，都用大板条箱运到3,500海里外的关岛。挑选出来的太平洋舰队总部参谋人员和部属分为五组，开始由飞机运送，每次一组，在1945年1月完成。尼米兹于27日抵达新指挥部，斯普鲁恩斯那天刚好在乌里锡就任第5舰队司令。

尼米兹在关岛的日常工作程序与在珍珠港时极为相似，但处理问题和人事关系感到极为轻松融洽。在珍珠港日常戴的领带，在关岛可不用戴。尼米兹抵达不久即宣布，可着军服短裤，他自己也常穿。

尼米兹上将把他的德国纯种狗马卡拉帕也带来了，大家都叫它马克。马克像过去一样难以驯服，除了主人和一两个人外，见着谁都吠叫。不过它能跑，尼米兹在关岛培养它游泳的兴趣。就尼米兹来说，他认为动物只要喜欢跑动和游泳，就不会太坏。总之，对他说来，没有狗是不行的。

在清晨早饭前，有时尼米兹不穿上衣只穿短裤迎着朝阳跑步，把运动和日光浴结合起来了。一天清晨，在舰队医院附近，一名受惊的病人由于精神失常只穿了条裤衩溜出了医院的活动房屋。他爬过篱笆，朝着阿加纳方向急跑。负责神经与精神科的陆战队医官罗伯特·施瓦布中校叫来两名护理人员和一名带武器的陆战队士兵去追赶，因为那时关岛还有散失的日本人。不久，他们远远看到有个穿短裤的人在路上跑，当快要追上他的时候，拐角处开过来一辆漆着五颗星的吉普车，一名陆战队卫兵坐在车上。

"我们幸好看到了五星车，连忙溜走了。"施瓦布医生回忆说，"如果这辆吉普车不是恰好在这时开来，那个穿短裤的人就会被唐突地带走，送进精神病人的住房。如果他不说'我是切斯特·尼米兹'，我们肯定会把他当作我们逃跑的病人。"

当然，尼米兹身边是随时有警卫的。他贴身由8名身强力壮的陆战队军士轮流担任。他们日夜在一起，在门外，或在他身后警觉地保持着一定的距离。而这种保卫在关岛极为必要，因为在战争结束前，甚至在结束后，日本兵仍在丛林中流窜。有个晚上，一个日本人可能是出来寻食，走进了尼米兹的前院，被站岗的发现了，打了好几枪，最后竟让他溜掉了。

关岛还有一些有关日本人的传闻。有人看见日本人穿着陆战队的制服，到被发现那天为止，一直混在领饭菜的队伍里生活了几个星期。

太平洋舰队总部兼太平洋海区总部前进指挥部，必须不断与驻珍珠港的太平洋舰队总部兼太平洋海区总部保持联络。两个总部常通过电报会议进行联络。这种会议均以无线电和密码沟通。开会时，由与会一方的一位无线电员在一部打字机的键盘上打出要询问或者要说明的事；而在3,500海里外的同时开会的另一方，用电传打字机立即把传来的电文打出来。像这样交换情报几乎和面对面交谈一样快。电文被自动地译成密码和用相同的纸带译成电文，以避免被敌方破译。

∧ 在吕宋岛登陆的美军部队。

第十一章
"神风"无望挽倭魂

1885-1966 尼米兹

阿什沃思扼要地介绍了原子弹的技术性问题，但是他发现尼米兹似乎对此不感兴趣。一颗炸弹就能毁灭一座城市，全部或几乎全部杀死其居民，尼米兹对此有一种莫名的恐惧。他在座椅上转过身来，注视着窗外的大海……

→

★B-29重型轰炸机

美国B-29重型轰炸机由美国波音公司研制。原型机于1942年9月21日首次试飞。该机装有4台活塞式螺旋桨发动机，起飞重量63,958公斤，升限为9,700米，最大平飞速度每小时为576公里，机载武器：1门20毫米航炮，12挺12.7毫米机枪，载弹量9,090公斤。第二次世界大战期间，B-29重型轰炸机曾是对日本本土进行战略轰炸的重要机种。1945年8月6日和8月9日，B-29轰炸机先后把两枚原子弹投到日本。该机由此名噪一时。

>> 血战硫磺岛

自从1944年7月攻占马里亚纳群岛后，美军就开始建立航空基地，出动B-29重型轰炸机★空袭日本本土。但马里亚纳群岛距日本本土将近1,500海里，B-29进行如此长距离的空袭，载弹量仅为最大载弹量的30％，并且战斗机无法进行全程护航，因此B-29只能在8,000至9,000米高度实施轰炸，效果很不理想。

马里亚纳群岛北面的硫磺岛，位于小笠原群岛南部，是该群岛的第二大岛。岛长约8000米，宽约4000米，形状酷似火腿，面积约20平方公里。岛的南部有一座尚未完全冷却的死火山，叫折钵山，终年喷发雾气，硫磺味弥漫全岛，硫磺岛故此得名。硫磺岛北距东京650海里，南距马里亚纳群岛的塞班岛630海里，几乎正处在两地的中间，岛上的日军不仅可以向东京提供早期预警，而且可以起飞战斗机进行拦截，甚至还可不断出动飞机攻击美军在塞班岛等地的机场。这就大大降低了美军对日本本土实施战略轰炸的威力。故而，硫磺岛岛小人少，战略地位却非常重要。

太平洋战区总司令兼太平洋舰队总司令尼米兹上将将指挥部从珍珠港移至关岛后，太平洋舰队司令部的参谋人员就制定出了进攻硫磺岛的计划。

1945年2月，日军在岛上的陆军约1.5万余人，海军约7,000余人，共约2.3万人，飞机30余架，由粟林忠道中将统一指挥。日军在岛上的中部高地和元山地区各建有一个机场，分别叫做千岛机场和元山机场，也叫一号机场和二号机场，并在二号机场以北建造了第三个机场。

∧美机对日占岛屿实施轰炸。

由于日军的海军主力在菲律宾战役中遭到了毁灭性的打击，已无力为硫磺岛提供海空支援，硫黄岛的抗登陆作战是要在几乎没有海空支援的情况下进行。粟林是出色的职业军人，意识到面对美军绝对海空优势，滩头作战难以奏效，主张凭借有利地形，依托坚固工事，实施纵深防御。但海军守备部队仍坚持歼敌于滩头，最后粟林做出了折中的方案，以纵深防御为主，滩头防御为辅，海军守备部队沿海滩构筑永久发射点和坚固支撑点，进行防御；陆军主力则集中在折钵山和元山地区，实施纵深防御。粟林一改日军在此前作战中的死拼战术，规定了近距射击、分兵机动防御、诱伏等战术，还严禁自杀性冲锋，号召每1个士兵至少要杀死10个美军。粟林的这些苦心经营，确实给美军造成了巨大的困难，使硫黄岛之战成为太平洋上最残酷、艰巨的登陆战役。

最初，斯普鲁恩斯和尼米兹都认为攻占这样一个弹丸小岛，不会费多大力气，但看了对硫磺岛的空中侦察所拍摄的航空照片后，才知道在这个岛上极可能存在不同寻常的防御系统。史密斯中将仔细研究了航空照片后，表示这将是最难攻占的岛屿，并预计要付出2万人的伤亡。

1月28日，当负责组织对日本本土战略轰炸的陆军航空兵第21航空队司令柯蒂斯·李梅少将前来协商航空兵如何支援硫磺岛登陆作战时，斯普鲁恩斯向他提出硫磺岛对于战争究竟有多少价值？李梅立即肯定地表示，没有硫磺岛就无法有效地对日本本土进行战略轰炸。斯普鲁恩斯这才如释重负，决心不惜付出巨大代价攻取硫磺岛。

自1944年8月，美军就开始对硫磺岛进行空袭，但未取得明显成效，日军的防御设施不但没有减少，反而由原来的450处发展到700多处。岛上原有2个机场，现已扩增为3个。显然，日军把防御工事构筑到火山中去了，工事上覆盖的黑色火山灰层减弱了炸弹和炮弹的破坏力。

无论未来的战斗将如何艰巨，攻占该岛的意义已经十分明确，问题在于进攻将怎样实施。斯普鲁恩斯决定用第58特混舰队的飞机摧垮东京地区的航空基地网，以保护硫磺岛外的美国舰只不受日机空袭。这是自1942年4月杜特尔的"东京上空10分钟"行动以来，第一次用航空母舰袭击日本本土。斯普鲁恩斯计划用两天多的时间来完成这次袭击。

2月15日，美海军部长福雷斯特尔在尼米兹陪同下到达塞班岛，听取有关硫磺岛战役的汇报，并视察战役准备。大病初愈的登陆编队司令特纳，汇报原计划对硫磺岛进行10天的炮火准备，因为军舰无法携带10天炮击的弹药，只能进行3天的炮击。但特纳表示对面积仅20平方公里

< 塞班岛上美军轰炸机蓄势待发。
> 尼米兹与金上将等人在一起。

的小岛进行3天的炮击已经足够,炮火未能摧毁的防御将由登陆部队来完成。巡视结束后,尼米兹飞返关岛。

2月16日黎明,尼米兹焦急地期待着轰击硫磺岛和空袭东京的消息。上午7时,尼米兹从东京广播电台获悉:美军袭击了东京机场。几乎在同一时间,尼米兹得到报告,海军已开始对硫黄岛发起炮击,B-29型轰炸机正飞往北面,向硫磺岛作日常空袭。

《纽约时报》用如下通栏标题报道了这次军事行动:"美国舰队1,200架飞机袭击东京,舰艇的大炮与飞机同时轰击硫磺岛。"

《时代》周刊指出:"在日本近海集结了美国最强大的海上力量,开始以航空母舰袭击日本本岛,距离之近,足以使'恶妇'式、俯冲轰炸式和'海盗'式飞机对东京街道进行扫射,实施惩罚性袭击。这是太平洋战争以来最果敢的作战行动。"

2月19日,斯普鲁恩斯向尼米兹报告了两天来袭击东京的战果:空中击落敌机332架,地面击毁177架,摧毁许多机场和航空站的机库、机棚和设施。

19日6时,特纳率领的登陆编队到达硫磺岛海域,斯普鲁恩斯和米切尔指挥的航母编队也已到达硫磺岛西北海域。此时,硫磺岛出现了少有的晴朗天气,天高云薄,微风轻拂。6时40分,美军舰炮支援编队开始直接火力准备,航母编队一边担负空中掩护,一边出动舰载机参加对硫磺岛的航空火力准备。

在直接火力准备的同时,登陆部队海军陆战队三个师,以陆战第4、第5师为一梯队,陆战第3师为预备队。第一批登陆部队8个营完成了换乘。

8时30分,第一波68辆履带登陆车离开出发点,向滩头冲击。8时59分,舰炮火力开始延伸射击。9时整,部队准时开始登陆,由于岸滩全是火山灰堆积而成,土质松软异常,履带登陆车全部陷在火山灰中,难以前进。后面的登陆艇一波接一波驶上岸,却被这

些无法动弹的履带登陆车阻挡，根本无法抢滩登陆。艇上的登陆兵只好涉水上岸。日军等美军炮火开始延伸，就从坑道进入阵地，根据事先早已测算好的数据，炮火准确覆盖了登陆滩头。一时间，美军被完全压制在滩头，伤亡惨重，前进受阻。

陆战5师因为比陆战4师晚了大约20分钟遭到炮击，而且炮火相对比陆战4师遭受的要弱，所以先头的第28团1营得以利用这一机会，穿越岛的最狭窄部，切断了折钵山与其他地区日军的联系，2营则随后向折钵山发起攻击。陆战4师在日军猛烈炮火阻击下，几乎寸步难行。就在这样的危急时刻，美军的舰炮火力给了登陆部队以极有力的支援。此次登陆，美军登陆部队每个营都配有舰炮火力控制组，能够及时召唤舰炮火力的支援。而空中的校射飞机也发挥了巨大作用，准确测定日军炮火位置引导舰炮将其消灭。可以说，在太平洋战争历次登陆战中，舰炮火力支援从没有像硫磺岛登陆战那样有效。日落时，美军已有6个步兵团、6个炮兵营和2个坦克营共约3万人上岸，占领了宽约3,600米，纵深从650米到1,000米不等的登陆场。全天有566人阵亡，1,858人负伤，伤亡总数约占登陆总人数的8%。就第一天的战况而言，还不算太糟糕，但随后的战斗则更为艰巨。

天黑后，美军害怕日军发动大规模夜袭，海面上的军舰几乎不间断地向岛上发射照明弹，将黑夜照得如同白昼。但粟林深知自己的实力，并没有采取自杀性的冲锋。度过了第一个平安的夜晚后，迎接美军的将是更为残酷的战斗。

2月20日，从凌晨开始，美军舰炮就根据登陆部队的要求进行火力准备。美军登陆部队发起进攻，陆战4师在舰炮和坦克支援下，攻占了一号机场，并切断了岛南日军与元山之间的联系。陆战5师向折钵山攻击，由于日军很多工事都建在舰炮火力无法射击到的岩洞中，在坦克到来前，第28团几乎无法前进，到黄昏时总共前进了180米。

2月21日，岛上的激战仍在继续，进展十分有限。海滩勤务大队经过不懈的努力，解决了滩头的混乱局面，天气却愈加恶劣，海上风大浪高，严重影响了补给品的卸载。由于岛上的部队伤亡较大，作为预备队的陆战第3师第21团奉命上岛投入战斗。

2月22日，因大雨，美军登陆部队被迫停止进攻，抓紧进行战地休整。

3天来，美军在硫磺岛上阵亡、失踪人数已达1,204人，负伤4,108人。美国国内的新闻界甚至强烈要求"让陆战队喘口气——给日本人放毒气"。诚然，对付隐藏在坑道或岩洞中的日军，毒气既实用，又比火焰喷射器更为"仁慈"，尽管美、日两国都没有签署严禁使用毒气的《日内瓦公约》，但罗斯福总统和尼米兹都不愿违反公约。战后尼米兹承认，没有使用毒气完全是出于道义的考虑，结果使大量优秀的陆战队员付出了生命。

2月23日，美军陆战4师以二号机场为目标发起总攻，但在日军永备发射点、坑道、地堡和岩洞工事组成的防线前，推进极为缓慢，简直像蜗牛爬行。全天，只有右翼前进了约300米，左翼和中间几乎毫无进展。

这天唯一的战果是在折钵山。尽管日军几乎将整座山掏空，修筑有数以千计的火力点，尤其是山顶的观察哨，居高临下俯瞰整个东海岸，能准确指引、校正纵深炮火的射击，对于美军威胁极大。然而经4天血战，10时20分，陆战5师28团由哈罗得·希勒中尉率领40人组成的小分队，终于攻上了折钵山顶，升起了一面美国国旗。尽管折钵山上仍有近千日军凭借着坑道和岩洞工事拼死抵抗，可4小时后，希勒的士兵又升起了一面更大的星条旗。美联社记者乔·罗森塔尔将插旗时的情景拍摄下来，这张照片随即广为流传，成为胜利的象征。

特纳将陆战5师28团留在折钵山，负责肃清山上的日军，而5师的另两个团则调到北部，协同4师攻击元山地区的日军。美军经过激烈的鏖战，终于攻占了二号机场和元山村。

硫磺岛上的美军每前进一步，都要付出巨大的代价。战斗已经成为不折不扣的消耗，有时一整天只能前进4米，惨重的伤亡甚至使军官们都没有勇气再将士兵投入战斗。3月7日，美军发动总攻，担负中央突破的陆战3师势如破竹，进展神速，遇到难以克服的日军阵地就设法绕过去，继续向前推进。尽管给后续的陆战4师、5师留下不少"钉子"，但3师突破了日军的防线，并于两天后攻到了西海岸，占据一段约800米长的海岸，并将日军分割为两部分。3月9日，美军占领了尚未完工的三号机场。

粟林得知美军突破了防线将日军一分为二时，立即组织部队进行反击。美军依托工事，给予反击日军重大杀伤，日军的反击被彻底粉碎，不仅徒劳无功，反而损失了大量有生力量，给以后的作战带来极为不利的影响。

3月10日，陆战3师开始向两面扩张战果。尽管日军的防御态势已经相当不利，仍依托工事死战不退。3月16日，东北部的800余日军被歼灭，美军于当日18时宣布占领硫磺岛，但战斗仍在继续，粟林指挥残部依然在抵抗，有时战斗还相当激烈。

从16日后，又经过整整一周的激战，24日美军才将残余的日军压缩在岛北部约2,100平方米的狭小范围里。粟林于当晚焚毁了军旗，发出最后的诀别电报，然后销毁密码，准备实施最后的决死反击。3月26日凌晨，粟林亲自率领约350名日军向二号机场的美军发起了最后反击，许多美军在睡梦中被杀。天亮后，美军组织扫荡，四处追杀这股残余日军，激战三小时，将这股日军大部歼灭。美军于当天8时宣布硫磺岛战役结束，但清剿残余日军的战斗一直持续到4月底。

∧ 美军炮兵在硫磺岛登陆后向日军阵地轰击。

< 美军陆战队准备在硫磺岛实施登陆。

∧ 美军在硫磺岛升起了美国国旗。

＞ 硫磺岛战役中，美军用喷火器向日军藏身的洞穴扫射。

▽ 美军炮兵在硫磺岛向日军阵地轰击。

硫磺岛战役，日军守备部队阵亡22,305人，被俘1,083人，共计23,388人。日军其他损失为飞机90余架，潜艇三艘。美军从2月19日至3月26日，阵亡6,821人，伤21,865人，伤亡共计28,686人。美日双方伤亡比为1.23:1。美军登陆部队伤亡人数占总人数的30%，陆战3师的战斗部队伤亡60%，而陆战4师、5师战斗部队的伤亡更是高达75%，几乎失去了战斗力。

　　此次战役中，海军陆战队的伤亡之高也是太平洋战争中绝无仅有的。战后，尼米兹对参加过硫磺岛战役的陆战队员给予了高度的赞扬："在硫磺岛作战的美国人，非凡的勇敢是他们共同的特点！"

　　美军为攻占硫磺岛所付出的人员伤亡比日军还多，这是太平洋战争中，登陆一方的伤亡超过抗登陆方的唯一战例。日军在失去海空支援，又没有增援补给的情况下，以地面部队凭借坚固而隐蔽的工事，采取正确的战术，进行了顽强的抵抗，使美军原计划5天攻占的弹丸小岛，足足打了36天。美军在此次作战中唯一的闪光之处就是舰炮支援比较得力，共发射各种口径炮弹30余万发，计1.4万吨，取得了较好的效果，有力地支援了登陆部队的作战。

　　日军在硫磺岛那样被几乎完全孤立的岛屿上进行的抗登陆战，以2万之众，依托工事抗击了10万美军整整一个月之久，若非后来日军储备的弹药、物资消耗殆尽，恐怕美军的胜利还没有这么迅速。粟林也以谋略、坚韧领导并组织的硫磺岛抗登陆战，甚至赢得了美军对他的尊敬。美军此役的指挥官斯普鲁恩斯、米切尔、特纳和史密斯都是在太平洋战争中骁勇善战的名将，参战部队是受过系统严格的登陆战训练的、具有顽强战斗意志和作风的3个海军陆战队师，美军的武器、火力上的优势更是不言而喻。硫磺岛战役成为登陆与抗登陆的经典战例。

　　硫磺岛之战，意义非凡，它不仅使美军获得了轰炸日本本土的重要基地，还打开了直接攻击日本本土的通道，大大加速了日本的崩溃。

>> 冲绳的垂死之挣

　　硫磺岛宣布已完全占领的12天前，第一架B-29型轰炸机即在该岛做紧急降落；占领该岛不到3周，P-51型"野马"式巡逻战斗机于该岛跑道起飞，为白天空袭东京的B-29型轰炸机护航；3个月内，850架B-29型轰炸机在该岛做紧急降落。无疑，如果没有这个胜败攸关的基地，这些飞机大部分会葬身海底。

新任海军部长福雷斯特尔亲临硫磺岛视察，回国后上报了他亲自掌握的战场第一手材料。在关岛，海军部长还向尼米兹祝贺了他 60 岁的生日。

福雷斯特尔离去后不久，尼米兹决定返回华盛顿述职。3 月 1 日，他由谢尔曼将军和拉马尔中校陪同启程，经珍珠港和旧金山前往华盛顿。

在旧金山，他又一次领略到那些正被发表并在全国广泛传播的新闻报道的作用。《旧金山调查者报》在头版发表社论，暗示硫磺岛损失惨重，原因是领导无方。它以明确的语言声称，只有麦克阿瑟才具备赢得战争胜利的才智，他不会像其他的司令官那样损兵折将、丢弃装备。华盛顿应让麦克阿瑟担任太平洋的全面指挥。海军和陆战队人员领导乏术。社论还指出，他们现在的领导显然正在用美国子弟的生命做不必要的冒险。

这种说法使尼米兹大为不满，同时也使陆战队队员们怒不可遏。在旧金山休假的多位陆战队员涌进《旧金山调查者报》的大楼，当着总编辑威廉·雷恩的面，要求他道歉或做出答复。雷恩推托说，这不过是上级的指示而已。这更引起了尼米兹的注意。从此，尼米兹对批评他领导和指挥艺术，并指责他与麦克阿瑟在战略方面相违背的一类攻击性文章有所防备了。

在华盛顿期间，尼米兹去白宫谒见了罗斯福总统。他是顶着对硫磺岛战役的各种指责和谩骂而去的，在内心深处，他渴望得到罗斯福总统的理解和支持。尽管尼米兹并不计较个人威望，但是他重视作为人的尊严。

罗斯福总统似乎并不在意外界的评说，依然对尼米兹表现出应有的亲切和热情。尼米兹最终获得了罗斯福批准的向冲绳进攻的主攻任务。但是他也看到，罗斯福总统病魔缠身，已经衰弱不堪了。一身衣服宽大松垮，像是挂在一副骨架上。他说话困难，双手不停地微微颤抖。尼米兹意识到，这将是他与罗斯福的最后一次会见。望着罗斯福苍白、枯槁的面容，尼米兹心中隐隐产生了一种愿望：1945 年将结束太平洋战争，让罗斯福活着看到这一胜利。

在华盛顿期间，尼米兹和谢尔曼向参谋长联席会议汇报了下一步进攻冲绳岛的作战方案。进攻部队包括陆军第 24 军，这个军自进攻莱特湾以来已扩编为 4 个师；两栖作战部队第三军团，包括陆战队第 1、第 2 和第 6 师。这些部队合在一起，组成第 10 集团军，由美国陆军的巴克纳中将指挥。第 58 特混舰队在冲绳和九州之间的海面上进行掩护，英国太平洋舰队则在冲绳和台湾间的海面负责掩护。这次会议还通过了陆军提出的进攻日本本岛的作战计划。登陆九州的代号为"奥林匹克行动"，预计于 1945 年 11 月实施；进攻东京平原的代号为"王冠行动"，预计于次年 3 月实施。尼米兹将指挥所有海上部队建立滩头阵地，麦克阿瑟则负责指挥地面部队。

在制定冲绳岛作战计划时，尼米兹最为担心的问题是美军在岛上建立起机场之前，敌人空中力量对参战部队究竟有多大危害。在东北方向，九州有 55 个机场；在西南方向，台湾

有65个机场；在它们之间，沿着包括冲绳岛在内的琉球群岛，还有许多飞机跑道。因此，日军可能动用在本土的3,000或4,000架飞机，运用致命的"神风"式自杀战术以抗击美军的进攻部队。

为了阻止可能出现的危险形势，尼米兹命令第58特混舰队对九州各机场发动一系列袭击。第一特混舰队于3月18日和19日，对九州地区的机场、日本本土南部地区和停在濑户内海的日本舰队的残余舰艇，多次进行大规模空袭。日军飞机进行了反击，击伤"企业"号、"约克敦"号等航空母舰，"富兰克林"号遭到重创，800多名舰员丧生。尼米兹又令B-29型轰炸机编队袭击九州的航空设施和基地，还下令在下关海峡一带布雷。在上述空袭活动中，美军虽然损失116架舰载机，但是击伤数艘日舰，并破坏了九州地区日军的各种设施及交通枢纽，使日军在此后的3周内几乎未能进行反击。

第58特混舰队补充油料后，于3月23日开始对冲绳岛实施猛烈轰炸。包括步兵第77师在内的两栖进攻部队，攻占了冲绳岛西南15海里的庆良间列岛。这是整个登陆作战计划的一个组成部分，它为美军提供了隐蔽的锚地，这是一个不可多得的水上飞机基地和补给基地。

★"菊水特攻"

1945年4月，盟军以排山倒海之势集中陆海空军向冲绳岛发动攻坚战役，很快掌握战争的主动权。为支援岛上日军的作战，摧毁盟军的舰船，阻挡盟军登陆作战，日军陆海军航空兵自4月6日起对盟军发动了代号为"菊水特攻"自杀性攻击，大批日机满载炸弹直接扑向盟军舰船，企图与舰船同归于尽。到6月22日，这种疯狂的攻击连续进行了十余次，此次事件虽给盟军造成一定的损失，但并未能阻止盟军在冲绳岛胜利登陆。

< 尼米兹在冲绳战役发起前在部队视察。

复活节这天清晨，特纳指挥的登陆大军开始在冲绳岛的白沙滩头登陆。这次登陆进行得异常顺利，当天就有5万名陆军部队和海军陆战队士兵上岸，先头部队夺取了2个机场。到4月2日中午，部分登陆部队已经横跨该岛，进至东海岸。此后，第24军的大部分兵力从右侧迂回，向南推进，海军陆战第1师向登陆地域以东前进。

日军在冲绳岛的兵力约有10万人，其中6.7万人是日本陆军的精锐部队。日军守岛部队采用的战术是允许美军"充分登陆"，将美军"诱至于得不到海、空军火力掩护和支援"的地方，再一举歼灭登陆部队。

没有在陆地上出现的殊死苦战，却在冲绳海面展开了。4月6日到7日，大约700架日机从九州起飞，袭击了第5舰队的舰只。这即是日军蓄谋已久的"菊水特攻"★。在两天的闪电式空袭和"神风"特攻队的攻击中，美军3艘驱逐舰和1艘登陆舰被击沉，2艘军火船被击爆炸，1艘扫雷舰和12艘驱逐舰受重创。日军飞机还撞入航空母舰"汉科克"号和战列舰"马里兰"号，美军数以百计的水兵死亡，剩下的许多人被严重烧伤，场面惨不忍睹。

这时，战斗在冲绳东北面半岛的陆战队以及在冲绳南部的陆军部队，也遭到了日军的顽强抵抗。日军利用洞穴、堑壕、掩蔽火力点袭击登陆美军，致使美军的推进严重受挫。尼米兹这时认为，由于陆军的推进缓慢，使海军支援部队遭到巨大损失，大量海军水兵被敌机杀伤。但他又感到很为难，是下令调查损失惨重的原因，还是强制自己不去干扰战场上的指挥，他一时拿不定主意。

4月13日早晨，罗斯福总统逝世的消息传到太平洋指挥总部，这使得尼米兹的心情更为沉重。

4月16日，海军陆战队司令、四星上将范德格里夫特和他的两名参谋来到关岛指挥部，请求去视察他在冲绳岛的部队，亲自去解决那里伤亡严重的问题。尼米兹没有批准他的要求。

∧ 美军"富兰克林"号航母被日机击中后燃烧。

尼米兹解释说，他自己也想去，但战斗在激烈进行，危险性极大，因而不能派任何高级官员前往。

但是第二天，尼米兹突然改变主意，要和范德格里夫特一同前往冲绳前线，这使得范德格里夫特大感惊讶。尼米兹改变主意也许是迫于战局成为"非常局势"，不得不进行直接干预了。

尼米兹一行乘专机抵达齿栉附近一个海滩的机场。次日，尼米兹即与斯普鲁恩斯等人视察了美军占领的部分冲绳地区。

尼米兹针对地面行动停滞不前的状况，强烈要求陆战部队加速推进，以便尽早解脱支援舰队。巴克纳陆军中将声称，这不过是一次地面作战，言下之意是冲绳岛作战是陆军的事，海军最好不要插手。

"这确实可能是一次地面作战，"尼米兹冷冷地扫了巴克纳一眼，"但我却每天损失一艘半军舰，它们受到'神风'特攻机的沉重打击，或被

< 向冲绳岛进发的美军登陆艇。

击沉，或失去战斗力。所以，这条战线5天内不能突破，我们将调别的部队来突破它。这样，我们就可以从这些可怕的空袭中抽身了。"

这样，巴克纳才勉强同意调陆战1师和6师来南部战场。范德格里夫特建议采用迂回进攻的战术，以打开局面。巴克纳仍然认为，在南部或东南部海岸采取何种登陆方式都将付出巨大代价，最好的办法是用大规模的舰炮火力将敌人从据点中轰出来。

尼米兹答应给予更强的火力支援。

为了顾全大局，尼米兹忍受着来自各方面的批评，尽可能弥合海、陆

军之间的矛盾。在一次破例举行的记者招待会上，尼米兹对海军所做的牺牲只字不提，而是赞扬陆军非凡出众的作战表现，并指出陆军的战术是对头的，若从翼侧发起两栖登陆，将付出更大代价且浪费时间。

在这段时间里，尼米兹心情很不好，他的判断和决定正受到最坚定的拥戴者的怀疑。但是尼米兹坚持认为，首要的前提是保持军种间的和谐一致。

6月21日，美军宣布占领了冲绳岛。在炮声最后停息、支援舰只从冲绳海岸撤出时，对这一具有历史意义的战役也做了统计：日军死亡1.5万人，被俘7,400人；美军阵亡7,600人，伤3万余人；有26艘舰只被击沉，360艘被击伤，这其中大部分是因日军"菊水特攻"行动所致。此外，巴克纳将军阵亡，这是美军在太平洋战争中战死的最高级别的一位将领。

美军以沉重的代价，赢得了一个用来突击日本工业中心地带的航空基地，从而加紧了对日本本土诸岛的封锁，从北部（阿留申群岛）、南部（硫磺岛）和西南部（冲绳岛）完成了对日本本土的战略包围态势。这对向日本本土发起直接登陆作战，创造了极为有利的局面。从美国的观点来看，最重要的战果则是，它迫使日本面临不可避免的失败局面，从而采取早日投降的明智选择。

<美军第10集团军司令巴克纳（左）在冲绳岛战役中阵亡。

>> 蘑菇云升起

1945年2月的一天，一位年轻的海军中校弗雷德里克·L·阿什沃思来到太平洋舰队总部，他带来金上将带给尼米兹的一份绝密信。金将军在信中说，原子弹正在研制，预计其能量相当于2万吨TNT炸药，将于1945年8月1日在太平洋战场使用。

阿什沃思扼要地介绍了原子弹的技术性问题，但他发现尼米兹似乎对此不感兴趣。一颗炸弹就能毁灭一座城市，全部或几乎全部杀死其居民，尼米兹对此有一种莫名的恐惧。

∧ 美军 B-29 轰炸机在提尼安岛。

他在座椅中转过身来注视着窗外，然后站起来对青年军官说："非常感谢你，"并喃喃自语道："我想，我是生不逢时，出世太早了。"

阿什沃思中校接着到了马里亚纳群岛，去为第509特混大队的B-29轰炸机找一块适于飞往日本投掷原子弹的地方。他选择了提尼安岛西北角，随即在那里铺设了长长的跑道，运来B-29型轰炸机，架起半圆形的活动房屋，并在新基地周围架设起铁丝网进行严密警戒。第509特混大队的军官们，在犹他州和古巴经过紧张演习后，于6月27日到达那里并继续进行训练。第509特混大队以后的活动只是飞到海上去，又立即返回基地，使驻在提尼安岛上的其他B-29型轰炸机的飞行员迷惑不解和十分气愤，因为他们经常冒着生命危险去轰炸日本和在日本海布雷。

1945年春夏，在欧洲战场，德国法西斯宣布投降。1945年5月8日，德军最高统帅部代表在柏林近郊的卡尔斯霍斯特签署了无条件投降书。至此，盟军对德战争已经结束。在为胜利而欣喜的同时，尼米兹也感到德国的顽固抵抗使欧洲的胜利来得太迟，已经基本上不会对太平洋战场产生直接的支援和影响了。他确信，在盟军部队从欧洲调来之前，靠封锁和轰炸，即可迫使日本投降。

此时，"奥林匹克行动"计划和"王冠行动"计划已由继任总统杜鲁门批准在8月实施。尼米兹则继续实施对日本本土的袭击。

∧ 斯大林、杜鲁门、丘吉尔在波茨坦会议期间。

6月底，尼米兹飞赴旧金山，与金上将进行战争年代的最后一次会晤。这次会谈为时仅一天，因为两位高级将领已经充分确信，"奥林匹克行动"与"王冠行动"都将不会付诸实施了。

破译的日本电讯表明，日本正试图通过苏联政府，伸出求和的触角。于是，尼米兹、斯普鲁恩斯着手将工作重点从制定"奥林匹克行动"方案转到为日本可能投降做准备上。有关建立民事政府、处理战犯，一直到战后重建工作方面的专家等事宜，都成了太平洋舰队参谋部讨论的话题。

7月25日，海军武器专家威廉·S·帕森斯乘飞机来到关岛，他带来了在新墨西哥州阿拉莫戈多爆炸的第一颗原子弹的资料影片，为尼米兹、斯普鲁恩斯等人放映了一个巨大火球在沙漠升空的情景。第二天，他飞往提尼安岛。由美军"印第安纳波利斯"号巡洋舰运载的次临界铀235和两枚原子弹的组成部件也刚刚抵达那里。

某些人认为"使用原子弹违背人道主义精神和道德准则，不是一种合法的战争手段"。但尼米兹也同意日本问题专家莱顿的看法，日本人的武士道精神是难以通过常规手段摧毁的。作为美军统帅，尼米兹还必须考虑另一个实际的问题，即他不想牺牲更多的美国人。

7月26日，美、英、中政府发布《波茨坦公告》。公告指出：日本必须无条件投降；除本国四岛外，日本应从其占领的一切领土上撤出；否则，只有"自取灭亡"。日本政府对《波茨坦公告》★所列条文未做出任何反应。

7月底，负责"原子弹计划"的雷斯利·R·格罗夫斯少将的副手托马斯·法雷尔准将抵达关岛。法雷尔同李梅少将和新任美国战略空军司令卡尔·斯帕兹开会，商讨陆军部要求第509特混大队"定于8月3日以后在能见度允许进行轰炸的气象条件下，立即投掷第一颗特种炸弹"的有关命令。

法雷尔接着拜访尼米兹将军，要求海军拟订在原子弹轰炸机飞行员被迫跳伞或飞机迫降时进行援救的措施。他特别要求将潜艇部署在沿飞行员所经航线的水域，附近基地的海军水上飞机做好准备。

★《波茨坦公告》

1945年7月17日至8月2日，苏美英三国在德国波茨坦举行"波茨坦会议"。会议期间，部分与会国家于7月26日发表了由美国起草、英国同意并邀请中国参加的一项国际宣言，其全称为《美中英三国促使日本投降之波茨坦公告》，通称《波茨坦公告》。公告敦促日本政府立即宣布无条件投降。它反映出反法西斯盟国对日作战和消灭日本军国主义的坚强决心。对日本侵略者有一定的威慑作用。公告发表后，日本表示接受这一公告，无条件投降。

<格罗夫斯将军（右）与原子弹研制者之一的奥本·海默在一起。

　　尼米兹同意采取这些措施后，把法雷尔叫到窗前，指着北边海平面的一个小点说："那边有个岛，叫罗他岛。岛上约有 3.000 名日军，他们给我制造了不少麻烦。他们有电台，了解我们的行动，并从那里发送情报。你们有没有可以轰炸罗他岛的小炸弹？我认为在这种时候不值得去进行一次登陆进攻，但这个小岛确实给我们造成很多麻烦。"

　　法雷尔回答道："将军，不行，我们的炸弹都是大的。"

　　此时此刻，日本政府仍在做争取苏联的外交努力，他们以让出"中国东北特权"为条件，要求苏联做出中立保证，并在盟国间进行有利于日本人的调解。日本人哪里知道，他们给的这点好处，斯大林早在 2 月份的雅尔塔会议上已从罗斯福那里得到了，甚至比日本答应的还要多。他们做梦也没有想到，此时的苏联已在中苏边境陈兵百万，日本外交努力所等待的答复将是苏联对日宣战。

　　美国人已等得不耐烦，他们想赶在苏联出兵之前结束对日的战争。8 月 6 日清晨，一架 B-29 型轰炸机装载着第一颗原子弹从提尼安岛飞向广岛。

　　广岛时间 7 时 9 分，响了一阵警报，美军飞机数架飞入广岛上空，盘旋几周后又飞离而去，没有轰炸。8 时整，广岛上空又出现了 3 架飞机。虽然这时已经发出了空袭警报，但广岛居民好像没有听见似的。因为美军飞机不断对日本国土进行轰炸，已经有 66 个城镇遭到了 99 次大空袭，而广岛并没有受到多大破坏，人们对警报已经习以为常了。美军气象飞机离去，刚刚解除警报，现在又有美军飞机飞来，大家都疲沓了。因此，广岛市民很少有人进

> 在广岛上空投掷的原子弹——"小男孩"。

入防空壕进行隐蔽，甚至有人还在翘首仰望飞机，指指画画。

"投弹！"当飞机飞到广岛一座大桥上空时，投弹手接到了命令。原子弹离开弹舱50秒钟后，在离地面600米的空中射出令人眼花目眩的白色闪光，随即是震耳欲聋的大爆炸。广岛立即被翻滚的黑烟所吞噬。

5个小时以后，美国F13型飞机到广岛上空侦察轰炸效果。整个广岛靠近爆炸中心的人，当天就有78,150人死亡，负伤和失踪的人数为51,480名。全市共有76,327幢建筑物，其中有4.8万幢全部被摧毁，22,178幢受到严重破坏。这天下午，设在广岛的日军第二军司令部通过广岛东南的小城转报东京说，美国"使用了具有从未见过的破坏力的高性能炸弹"。

16小时后，日本收到了美国广播。美国总统杜鲁门发表声明，要求日本政府赶快接受波茨坦公告，以使日本人民免受其难，否则就将再次遭到"来自空中的毁灭"。

全世界都在拭目以待，然而日本政府继续保持沉默。尼米兹对日本政府愚顽不化的态度颇为吃惊，他认为此刻的日本政府应当很清楚，他们已绝无获胜的可能，理应做出明智的反应。

日本政府仍把希望寄托在苏联的调停上。出乎日本预料的是，苏联外长莫洛托夫告诉日本驻苏大使说，因为日本仍在进行战争，拒绝接受《波茨坦公告》，所以日本请求苏联调解远东战争的建议没有希望。苏联政府将遵守苏、美、英三国首脑在雅尔塔会议上所做的承诺，即苏联有条件地正式承担了在德国投降及欧洲战役结束2个月或3个月内，参加对日作战。

8月8日下午，苏联正式声明：8月9日对日宣战。

8月9日上午10时58分，美国又在长崎投下第二颗原子弹。这颗原子弹代号为"胖子"，原准备投向小仓，因当时小仓上空云层较厚，无法找到瞄准点而改飞长崎。于是，本应在小仓发生的爆炸却落到了长崎的头上。

原子弹的袭击，苏联的参战，使日本军国主义统治集团走投无路，促使日本天皇和政府迅速做出了投降的决定。

> 抵达东京的麦克阿瑟。

< 在长崎上空爆炸的原子弹。

战火硝烟即将散去，和平的捍卫者和奋斗者们将开始赢得他们应有的荣誉。8月10日，英国王室决定授予尼米兹将军"巴斯骑士大十字勋章"。授勋仪式在英国海军上将布鲁斯·弗雷泽将军的旗舰"约克公爵"号战列舰上举行，一条紫色绶带从尼米兹肩上披挂到胸前。

11日清晨，尼米兹收到金将军的一份电报，内容通告了日本已停止抵抗的消息。对尼米兹而言，这个消息实现了他对崭新明天的向往。这也是许许多多做出崇高牺牲的勇士们的愿望。

莱顿站在一旁静静地注视着尼米兹。对于一个历经百战、经受过无数艰难曲折，终于赢得最后胜利的战将来说，还有什么比这一时刻更令人激动和欢欣鼓舞的呢？然而，尼米兹并未像新闻报道中描述的哈尔西那样欢呼雀跃，而是平静地坐在椅中，脸上掠过一丝满意的微笑。在尼米兹看来，胜利早已是预料之中的事情，这一天不过是如期来临而已，就好像是再一次证明了尼米兹的坚定信念和准确判断一样。

尼米兹起身下令实施新的战术手段。他向空中巡逻的飞行员发出信号："查明并击落一切偷袭者——尽可能不要采取报复手段。"

8月14日上午，天皇在御前会议上指示铃木内阁接受盟国条件，立即起草无条件投降诏书。

8月15日中午12时，天皇发表广播讲话，宣布无条件投降。

8月26日，一支拥有383艘军舰、1,300架舰载机的美国舰队向东京湾挺进。28日，先头部队在东京附近的机场降落。30日，大批美英军队开始在东京附近和其他地区登陆。麦克阿瑟到达东京，控制了东京的广播电台，建立了自己的新闻局。

日本签署投降书的仪式，将于9月2日在美国"密苏里"号战列舰上举行。

>> "密苏里"号上

当欢庆胜利的声音激荡在美利坚上空时，杜鲁门总统在电台宣布，他已委托麦克阿瑟将军作为盟军最高司令，由他负责安排和主持日本投降仪式，并签署文件。

尼米兹顿感愤懑，他认为这是对海军将士的极大不公。在太平洋的历次战斗中都是海军身负重任，出生入死，而到了胜利时刻，却让一位陆军将领担当主角，摘取果实。这项任命意味着全世界的视听都将再次集中于麦克阿瑟身上，让人们觉得主要是他的部队把日本打败的。

尼米兹将此种考虑报告金上将，并表达了自己的强烈不满。金立即向总统提出，如果由一名陆军将领主持和平协议，那么仪式应在一艘海军舰只上而不是在陆上举行。海军部长福雷斯特尔还从国务卿处赢得一项协议：如果麦克阿瑟代表盟军在投降书上签字，尼米兹将代表美国签字。

意外的荣幸落到哈尔西的旗舰"密苏里"号战列舰上，这里宽阔的露天甲板将作为举行受降仪式的地方。哈尔西向海军军官学校博物馆发出特函，要求把1853年马修·卡尔布雷因·佩里准将进入东京湾时挂在舰上的国旗，用于这一历史性的时刻。这个要求获得准许。

8月29日，第3舰队的部分舰只，包括"密苏里"号、"南达科他"号以及英国海军弗雷泽将军的旗舰"约克公爵"号驶抵东京湾，下锚停

∧ 驶入东京湾的美军舰艇。

泊。尼米兹也乘水上飞机抵达东京湾，把将旗升在"南达科他"号上。哈尔西指出，在东京地区战俘营中，盟军有许多战俘生病并受到非人道的待遇，他建议派出一支包括医疗舰在内的特混大队前往东京援救。但麦克阿瑟曾有指示，在陆军未做好准备之前，不得接回战俘。

"按你想的去做吧！"尼米兹说，"麦克阿瑟将军会理解的。"

哈尔西于是下达了命令，有将近 800 名俘虏于午夜时分被放了出来。

30 日下午，麦克阿瑟将军衔着他那著名的玉米芯烟斗走下舷梯，同几小时前到达厚木机场的第 8 集团军司令艾克尔伯格将军握手。麦克阿瑟笑着说："总算如愿以偿了。"

日本签字投降仪式的细节由麦克阿瑟与日本政府商定。在举行仪式的前两天，尼米兹对

麦克阿瑟做出最后一次友好的姿态。他命令海军士兵按海军上将专用艇的规格，将一艘登陆艇改装为陆军上将的专用艇。海军工兵们将艇漆成红色，椅套为红白两色，艇首漆有五颗星。改修过的小艇气派非凡。尼米兹打算把这艘艇交给麦克阿瑟，供他自岸上航渡至"密苏里"号上主持仪式时使用。但拉马尔把小艇运到东京湾，送交麦克阿瑟时，他看了一眼说："太小了，我不乘这个小玩意跑20海里。我要一艘大舰，而且是新舰，我想只有驱逐舰能当此任。"

麦克阿瑟得到了驱逐舰"尼古拉斯"号，但在将旗悬挂问题上又出现了麻烦。"密苏里"号的主樯上究竟应升谁的将旗呢？尼米兹将此问题交由副官拉马尔中校全权处理。拉马尔权衡再三，终于决定将麦克阿瑟的红色将旗和尼米兹的蓝色将旗并排升到主樯上。这在海军史上还是破天荒第一次。

1945年9月2日是一个具有历史意义的日子。美战列舰"密苏里"号由几百艘海军舰船簇拥着，赫然耸立在阴云覆盖的东京湾里。耐人寻味的是，在"密苏里"号战列舰的主樯杆上悬挂的那面美国国旗，正是1941年12月7日珍珠港被偷袭时，华盛顿国会大厦顶上悬挂的那面星条旗。

在战列舰上，美、苏、中、英、法五国的国旗在迎风抖动，一张铺着绿色绒毯的水兵饭桌放在二号炮塔与船栏中间，两边各放着一把椅子。一个庄严的具有历史意义的时刻来到了——日本正式无条件投降签字仪式将在这里举行。

7点刚过，包括日本在内的各国新闻记者、摄影记者乘驱逐舰来到"密苏里"号战列舰上。8点之后，尼米兹一行乘专艇赶到签字地点，舰上哨声大作，扩音器响起了《海军上将进行曲》。又过了一段时间，麦克阿瑟与参谋人员也抵达了。麦克阿瑟和尼米兹相互握手，共同庆祝这一难忘的时刻。出于对日本法西斯的蔑视，参加仪式的盟军官兵身着军

< 在"密苏里"号上举行的日本投降仪式。

303

便服。美军官兵则更随便，身穿卡其布衬衣，不系领带，也没有穿外衣。8时30分，同盟国最高司令官麦克阿瑟将军登上"密苏里"号战列舰甲板，哈尔西海军上将站在他身旁。

8时50分，尼米兹海军上将和中、苏、英、法等八国代表相继走上甲板。8时55分，日本新任外相重光葵，拖着那条在海上一次纪念日皇生辰的集会上被炸残后装上的假腿，从小舰上吃力地爬上了"密苏里"号甲板，参谋总长梅津美治郎★也跟着爬上来。当11名毫无表情的身着黑色晨礼服和黄褐色陆军服的日本人登上战列舰甲板时，严肃的盟国官员用沉默来迎接他们。

受降仪式在麦克阿瑟将军主持下于上午9时举行。军中牧师祈祷后，乐队高奏美国国歌。麦克阿瑟和尼米兹一起走上露天甲板。哈尔西紧随其后。麦克阿瑟站在桌后发表了令人难忘的和平演说。接着，战败国日本代表首先在投降书上签字。投降书装订成两个文本，一份是英文，另一份是日文。投降书中写道：

我们谨奉日本天皇、日本政府与其帝国大本营的命令，并代表日皇、日本政府与其帝国大本营，接受美、中、英三国政府7月26日在波茨坦共同宣布的，及以后由苏联附署的公告各条款。以下称四大强国为同盟国。

我们兹宣布日本帝国大本营及在日本控制下驻扎各地的日本武装部队，向同盟国无条件投降。

我们兹命令驻扎各地的一切日本武装部队及日本人民，即刻停止战事，保存一切舰艇、飞机、资源、军事及非军事的财产，免受损失，并服从同盟国最高统帅，或在他指导下日本政府各机关所要求的一切需要。

我们兹命令日本帝国大本营，即刻下令日本的一切武装部队及不论驻在何地的日本控制下的武装部队的指挥官，他们自己及他们所率的武装部队，无条件投降。

我们兹命令一切民政的、军事的与海军的官员，服从与实行盟国最高统帅认为实践这一投降所适当的一切宣言、命令与指令，以及盟国最高统帅及在他授权下所颁布的一切宣言、命令与指令，并训令上述一切官员留在他们现有职位，除非由盟国最高统帅或在他授权下特别解除职务者外，继续执行非战斗的职责。

我们兹担承日本天皇、日本政府及其继承者忠实实行波茨坦公告的各项条文，并颁布盟国最高统帅所需要的任何命令及采取盟国最高统帅所需要的任何行动，或者实行盟国代表为实行波茨坦公告的任何其他指令。

我们兹命令日本帝国政府及日本帝国大本营，即刻解放在日本控制下的一切盟国军事俘虏与被拘禁的公民，并给予他们保卫、照料，维持并供给运抵指定地点的运输工具。

日本天皇与日本政府统治国家的权力，将服从盟国最高统帅，盟国最高统帅将采取他们认为实行这些投降条款所需要的一切步骤

外相重光葵"奉日本天皇及日本政府之命令，以日本天皇及日本政府之名义"，梅津"奉日本大本营之命令，以日本大本营之名义"，签署了投降书。当重光葵签字时，出现了一个足以反映战败者心态的"小花絮"：他一瘸一拐地走到签字桌旁，慌乱地摘下礼帽和手套，结果把手杖掉在了地上。他右手颤抖地拿起笔，迟迟疑疑好像不知道在哪里签字。

看到重光葵这副窘相，麦克阿瑟转身命令他的参谋长："萨瑟兰，告诉他在什么地方签字。"在萨瑟兰的指点下，重光葵好歹算是过了签字关。

> 梅津美治郎（右）在日本投降签字仪式上。

*梅津美治郎（1882 — 1949）

日本陆军大将。陆军士官学校和陆军大学毕业。早年曾任驻德使馆副武官、参谋本部德国班班长等职。1934年至1936年任日本"天津驻屯军"司令官，其间逼迫中国国民党军政部长兼军事委员会北平分会委员长何应钦签订了卖国的《何梅协定》。1936 — 1938年任陆军省次官，1944年任参谋本部参谋总长。次年9月代表日本在投降书上签字。后被列为甲级战犯，由远东国际军事法庭判处无期徒刑。1949年患癌症死在狱中。

< 美军士兵目睹日军飞机被舰炮击中。

∧ 美军舰炮向日本舰猛烈开火。

CHESTER W. NIMITZ

麦克阿瑟代表盟军在受降书上签字时，请美陆军的乔纳森·温赖特将军和英国陆军中将亚瑟·珀西瓦尔站在他的身后。这两人都曾是战俘，是刚从设在中国东北的日本战俘营乘飞机赶来的。

切斯特·尼米兹海军五星上将接着走上前来，代表美利坚合众国签字。麦克阿瑟五星上将和哈尔西上将、谢尔曼少将站在他的身后。

在尼米兹后面依次签字的有中国陆军上将徐永昌、英国海军上将布鲁斯·弗雷泽爵士以及苏联、澳大利亚、加拿大、法国、荷兰和新西兰的代表。

签字完毕后，麦克阿瑟再次迈步向前，向与会者致辞："我们共同祝愿，世界从此恢复和平，上帝将使和平永存。"

仪式于9点25分结束，这时正好云开雾散，太阳放射出金色的光芒。450架舰载战斗机同数百架陆军航空兵的飞机在湛蓝的天空中列队飞过。

午饭前，尼米兹回到他的舱室给妻子和孩子们写信，记述了这一历史性的时刻。然后请他的同事们共进午餐，接着乘飞机赴关岛。

几天以后，尼米兹登上一架飞机飞返珍珠港，然后去旧金山。这是他百感交集的时刻，他疲劳而兴奋，忧伤而充实，愁闷而愉快。他的心中充满了那种即将凯旋的游子之情。

他离开关岛，从此再没有回去过。

第十二章

回归平静的将军

1885-1966 尼米兹

他们从来没有一所属于自己的住宅，因而真心诚意地想要购置一座。由于按规定五星上将永不退休，尼米兹乐意变通一下，脱下蓝海军服，换上一条短裤和轻便运动服。他想退居从事园艺、团聚、抚弄儿孙，把时间消磨在平民生活的琐事上⋯⋯

∧ 尼米兹在欢迎盛典上讲话。

>> 凯旋的英雄

这是举国欢庆的时刻。这是按传统习惯欢迎英雄胜利归来的时刻。艾森豪威尔上将和乔纳森·温赖特上将受到为感谢伟大的将领而组织的盛大欢迎。海军部长福雷斯特尔认为，太平洋战区美军总司令像陆军将领们一样为胜利创下了殊功，他准备在四月份为尼米兹举行一次抛彩带的夹道欢迎。

尼米兹开始时反对这种为他煞费苦心的安排，但是他了解到：两位陆军五星上将已受到政府和公民机构的礼遇，并且知道欢迎道格拉斯·麦克阿瑟的仪式也即将举行。由于海军和陆战队的贡献，他想他们应当得到应得的荣誉，只有他才能作为他们的代表人物。因此，尼米兹表示同意这种安排。

尼米兹认为，是海军赢得了太平洋战争，应该使人民了解这一点。他确信未来的历史学家将支持他这种看法，因为事实本身就是最好的证明。尼米兹准备并急于在这方面发表某些声明，以便通过它们阐明他关于美国未来的看法。

★"密苏里"号战列舰

由美国纽约海军造船厂建造。它于1941年1月6日开工，1944年1月13日正式编入美国海军太平洋舰队。它的标准排水量为45,000吨，舰长270.4米，宽33米，最大航速每小时33海里。第二次世界大战时期，该舰先后参加了硫磺岛战役、冲绳登陆战役和袭击日本本土的战役。1945年，日本投降签字仪式在"密苏里"号上举行，从而使该舰永远名垂史册。

< 举行日本受降仪式的"密苏里"号战列舰。

　　根据福雷斯特尔的计划，在华盛顿，1945年10月5日被称为"尼米兹日"。那一天，尼米兹将在参、众两院联合大会上发表演讲，组织3公里长的游行庆功队伍，并由哈里·杜鲁门授勋。邀请将军参加各类庆祝活动的请柬，雪片一般从各地飞来。其中有他的家乡得克萨斯州达拉斯市、奥斯汀市、克维尔和弗雷德里克斯堡的请柬。

　　作为凯旋活动的一部分，尼米兹将登上装饰一新的"密苏里"号战列舰★，乘舰自弗吉尼亚的诺福克航行驶入纽约港。主桅将悬挂尼米兹上将的将旗，以恰当表现出海军的胜利和荣誉。

　　当总统得知海军计划用"密苏里"号时，他表示反对。因为他本人已计划在10月27日庆祝"海军节"的活动中，在"密苏里"号检阅舰队并发表广播演说。可能是因为这艘舰曾担负过签署和平条约的历史任务，也可能是由于该舰以总统家乡的州命名。无论何种理由，反正他已定下要在本月底派用此舰，他不想让尼米兹捷足先登而使他的活动减色。

　　这种反对并未使尼米兹感到意外。他怀疑总统对海军的热爱不像对陆军那样强烈，但是他丝毫未表露他的情绪。这不是发生争执的时候，这是表现善良愿望的时刻。

　　在赴华盛顿出席盛典的路上，尼米兹在旧金山稍事停留。他对此地并不感到陌生，太平洋战争期间，他和金上将在此多次举行太平洋各司令官员会议，旧金山曾盛情接待他。

> 尼米兹夫妇在欢迎仪式上向群众致意。

战争期间凯瑟琳和玛丽也曾生活于此。此次，代理市长丹·加拉赫又邀请他去市政厅演讲以表示特殊敬意。

市长在成群结队集合的人前，赠送给尼米兹上将一把本市钥匙。欢呼的人们表达着发自内心的感谢。旧金山的每个市政官员和公民为他所做的声明而真诚感动。旧金山地处西海岸，位于易受敌人袭击的地方，此地的人对于这位来自海上的坚定沉着、足可信赖和敏锐睿智的将军是备感亲切的。

第二天，尼米兹将军夫妇、哈尔·拉马尔中校和福雷斯特·谢尔曼少将一行人抵达华盛顿。上将已做好准备迎接这个非常忙碌的日子，他们一行人立即乘车去国会，他在那里将向国会议员们和美国人民发表他第一次重要演讲。

这是一个不平凡的时刻，很少有人被邀在两院联合会议上作演讲。一般说来，这种荣誉只是给这样的人：议会不仅愿意以此特殊方式承认他，而且更重要的是愿意聆听他演讲。这种情况是绝少的。所有议员都到了场，通道坐满了人，楼道里也挤满了人。

尼米兹站着演讲，他着重讲了四个主要问题：海军在打败日本中起了主要作用；日本无条件投降是投掷原子弹之后；必须研制海军新武器；保持一支强大的海上力量是当务之急。

这些问题成为他在战后所有演讲的中心。

尼米兹了解历史，美国在历史上曾经没有为战争做好准备。尼米兹声称："不具备保卫和平的力量，那么，生活在那些横越半个地球的孤岛上面临困难的人，会全部瓦解。他们的牺牲使我们有权在现在和可以预见的将来同那些明智的国家一起,生活在友谊和道义的环境中。"可能有许多人对尼米兹充满感情的呼吁充耳不闻,人们厌倦战争,也厌倦谈论战争。在胜利的激情中,只是接受赞扬,很少听取告诫。这是欢迎英雄的日子,不要谈论过去的失败。他们没有心思去听这些,而且根本不注意这种对未来的忧伤的警告。

尼米兹离开国会,坐在汽车高高的后座上开始游行。汽车载着他通过那些向他致敬的人群,长长的队伍经过宾夕法尼亚大街和宪法大街,驶向华盛顿纪念碑,50多万华盛顿市民为了这个时刻而放下工作,排在大街上向他欢呼。尼米兹的宣传画——在橱窗、电线杆、广告栏上到处可以见到。1,000架海军战斗机和轰炸机在游行队伍上空掠过,一些机尾拖着红、白、蓝色的长幅旗子,其他的则组成"尼米兹"字样的队形。

在游行行列中,牵引车拖着缴获的日本飞机,一队队海军学员、陆战队员、海军护士、海岸警卫队妇女后备队员、海军妇女队员以及参加过南太平洋各次海上战役的老兵,迈着整齐的步伐前进。尼米兹到达华盛顿纪念碑后,发表了这天的第二次演讲。在这篇演讲词中,他着重提出他想要说给美国人听的他所担心的另一个重要问题。他说:"也许,无须更多的预示即可明白,历史将认为现阶段并不是一场大战的结束,而是新的原子时代的开始。"他表达了他的希望,他希望科技人员的这种说法是正确的,在某个"尚未能预料的"未来,原子弹将被"驾驭和使用于工业和对人类有益的用途"。

尼米兹一行接着离开华盛顿纪念碑,驶向白宫玫瑰花园,杜鲁门总统在此授予他一颗金星。这是尼米兹获得的第三枚勋章。当晚,专为尼米兹举行了宴会,有许多军事领导人出席。尼米兹做了最热情的声明,他说:"我是代表太平洋的200多万官兵接受这枚勋章的。美国之所以能够获得胜利,应归功于他们的牺牲,归功于他们对工作的献身精神。因而,我借此机会向水兵和士兵、陆战队员和海岸警备队员致以敬意。"

第二天,尼米兹将军对海军部长福雷斯特尔做了一次私人拜访,商讨他未来的工作。当他踏上进入海军部大楼的台阶时,记起了多年前他与儿子的一次谈话。小切斯特问父亲:"你在海军中最想做什么工作?"尼米兹回答:"我想当海军作战部长。"对尼米兹来说,在海军当海军作战部长就像在美国当总统一样,是海军最高的、最有威望的职务。这是他一直渴望达到的目标。他从未对任何人提过此事,那样做显然是不明智的,也是不恰当的。他把这种渴望藏在心底,每一次就任一项新的工作,总认为有助于为他将来担任这项职务准备条件。此时,他准备接受这项任务。

然而,在他前头有着某些政治上的障碍。尼米兹与福雷斯特尔两人的看法并非始终一致。他也不是对福雷斯特尔的所有要求都唯命是从,甚至在尼米兹任航海局长时,他们之间即存在一种紧张关系。使两人之间的恶劣关系更为严重的是,尼米兹听说福雷斯特尔曾力图促成金上将任职太平洋舰队司令。这可以做两种解释:一是福雷斯特尔企图将金上将弄出华盛顿,另一种是阻止尼米兹出任此职。尼米兹认为任何一种解释都于己不利。他把这件事看作是福

∧ 1945年10月，尼米兹在华盛顿。

∧ 杜鲁门总统向尼米兹授勋。

雷斯特尔玩弄政治上的权宜手段和个人之间的敌意。

这一切使尼米兹此刻面临一种困窘的局面。他知道金上将行将退休，但是要使他的要求能够为这个人所理解——这个人要阻拦他任此职易如反掌——确实困难。

直言不讳是尼米兹天生的特点。他直接地告诉福雷斯特尔，他愿继金上将任海军作战部长，福雷斯特尔没有直接顶回去。他只是解释说，他与金上将在工作上一直有争吵，他不希望再任命一个同样难于相处并坚持自己观点不让的人。他告诉尼米兹，呈报他的名字担任海军作战部长，肯定是一种错误。他提出这样一种缺乏说服力的论点，这样做有损于他作为太平洋战争中杰出的司令官和英雄所获得的威望。他建议他或是去担任一个委员会的主席职务，或是留任太平洋舰队司令。尼米兹坚持己见并请求考虑他出任此职的意见。两人都不能把对方说服，这次谈话是在一种表面客气而实际上很冷淡的气氛中结束。尼米兹离开福雷斯特尔的办公室时，毫无收获。

∧ 凯旋回国的尼米兹在华盛顿受到了热烈欢迎。

10月9日，星期二，尼米兹偕同他接受庆贺的一行人飞抵纽约。在拉瓜迪亚机场的欢迎人群中，有小切斯特·W·尼米兹中校。尼米兹乘车沿东河大道到了曼哈顿南端，在那里他乘上一辆敞篷车，加入到一个游行队伍中，接受沿街人民的欢迎。欢迎的人群撒下的彩色纸带和纸花有274吨之多。在市政大厅，纽约市民在市政厅广场搭建了一个舰首形状的讲台。尼米兹在欢呼声中登上讲台，菲奥留洛·拉格尔边亚市长代表全体纽约市民向他表示欢迎，赠与他该市荣誉勋章和一份荣誉公民证书。

次日，尼米兹上将返回华盛顿。他对他与福雷斯特尔的关系耿耿于怀，而且不满意他们上次所谈论的问题。他又来到部长的办公室，发现他态度上有所改变。显然，尼米兹的许多朋友和同事给他施加了某些影响。众议院海军事务委员会主席卡尔·文森议员同福雷斯特尔谈过。金将军向他保证，尼米兹是出任新的海军作战部长的"明确无疑的人选"。福雷斯特尔感到了压力，可能认为任命尼米兹担任海军作战部长这一有威望的职务是明智的。

福雷斯特尔态度软下来，但提出某些条件。他说，他将以下述条件向总统荐举尼米兹：第一，他的参谋班子应获得他们两人的同意；第二，他的任期年限定为两年；第三，关于海军部的组织编制，在新的组织序列表中体现的原则精神应由他同意。福雷斯特尔还要肯定，尼米兹不会使他大权旁落，更不会越过他而直接与总统打交道。这些前提条件对尼米兹并无任何实质性的意义。海军作战部长的任期两年，他认为这已足够，至于其他条款，他认为他始终是能够遵守协议的。他只是觉得感情上受到伤害，福雷斯特尔居然会如此大言不惭地说出他推荐此一任职的条件。

尼米兹接受了福雷斯特尔的这些条件，然后，带着一种复杂的情绪离开了福雷斯特尔的办公室。显然，他们并非和衷共济，而且互相根本不了解。他心中对这次任职的事以及推荐他任此职的人都觉得不自在。这时尼米兹准备动身去一个友好的地方，他准备回到得克萨斯州去。

由于在华盛顿和纽约有了各种欢迎和游行的场面，得克萨斯州人准备了独特的欢迎方式。在达拉斯，尼米兹受到得克萨斯州长科克·斯蒂文森和市长伍多尔·罗杰斯的欢迎。《晨报》记者麦克奈特说："比较起来是大不相同的，无论如何，在百老汇大街两侧和华盛顿纪念碑前那些文雅的人，不像得克萨斯那样激动。"切斯特·尼米兹看到吹号角的欢迎队伍时，他充分了解这种欢迎的分量。他第一次在达拉斯受到这种"喧天动地"的欢迎，并且喜欢它。

对于这位征服太平洋的海上将领来说，对于这位承认自己以前只见过瓜达卢佩河、直到进入海军军官学校才获得海上经验的人来说——没有比今天更美好的日子了。

满头白发的尼米兹接受了达拉斯市的钥匙，他确实是受之无愧。此时成千上万的乡亲们以激情和尊敬注视着赠送仪式。这似乎说明，任何地方也不像这里的公众如此真正了解一切成就的真正重要性。正如传记作家杰克·克鲁格所言："正是这位说话柔和有一双闪烁的蓝眼睛的人，正是他用美国的海上力量狠揍了日本人，叫他们屈膝称臣。这完全需要一种毫无杂念的顽强精神才能做到这一点。"

每个人都愿承认尼米兹是得克萨斯历史上功名不朽、与阿拉莫和圣托战役的英雄齐名的人。应该在州政府大厅和州展览广场上，像方宁、休斯顿和拉马尔这些英名长存的人所享有的荣誉一样，获得一席之地。

　　得克萨斯的父老们以银制器皿的茶会欢迎尼米兹，上将回赠该市以五星像章，那是他在战列舰"密苏里"号上签署文件时佩戴的。

　　为尼米兹欢呼的声浪，如海潮般此起彼伏。上将走到街上，走向贝克饭店去参加午宴。一路上，30多万人用各种方式向他问好，或是同他接触一下。麦克奈特报道，一路上看到人们脸上的表情时说："我看到愉快，看到骄傲，看到尊敬，看到眼泪。我没有看到一个人不是用双眼紧紧盯着这位伟大的人物，他在战斗中承担了最艰巨的任务，并使这项任务取得最伟大的胜利。"

　　尼米兹一行这一天接受安排的欢迎还远远没有结束。午餐后，他又在欢呼声中离开去搭乘一架飞往奥斯汀的飞机。在那边，又是演讲，又是赠礼，又是宴会，科克·斯蒂文森州长和议员林登·约翰逊是在天黑后加入了欢迎上将的游行队伍。队伍经过街道的两旁，一万盏圣诞节的灯火把夜晚照耀得如同白昼。集会结束后，已经是深夜了，尼米兹和夫人在多少年之后又一次睡在得克萨斯的故乡土地上。这确实是一个令人难忘的日子。

　　次日，即10月13日，星期六，尼米兹一行乘车去尼米兹的出生地弗雷德里克斯堡，去他度过童年的地方克维尔镇。州长和议员又一次与他们同行，随行的还有谢尔曼少将和海军部的公共关系军官哈罗德·米勒少将。

　　当他实现了祖父的梦想，实现了他在1901年去安纳波利斯许下的回来时要当一个将军的诺言时，他衣锦荣归，心中得意而又谦恭。然而他又大大超过了他的诺言，带着名闻遐迩的英雄称号回归故里，在克维尔的欢迎规格更超过了对一位英雄的欢迎。倾泻出来的爱慕和深情完全是出自亲人的感激和赞扬，他就是出生在这里朴实无华的德裔的家族。这是给他们自己的人露脸。因为这个人是从普普通通的小人物成长发展，跻身于世界名人行列的。人人都能明显的看出，这个人仍保留着那种普通人所具有的激烈而真诚的不忘故旧之情。赞扬之词、鲜花、礼物，使他获得的荣誉不断增加。但是真正的欢迎还是来自老朋友、同学、老师和亲属们的握手、拍背、拥抱和接吻。这位叱咤风云的上将深为感动，他本来说话的声音总是小声的，而在此时此刻由于感动得不能自已，鼻子发酸时，哽咽得说不出话来。他只是简短地说："又回家了，真好。"

午餐后，尼米兹上将一行又回到弗雷德里克斯堡和老尼米兹旅店。他们在那里出席了庆祝大会，它完全可以与克维尔的大会媲美。弗雷德里克斯堡是他的出生地，欢迎是非常热烈的，甚至那种激动的情绪，对过去的回忆都超出以往数日。人们在回忆将军的童年时，把往事说了又说。他的妹妹多拉·里根回忆起在老旅店中发生的许多引人好笑的事情，特别是尼米兹爷爷的那间屋子。她说："有个圣诞节我点燃了第一支'罗马烛'花炮，切斯特一下子就用枪射灭了。如果他在太平洋扑灭战火能那样快，事情就好办了。"

一位朋友回忆他是个胆大的孩子，他喜欢恶作剧，说他有一次溜到旧旅馆的舞厅里躲在一位低音提琴师的身后，伸过手捏住了乐谱，乐谱就翻不过来。老乐手把乐谱拖来拖去也拖不动时，他的演奏走了调。

另外一个朋友回忆克尔维尔时代说，有一次两个孩子把切斯特架起来，要他把一面镜子放在鸡场里，鸡场里养着爱斗架的公鸡。一只鸡几乎对着镜子把脑袋都撞破了，一心要把镜中的鸡打败。

一个又一个的故事，到处有人在讲述这位闻名的上将的往事，但是都不像上将自己说的那样动人和幽默。尼米兹的根扎在山乡的土地中，扎得那样深，那样牢固，无论多少年，或是离开多么远，植根在山乡人民心中的传统，从来也不会淡忘。尼米兹有他个人记录下的家谱。他的妹妹多拉向朋友们说，他有一本记录父母双方家族人员的本子，他想要知道这些人谁结了婚，谁生了孩子。她说，有一次他在这里的时候，我们举行了一次招待会，他同许多人是第一次见面。这也难不倒他，他全都能叫出他们的名字，因为他早已把他可能碰到的新人分别记了下来，所以下次他来到弗雷得里斯克堡时，他见到他们就能记起他们的名字。

相聚苦短。13日下午，尼米兹将军告别他的亲人、朋友和这片令他留恋的故土，动身去奥斯汀。之后，尼米兹在那里坐上了飞往旧金山的专机。

在飞机上，尼米兹还在回忆着荣归故里的一幕幕感人场景。许多亲友曾私下问他："你会被任命为下一届海军作战部长吗？"

尼米兹只能这样回答："这不是我能说，也不是我能回答的问题，这不是我有权决定的。"

确实，他无权决定，他感觉自己的内心像机窗外的云海一样茫茫然。结果如何，他还无从知晓，但是他决不让任何事情减损他此时此刻心中的温暖和荣誉感。

>> 继续为海军服务

尼米兹上将在离开弗雷德里斯克堡之后，回到珍珠港。这里有许多工作要处理——完成各种总结报告，停靠舰队舰只，安排两百多万军人回国，人们称此为"皮毯行动"。正如尼

∧ 1945年12月15日，尼米兹宣誓就任美国海军作战部长。

米兹向那些心急如焚的亲属们所解释的那样，将人员从太平洋复员回国，比从大西洋复员需要更多的时间。他再次请求人们耐心等待。

几天时间里，尼米兹、金和福雷斯特尔发表了一些声明，号召维持一支"世界上前所未有的最强大的海上武力"。尼米兹认为，取消美国拥有的庞大舰队是违背美国人根本利益的。他指出："这种取消海军舰队的论调并不新鲜，在潜艇出现时，在鱼雷出现时，在飞机出现时，都曾经叫嚷过。结果，这些认为海军末日已来临的'预言家'们只是徒然喊哑了嗓子。正确的态度应该是使海军建设适应新式武器的发展。具有海军传统的聪明的美国人是决不会听任海军衰亡的！"

然而，华盛顿的态度与尼米兹的看法并不一致。他获悉杜鲁门总统根本没有在"密苏里"号去纽约的航程中使用它，而是坚持要使用一艘不知名的驱逐舰。他在纽约中央公园匆忙搭

320

起来的一个讲台上做了演讲。尽管是在"海军节"这一天演讲，杜鲁门的演讲中却含有对海军的不满成分，如果认真听的话，在全篇中都可听出来。总统大部分时间谈到欧洲战场的胜利，始终不断地表扬陆军乔治·马歇尔上将。他结束讲话时表示，希望他能劝说海军与陆军进行合作。

总统通篇演讲的态度都是偏向于陆军，而海军则好像是后娘养的。尼米兹收到讲稿，看出了其中的奥妙，海军在杜鲁门心中未占优先地位——这使得尼米兹更觉得有理由争取任职海军作战部长。

珍珠港并不是解决这个问题的地方。大多数的问题在华盛顿瞬息万变。其他人的任职均迫在眉睫，即使尼米兹不乐于承认，他还是不信任福雷斯特尔，在这方面也不信任杜鲁门。如果克罗克斯和罗斯福总统仍在位，这一任命当稳操胜券。事实上，谣言四起，说是福雷斯特尔又改变主意，尼米兹不在考虑之列。

又是运气，一位老朋友威廉·沃耳多·德累克来到檀香山。德累克在战争初期，曾是尼米兹手下负责公共关系的军官，他目前为"盟军赔偿委员会"美国总统的代表埃德温·波利工作。波利是帮助杜鲁门进入白宫的人，尼米兹认定这是个好机会。

尼米兹要求德累克把波利带到珍珠港来。由于德累克要经过此地赴日本，他就答应了。但波利怀疑上将另有意图，因而他们做了一次个别谈话。

尼米兹同波利离开总部，驱车去海滩，他们可以在此单独谈话。在长时间交谈之后，这位有说服力的特使成为尼米兹的新朋友，他确信由尼米兹接任海军作战部长具有重要意义。波利立即返回总部，直接与白宫通话，向杜鲁门总统提出建议。这种通话只有少数几个人可以办到，杜鲁门的回答并不那么使人称心。他对波利说："好，我乐于帮助他，但福雷斯特尔坚持说他是一个顽固不化的德国人，他不适于担任这项工作，福雷斯特尔也不想要他干。"

正如尼米兹的怀疑，是福雷斯特尔搁置了这项任命，而杜鲁门又未表示同意。尼米兹的未来处于危险之中。一周之内，尼米兹返回华盛顿，他要办三件事：动员海军的首脑人物支持他，出席参议院的委员会以及说明他的新的立场，他无意让海军退避三舍，此时海军比任何时候更需要有强有力的发言人。

杜鲁门先生获悉尼米兹将返回华盛顿时，已经向尼米兹发出邀请，尼米兹毫不迟疑应邀前往。尼米兹得以晋见总统，这是他的华盛顿之行

★艾森豪威尔（1890—1969）

美国五星上将。生于得克萨斯。先后毕业于西点军校、指挥参谋学院和陆军学院。二次大战前，担任过坦克教官、参谋、菲律宾军事顾问等职。第二次世界大战初期，任美国陆军参谋部军事计划局局长和作战局长。是盟军最高统帅，具有非凡的组织才能，同时他又是个出色的外交家，善于解决二战期间英美将领之间的矛盾。1945年，任美国陆军参谋长。1948年退役。1953年至1961年就任美国总统。1969年3月逝世于华盛顿。

的另一重大收获。会见为私人性质，无谈话记录。但可看出这次会见产生了良好的效果。杜鲁门在退休后写的回忆录中谈到了对尼米兹的评价："从一开始我就认为尼米兹将军作为一位战略家、领导者和一个普通人，都是一位不同凡响和出类拔萃的人物。我把他同乔治·马歇尔将军并列为军事天才和政治家。"

杜鲁门、尼米兹会晤后的第二天，即11月20日，杜鲁门举行记者招待会，宣布和平时期高级军事将领的任命。艾森豪威尔★上将接替马歇尔上将，任陆军参谋长；尼米兹上将接替金上将，任海军作战部长；约瑟夫·麦克纳尼上将接替艾森豪威尔，任驻欧盟军最高司令；斯普鲁恩斯上将接替尼米兹，任太平洋舰队总司令。参议院一致通过了上述任命。

尼米兹的任命立即生效，这使他几乎无时间将家庭迁往华盛顿，也无充足时间交代他在珍珠港的各项工作。福雷斯特尔对此任命甚感不悦，对于金上将挟持总统而强人所难亦甚为不悦，因而他要求两人立即交接。福雷斯特尔急于要金上将退休离开海军部，相反，他又不急于要尼米兹接替此职。这个人处于双层困境中，他对人抱着一种奇怪的先入为主的怀疑，同那些与他共事的人员总是不一致，而他与尼米兹共事的日子里并无龃龉。

1945年12月15日，在海军部举行了简单的交接仪式。首先，由金发表讲话，然后尼米兹宣誓就职。福雷斯特尔部长对出席仪式的参谋军

> 尼米兹与福鲁斯特尔
（左）等在一起。

官和家属们说："我不想把这说成是忧伤的场合。我认为正好相反。"但他接着解释说，他并不认为同即将离任的部长告别是一件愉快的事，他在讲话中对金做了赞扬。

尼米兹新任海军作战部长，他像管辖他的舰队一样，以充分的威望和纪律管辖他的办公机构。尼米兹请福雷斯特尔参与他所有重要的商讨、会议和决策，从表面上看，两人似乎通力合作。尼米兹辛勤工作，与同事们融洽相处。事实是，福雷斯特尔是文职人员又是总统指定委派的，这本身就存在着问题。但是尼米兹利用时间，努力适应和变通部长的烦恼心境。实际上，尼米兹从未像现在这样辛劳，士兵复员和撤销部队建制，这些工作使得他星期天也不能休息。公众想要亲属迅速回家的情绪，使舰艇退役以及和平时期的军队改组工作，受到不适当的时间限制。海军部出现的事情如实地反映了全国的情况，全国削减各方面的国防开支和拨款，机关人员在削减，华盛顿的一些机构迅速撤销。

除沉重的办公室工作外，尼米兹还经常被邀请去做演讲，他也高兴地应邀前往。他既是海军又是国家从事某种公共关系工作的人员。此后两年，凡是重要的组织集会总要邀请尼米兹去做演讲，有些讲稿由他自己撰写，有些是由别人给他写的。这项博取公众舆论的工作可能是尼米兹任海军作战部长的最重要的工作之一。

< 尼米兹在一次聚会上。
> 时任海军作战部长的尼米兹。

　　大量社交活动加重了尼米兹的工作，但也提高了他的知名度和公众亲和力。杜鲁门总统开始注意和欣赏尼米兹的影响力了。杜鲁门撇开福雷斯特尔关于海军作战部长只有通过海军部长才能接触总统的规定，常常以官方和社会活动为由在白宫召见尼米兹，两人一起谈工作，一起消遣。

　　尼米兹上将和夫人也回请杜鲁门夫妇到他们官邸吃饭，常常在一起玩掷马蹄形铁环游戏。有一次总统来访，特工人员做了一些补充措施，尼米兹领总统上楼，借给他一条卡其布裤子穿上，一起去玩掷铁环游戏。两对夫妇经常插换着成对比赛，常常是杜鲁门夫人和切斯特·尼米兹获胜。尼米兹擅长掷铁环游戏的名声在全国传播开来，甚至在国际上也出了名。

　　一天，一位掷铁环的世界冠军来到海军部的上将办公室。年轻人说明了他的身份后，要求获得一张上将本人的签名照片。副官了解他的上司的脾气，友好地回答："我肯定他会要见见你。"

　　尼米兹确实接见了，还请美国总统接见了他。尼米兹见到这位冠军竟然如此激动，他直接打电话去白宫说："哈里，有一位掷铁环的世界冠军到我的办公室来了。我们就要到白宫来，让他给你表演一下他的本事。"15分钟后，尼米兹带着这位冠军走进白宫后面的花园。杜鲁门中断了他安排好的工作日程来迎接他们。特工人员高兴地站在一边，同时高兴地看着三个人试投了各种花样新奇的掷铁环的游戏。

　　尼米兹利用他与杜鲁门之间的友谊，向总统宣传海军和制海权。为了使杜鲁门忘却他当炮兵的时代，尼米兹在基威斯特海军基地为他建立了一个度假用的小白宫。在那里，他安排杜鲁门乘潜艇去海上航行。其中至少有一次是乘美国接管的一艘德国潜艇。他陪同总统看了一些航空母舰，向他介绍航空母舰的用途。杜鲁门虽未减少对陆军的偏爱，但在尼米兹的努力下，他对海军相当尊重。

海军作战部在尼米兹任职期间，担负着一项重大科研任务：原子武器对战舰效果的试验工作。海军需要研究在军舰设计、战术队形和港口舰船的间隔等方面应做什么改变。陆军地面部队需要在试验舰船甲板上安放一些装备，以观察哪些装备需要重新设计。陆军航空部队需要了解在何种范围内的敌舰是投掷原子弹的最有利目标。

这次试验是在威廉·H·P·布兰迪将军指挥下进行的。他在以前担任过军需局长，后来又参加过夸贾林和冲绳岛两栖作战。现在，他作为海军作战部长领导下的一个特别武器部门的负责人，组织了一支陆海军联合特混编队，准备参加定于1946年夏天在马绍尔群岛的比基尼珊瑚岛的试验。

1946年2月，总统让尼米兹将军出席在白宫召开的一次会议，讨论即将进行的试验。出席会议的还有国务卿詹姆斯·F·伯恩斯、陆军部长罗伯特·P·帕特森、海军部长福雷斯特尔、艾森豪威尔将军和莱希将军。杜鲁门总统谈到，有人建议试验的方式可以按照军方预先想好的结论去进行。他同时还念了商业部长亨利·A·华莱士写的一封指责信。他回忆1921年比利·米切尔将军事先布置好的进行一次常规炸弹对军舰破坏威力的实验，并按照他所定的调子表明实验达到了预期的目的。总统说，他相信陆军和海军首脑们是实事求是的，但是这还不够，还应使公众也相信他们是实事求是的。

福雷斯特尔对杜鲁门说，布兰特将军正计划邀请一个文职人员小组去参观试验。在接下去的讨论中与会者建议由总统任命以这个小组成员为基础，加上参、众两院的议员，组成一个委员会，直接向总统提出报告。

最后投入比基尼试验的人员共达42,000人，飞机150架，舰艇200艘。投掷了两枚原子弹，炸沉了11艘旧舰，另外有几艘被炸伤和被焚毁。试验提供了武装部队所需的资料。引人注目的是，事后并没有人指责试验活动是不完全可信的。

1946年3月，在尼米兹卸职前的这个春天，海军研究室

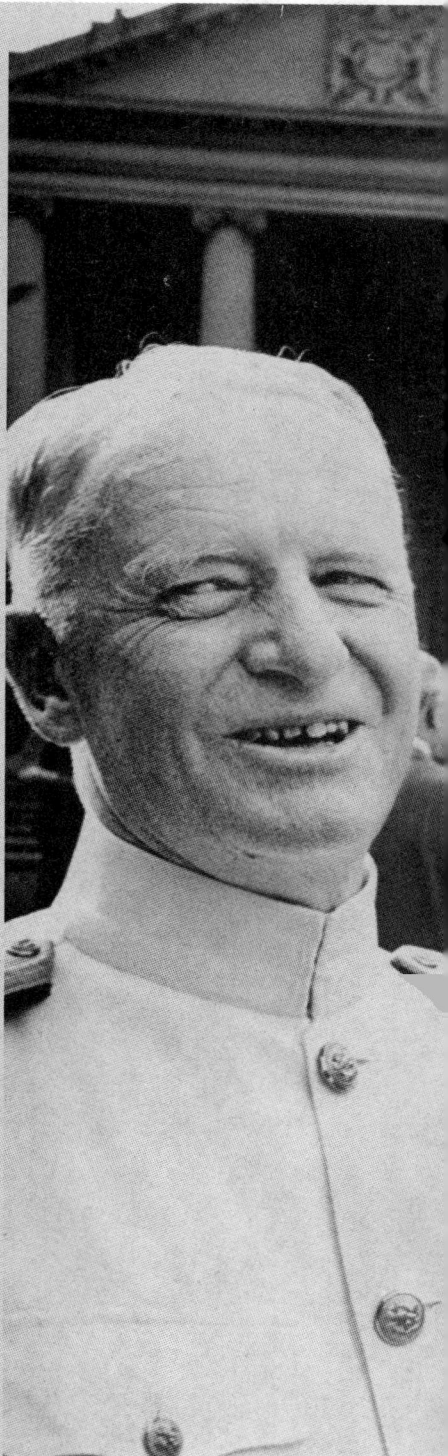

提出一份建议建造核动能潜艇的报告。报告认为，为了获得高速的水下续航力，应采取一种如德国人设计的那种有过氧化氢系统的先进动力设计。报告称，如能全力以赴，这种潜艇可以在两年内建成使用。因为海军肯定需要这种潜艇。同时，由于这份报告是在著名物理学家菲利普·H·艾贝尔森的指导下拟定的，因而引起了海军军官的广泛注意。

舰船局虽然以极大兴趣发展核动力推进器，特别是发展核动力潜艇，但缺乏懂核技术

∨ 时任海军作战部长的尼米兹与其他将领在白宫。

的人才来指导这一研究工作。因此，局长爱德华·L·柯克伦海军少将派出一个工程师军官小组去田纳西州橡树岭的曼哈顿核工厂，学习这一科目的基本原理。领导这一小组的是海曼·G·里科弗海军上校。

但是，里科弗的工作遇到了很大阻力，这不仅仅是来自技术方面，还来自海军作战部官员。尼米兹的原子防御处处长威廉·S·帕森斯海军少将坚持认为，海军应优先发展海上武器。他主张核动力推进器的发展工作应放在以核手段获取动能的研究之后。他说，过早地研究运用于潜艇的核建筑工程，实际上将延误核动力潜艇的生产。

尼米兹一开始就主张发展核动力潜艇，但是与帕森斯等人进行争辩时，他处于无力的地位。里科弗知道尼米兹赞同发展核动力潜艇，只要不受到核专家们的强烈反对，他一定会给予这一计划充分支持。但是，尼米兹的任期到1947年12月即将届满。下一届部长的态度如何，谁也说不准。

1947年秋，里科弗在助手帮助下起草了一份备忘录，希望能说服尼米兹把它转呈海军部长沙利文。备忘录指出：只有核动力可以为海军提供紧急需要的高速和无限续航力潜艇。认为如果采取适当的有效措施，到二十世纪五十年代中期，能发射核弹头导弹的核动力潜艇可望建成。备忘录敦请部长向国防部长和研究发展局说明"核动力潜艇在战略上和战术上的重要意义"。在核专家和有经验的潜艇人员对备忘录进行商议和修改后，里科弗把它送给尼米兹。

尼米兹相信里科弗的论点和专家们的意见，批准把备忘录上报，作为几乎是他在职时承办的最后一件公事。他在备忘录上签字后，送交沙利文部长。沙利文表示同意，签署后很快递呈国防部长福雷斯特尔。尽管仍面临各种困难，但里科弗和他的助手们终于获得了合法地位，他们的工程得以优先考虑。

尼米兹在他任职的后期，他开始为全国性杂志撰写有关战争和海军命运的文章，为海军的发展摇旗呐喊。在这段时间内他写的大多数文章是同当时普遍存在的一种认为军舰的用途只是为了与军舰作战的狭隘观点论战。持那种观点的人还认为，美国维持一支海军是无用的浪费。

尼米兹在颇有影响的海军协会出版的《海上力量》月刊上发表的《海军无用了吗？》一

文，做了否定的回答。他在《国家地理杂志》发表《海军是和平的保证》一文，呼吁人们注意和平时期发展强大海军力量的作用。此外，他还在《国家商业》上发表《海军：为和平进行投资》，在华盛顿的《新闻文摘》上发表《海军仍不可少》，立场鲜明地捍卫海军的荣誉和地位。

但海军得到的经费并没有显著增加。人们认为他的讲话非常感人，但从长远的观点看，他的工作却是徒劳的。漂亮而且可以服役的舰只被拆毁，配备齐全的强大的舰队被整个送入港内封存，他提出的保卫国家海防的各项计划渐渐地被人淡忘。

不管他在公开场合和私人团体内如何演讲，也不管他在国会的许多委员会上和官场如何作证，海军仍然继续在裁减。1947年11月12日，即任职海军作战部长期满前的一个月，这位顽强坚韧的上将提出他最后一次呼吁。他在总统的航空政策委员会上作证，声明海军应继续在各地配备5,793架飞机，并警告，海军保卫国家的力量处于"危险的低劣状态"。

次日，杜鲁门总统既不通知也不做说明，即宣布任命路易斯·登菲尔德为新任海军作战部长。

切斯特·尼米兹虽然失望，却有一种解脱之感。他为海军所付出的一切努力似乎都已落空，但他第一次感到双肩已释重负，他曾经肩负海军全部作战和人事工作的重担。他此刻显然感到相当的疲倦，他已经圆满完成了任何海军军官所能完成的一切任务，他曾经指挥舰艇、教育军官、制定战略，担任外交家、政治家、协调官员；他曾经在大、小舰只上服役，在世界各海洋上航行，在两次世界大战中作战，同世界各国的普通水兵和最高司令打交道。他创造了巨大的成就，此时他准备休息了。

尼米兹第一次可以回到他早就思念的家人之中，成为家庭的一员。他们该买一座住宅，款待朋友，成为社会的一分子，享受文化生活，问寒问暖，和家人在一起怡享天年。

>> 宁静的安息

切斯特·尼米兹从海军作战部长退休后，和夫人在加利福尼亚州安顿下来。34年前他们曾住这里，这次是长期定居下来。他们从来没有一所自己的住宅，因而真心诚意地想要购置一所。由于按规定五星上将永不退休，尼米兹乐于变通一下，脱下蓝海军服换上一条短裤和轻便运动

< ∨ 尼米兹出席为其主办的退役仪式。

∧ 1960年，尼米兹夫妇在一起。

服。他想退居从事园艺、团聚、抚弄儿孙，把时间消磨在平民生活的琐事上。

在旧金山，上将在海军第十二军区司令部的联邦大楼里有一间办公室。这样，他虽然无正式职务，也还有个活动的基地。他在那里收取信件、接受访问、处理一些必须处理的事务。他仍旧是一位活跃的演讲者。他接到学校和学府的通知，马上就高兴地应邀前往。他绝大部分的演讲都是谈论和平。对他说来，这是一个不断认识的主题，他对于谋求稳定而持久的和平具有自己的看法，这是他人生观领域的扩展，是出自他对同胞的爱护以及对他们成就的尊重。

头几个月，尼米兹夫妇住在旧金山湾的一家旅馆里，不久又搬进海湾对面伯克利的克莱蒙旅馆。在这段时间里，他们真正关心的是找一所住宅，一所能满足他们要求的住宅。

次年5月，他们终于发现一所合适的住宅，完全符合尼米兹本人的要求。他希望这所房子应有3间浴室，可以远眺大海。他们找到这样一栋房子并且马上看中了。房子在伯克利，坐落在圣巴巴拉路，与一些漂亮的房子并立。这所住宅有起居室、餐室、早餐室，面对着旧金山湾的蓝色海水，从窗口可以望到远处的金门大桥。

尼米兹夫人说，上将马上成了一位"着了迷的园丁"。他种上了他能想到的各种花木，垒起一堆堆肥料，给地里添加养分。院子和花园很快便青枝绿叶，五彩缤纷。

切斯特和凯瑟琳像安顿在海湾区的许多退休人员一样，很快就成为这个社区大家庭的一名重要成员。他们去听音乐会，款待朋友。朋友的孩子也逐渐同他们亲近起来。好像生活中应该有的东西他们都有了，身体健康、儿孙绕膝、好友往来。也没有人说上将不应该休息，不应卸职归田。在这种悠然自得的生活中，切斯特·尼米兹被邀请去华盛顿参加杜鲁门总统的就职大典。

他引以为荣，并当即接受邀请。海军部长约翰·沙利文派出他的专机来接尼米兹去华盛顿。海军上将哈尔西和陆战队上将范德格里夫特亦被邀请。

三位太平洋战区的军事领袖一起坐在台上观看哈里·杜鲁门宣誓就任美国总统。此次，杜鲁门先生获得民众的压倒多数的选票并取得出人意料的胜利。尼米兹乘上一辆官方的汽车参加了游行队伍，他出席了祝贺杜鲁门的招待会，然后乘飞机返回加利福尼亚。

华盛顿之行比尼米兹所预料的远为重要。他原来只不过是认为，华

★朝鲜战争

日本无条件投降后，美国于1948年策动朝鲜南部成立大韩民国，朝鲜北方则宣布成立朝鲜民主主义人民共和国，致使朝鲜形成南北对峙的局面。1950年6月25日，朝鲜内战爆发。6月28日，朝鲜人民军攻克汉城。6月30日，美国政府下令将美驻日本的地面部队投入朝鲜战争。由于中国安全受到严重威胁，中国人民志愿军赴朝同朝鲜人民军并肩作战。朝鲜战局迅速扭转。1953年实现和平谈判。7月27日，中朝与"联合国军"签署停战协定，朝鲜战争宣告结束。

盛顿之行是在他的好朋友飞黄腾达的时候去见见他，他根本没想到还会有别的什么。

不到两个月，他收到新任海军作战部长登菲尔德上将的一封急电，问他是否有兴趣出任联合国的克什米尔普选的督察员。这次普选将决定克什米尔应并入巴基斯坦还是印度。

当然尼米兹有兴趣。他是一位献身于和平的人，并且具有谈判的经验。这项工作中，他可以进一步为和平贡献自己的力量，并在别的国家推进和平事业。在这些紧张的工作日子里，尼米兹同国务院、巴基斯坦和印度大使以及许多国家的政府官员会商。他从各国，包括加、法、中、英等国驻联合国的代表中挑选出他的工作班子，向那些专家们学习国际投票的规章制度。他准备在4月下旬启程去印度，但国务院劝他等到停战协定制定并正式签署后再去。而这项协议由于两国首脑均不退让似乎难产，两国不断互相指责并提出反对意见。启程的时间一拖再拖直至遥遥无期。此时，尼米兹利用这个机会学到了更多有关进行国际谈判的知识。

至6月，两国仍不能达成双方满意的停战协议。尼米兹开始怀疑公民投票是否能够举行。他向联合国秘书长建议，解散他的班子，由他单独留下来，等到局势可以按这种或那种方式解决时。

8月，联合国提出由尼米兹对克什米尔的停火做出仲裁并立即起草一份协议。印度总理贾瓦哈拉尔·尼赫鲁闻悉此事，勃然大怒。结果，原计划下周开始在新德里举行的一切联合会议均被取消。尼米兹认为，此刻应由安理会出面解决。

杜鲁门总统写信给两国总理，希望再次考虑接受尼米兹上将的仲裁。尼赫鲁认为这是"美国干预"而拒不接受。

两个月来，局势毫无变化。尼赫鲁将来美国进行访问，人们希望此次能私下接触，交换看法，取得某种一致。

不料，事与愿违，尼赫鲁是个固执、难以对话、不屈不挠的人。人们为促使他在克什米尔问题上进行对话以及达成某种谅解所做的一切努力，均告失败。尼米兹与他三次会见，但有关如何解决克什米尔局势的问题，未获得任何进展。尼赫鲁认为，只有美国倾向印度一方，他才考虑此问题。这位总理毫不容忍他人考虑巴基斯坦的立场。

尼米兹报告，此次访问是失败之举，公民选举无法进行。最后，安理会通过由一名联合国全权代表取代联合国印巴委员会。这次出任公职是他可以自做抉择的最后一次了。在尼米兹停留期间，他的政治环境发生了急剧的变化。福雷斯特尔自杀，海军部长、国防部长、国务卿均已换人。朝鲜战争★爆发时，杜鲁门总统亲自前往尼米兹在纽约的住处访问，问他是否愿意考虑复职，再次担任海军作战部长的工作。尼米兹有礼貌地拒绝了。他说，如果这是下命令，他可以回来。他的理由是，应该由较为年轻的人担负此项工作，他推荐他的朋友福雷斯特·谢尔曼将军。

尼米兹返抵加利福尼亚时，获悉总统接纳了他的建议，谢尔曼已被任命此职。由于在领导解决克什米尔问题上毫无成果，他以一种若有所失的心情辞去了联合国的正式职务。

在加利福尼亚的生活是轻松愉快的，但切斯特·尼米兹对他的得克萨斯故乡始终保持强烈而明显的眷恋之情。1961年4月，他最后一次访问了他的山乡故土。

林登·约翰逊副总统邀请尼米兹去他的牧场做客，随同来做客的有德国前总理康拉德·阿登纳。国务卿认为尼米兹既是德裔又是得克萨斯人，因而促使他接受这一邀请。他根本不需要人家敦促，他几乎准备随时找个借口回得克萨斯，特别是回弗雷德里克斯堡去。

这次访问是一次巨大的成就，并不是每天都有德国领袖人物来到山乡的。将近7,000德裔的得克萨斯人欢迎他们的客人。阿登纳为此而惊讶，他已届85岁高龄，但是他又说又唱，吃得克萨斯的饭菜，戴上一顶得克萨斯的帽子。阿登纳向集结的人群讲德语，约翰逊和尼米兹用英语，接着他们到城里参观，各人乘一辆小轿车。阿登纳总理兴趣盎然地参观了第一批移居弗雷德里克斯堡移民的旧居。尼米兹则饶有兴趣地拜访了亲友。贵宾们准备启程搭乘直升机去访问约翰逊牧场时，却找不着尼米兹。负责尼米兹安全的特工人员领着他到医院去探视他的两位姑妈坦特·利斯和坦特·米尼了。尼米兹怀着敬意，畅快地让贵宾们先动身，他说他在探望他的亲人之后会追上他们的。

也许老上将思想中已有某种预感，得克萨斯州之行是他这一生中的最后一次。他再也不能涉足这块他多年热爱的土地——得克萨斯山乡了。他的根深深地扎在这里。

一件未料到的事在他晚年发生了，而且一直拖到尼米兹去世时。1963年，尼米兹在他旧金山的办公室里摔了一跤，摔裂了膝盖，需要动手术，并需一个长久的恢复健康时期。此后他虽然能走路，但右腿和腰部始终剧痛。这种情况，持续着一直到再次做手术。此次诊断为脊骨关节炎，尼米兹的医生坚持认为，他年纪太大，特别是在无充分成功保证的情况下，不能做如此长时间大范围的手术。然而尼米兹要求做手术。凯瑟琳也毫不犹豫地同意。"只要他想做，就动手做吧。"她向主治医生说。

手术是成功的，但在住院期间，他得了肺炎。不久，他又感到一阵阵轻微的心绞痛，显示出心肌梗塞的症状。总之，上将身染重病。小切斯特看到父亲情况的严重性，建议回家治疗。12月11日，在亲人的坚持要求下，尼米兹回到家中。由于坚韧顽强的精神和令人难以置信的要活下去的意志，他还参加了圣诞节的祝贺。对他来说，圣诞节的意义特别深远，他同凯瑟琳一起，儿孙绕膝，最后一次享受全家欢聚和当圣诞老人的欢乐。元旦，他还看了电视中的玩地滚球比赛。1966年2月20日，星期日，凯瑟琳守在他身边，他平静而安宁地逝世了。

4天之后，2月24日，正是切斯特·尼米兹的81岁生日，他安息在宝岛海军站教堂。下午，100多辆汽车组成的车队护卫着五星上将的灵柩去金门国家公墓他最后安息的地方。送葬队抵达时，70架海军喷气机飞鸣而过，20响礼炮声震撼着寒冷凝滞的空气，向当代美国最伟大的英雄人物之一致敬。

遵照尼米兹将军的遗愿，在他的墓碑上，没有刻什么墓志铭，只是刻上了围成圆形的五颗星，下面是他的名字：切斯特·威廉·尼米兹。

∧ 晚年的尼米兹。

09

> 卡萨布兰卡会议期间，罗斯福、丘吉尔与戴高乐、吉罗在一起交谈。

"西塞罗"行动

1943 年德黑兰会议结束后，德国情报机构进行代号为"西塞罗"的秘密行动。行动的目标是以一切手段获得苏美英领导人在德黑兰会议上的决议。"西塞罗"是一位阿尔巴尼亚人的化名。原名艾里萨·巴兹纳，是德国情报机构特工人员。他从英国大使那窃取了钥匙，从保险箱内取出德黑兰会议文件，把拍摄的决议要点以高价卖给德国情报部门。德国情报部以 30 万英镑的假钞"酬谢"巴兹纳，然而并未上报希特勒。战后英国大使馆的严重泄密受到指责。

罗斯福调解矛盾

1943 年 1 月，美国总统罗斯福和英国首相丘吉尔以及两国高级将领，在摩洛哥最大城市卡萨布兰卡举行了一次重要的战略会议。在研究法属北非行政机构时，法国将军戴高乐和吉罗应邀出席。戴高乐和吉罗曾经在许多问题上存在严重分歧，互不合作。然而在罗斯福总统的竭力斡旋下，二人心中虽然仍有芥蒂，但却达成了表面上的共识，握手言和。这是罗斯福总统施展非凡外交手腕的又一次成功范例。

施陶芬贝格刺杀希特勒

在纳粹德国江河日下之际，德国统治阶级内部出现数次刺杀希特勒的事件。1944 年 7 月 11 日施陶芬贝格受密谋集团指派，利用向希特勒报告补充兵员供应之机，携带炸弹，准备刺杀希特勒、戈林和希姆莱。因希姆莱未在场取消刺杀计划。7 月 14 日再次行动刺杀希特勒，由于希特勒提前退出会议室而再一次未能引爆炸弹。7 月 20 日终于利用同一机会在希特勒大本营会议室引爆一颗炸弹。希特勒意外脱险，仅受轻伤。当晚施陶芬贝格被逮捕枪决。

retrieval

英国海军加入太平洋战区

1944年夏以后，德国主要海军舰只大多被击沉，潜艇部队也失去战斗力，英国海军在大西洋和地中海已无战斗对象。经英美两国首脑商定，由英国4艘航空母舰、2艘战列舰、3艘巡洋舰、15艘驱逐舰组成的太平洋舰队自大西洋经印度洋开赴太平洋，编入美国海军尼米兹上将指挥的舰队。1945年1月24至29日，英国海军太平洋舰队在驶向澳大利亚途中对苏门答腊的炼油厂进行轰炸借以获得对日作战经验，使侵占缅甸日本的航空军失去燃料来源。

美军重返菲律宾

1944年6月，美军攻占马里亚纳群岛后，开始准备攻占菲律宾。同年10月，庞大的美国海军舰群载着美国陆军冲向菲律宾。10月17日，美军在莱特岛登陆。随后，美日两国庞大的舰队在莱特湾展开了第二次世界大战中规模最大的海战，美国海军大获全胜。1945年2月底，美军攻入马尼拉市，菲律宾自治政府随之恢复。美军重返菲律宾，给已经陷入困境的日本军国主义以沉重的打击。

∧ 麦克阿瑟率美军将领在莱特湾登陆，重返菲律宾。

∧ 丘吉尔与斯大林在一起。

"巴尔干百分比口头协议"

1944年10月初，英国首相丘吉尔访问苏联。丘吉尔在莫斯科与斯大林举行会议，美国驻苏联大使哈里曼作为观察员也出席了会议。会议期间，苏联和英国两国领导人达成了"巴尔干百分比"的秘密口头协议。在协议中双方阐明了：希腊为英国的势力范围；保加利亚、罗马尼亚为苏联的势力范围；南斯拉夫和匈牙利一半为英国的势力范围，一半为苏联的势力范围。这一协议反映出明显的强权政治和秘密外交色彩。

11

原子弹空袭广岛长崎

1939年起美国开始研制原子武器。1945年7月16日，美国第一颗原子弹爆炸成功。美国军方意识到最后在日本登陆作战将是一场长期、艰巨而牺牲重大的战争，因此决定使用威力巨大的原子弹，迫使日本尽快投降。1945年8月6日8时15分，美国飞机在广岛投下第一颗原子弹。当日死亡78,150人，48,000幢建筑物被毁。8月8日，苏联对日本宣战。8月9日上午11时30分，美国在长崎投下第二颗原子弹。此次空袭广岛长崎，加速了日本军国主义的崩溃，促使日本政府迅速投降。

中国战区受降事件

1945年9月9日9时，中国战区日本投降签字仪式在南京政府中央军校大礼堂内举行。陆军总司令何应钦率第三战区司令长官顾祝同、陆军参谋长萧毅肃、海军总司令陈绍宽、空军第一路司令张廷孟4名受降官参加受降仪式。中国战区日本投降代表是侵华日军最高指挥官冈村宁次、"中国派遣军"总参谋长小林浅三郎等7人。冈村宁次在投降书上签字，中国战区受降仪式的举行标志着中国抗日战争的胜利结束。

∨ 原子弹爆炸后，在长崎上空出现的蘑菇云。

中国特别军事法庭太原审判

1956年6月10日到20日，中华人民共和国最高人民法院特别军事法庭在太原对战争罪犯富永顺太郎和间谍特务罪犯城野宏等8人进行了审判。法庭调查证实：富永顺太郎在日本侵华战争期间犯有下列罪行：指挥特务进行间谍活动，迫害、残杀中国人民；在日本帝国主义投降后，又勾结汉奸、蒋帮特务，破坏中国人民的解放事业。城野宏等7名罪犯也犯有组织特务间谍活动和残害中国和平居民的罪行。法庭判处8名罪犯8年至20年有期徒刑。

《美韩共同防御条约》

1953年10月1日，美国与韩国在美国首都华盛顿签署了一项双边条约——《美韩共同防御条约》。在条约中，双方就防御问题达成共识。当缔约方中的一方的独立与安全受到威胁时，另一方将会采取措施予以援助。韩国允许美国拥有在其境内部署陆、海、空军部队的权利。该条约的签署，为美国战后相当长时期内在韩国驻军提供了重要的法律依据。

retrieval

中欧无原子武器区计划

1957年10月2日，波兰外交部长腊帕茨基在第12届联合国大会上首次提出一项中欧无原子武器区计划。他建议在波兰、捷克斯洛伐克、民主德国和联邦德国境内外不生产、不存放原子武器，建立中欧无原子武器区。1958年11月4日，腊帕茨基发表声明，进一步提出了在中欧排除原子武器的同时裁减该地区常规武器力量的新建议，并建议分两阶段实现这一计划。这一计划得到苏联的支持，但遭到美国和其他西方国家的反对。